AUGUSTE RODIN

1840-1917

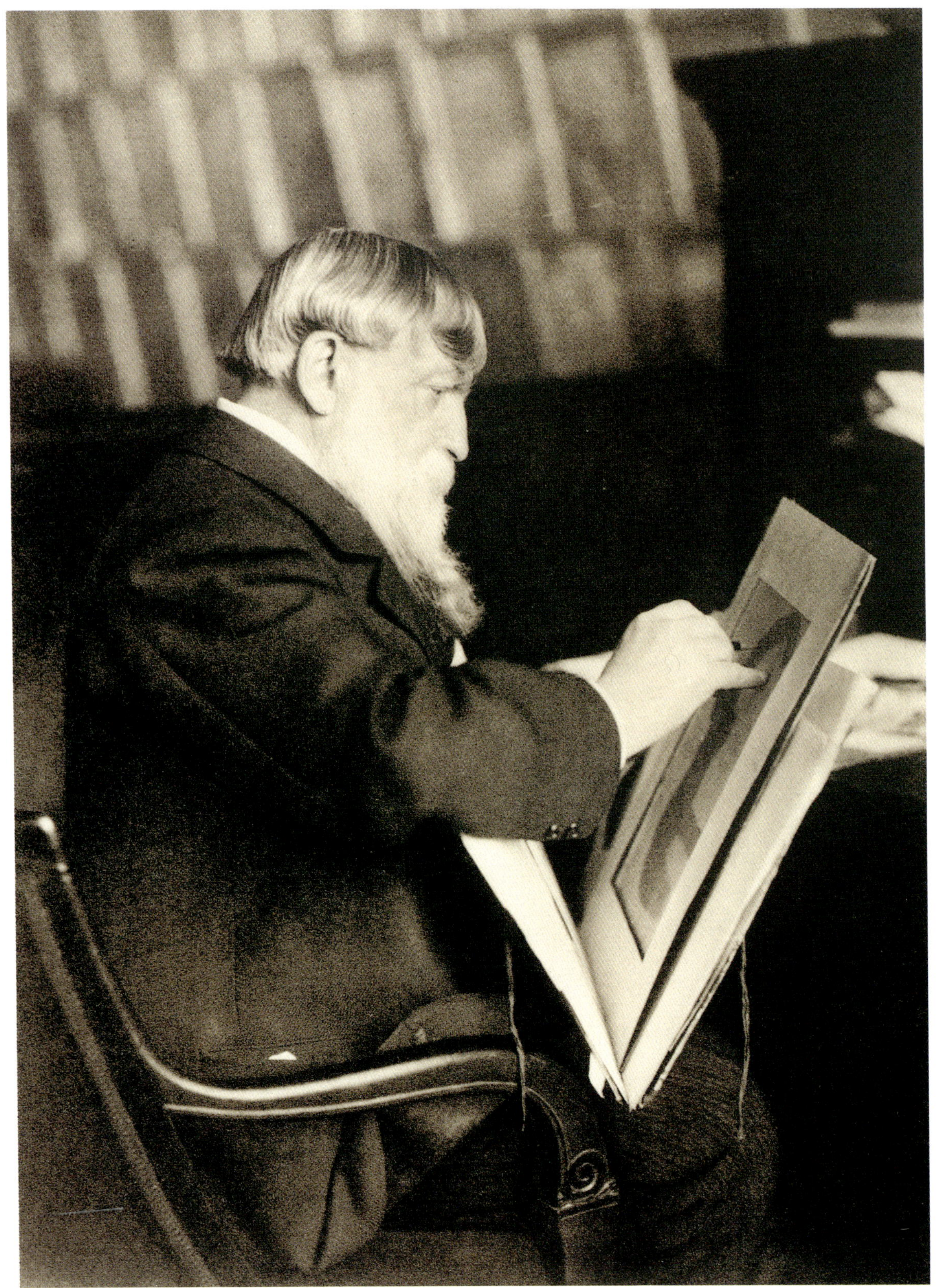

Rodin assis dessinant
à l'Hôtel Biron.
(Voir p. 171)

Fondation Pierre Gianadda
Martigny, Suisse

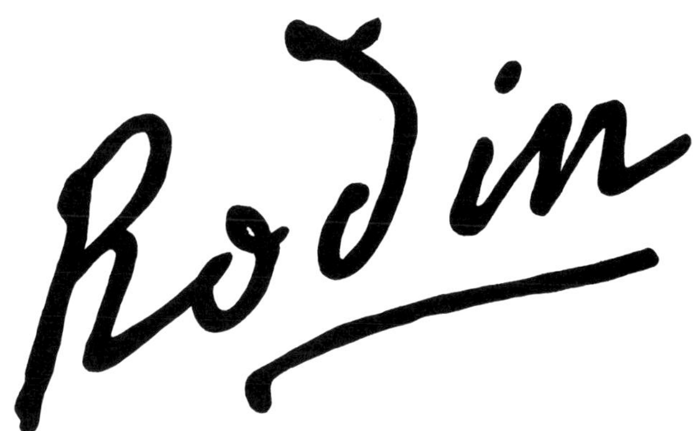

DESSINS ET AQUARELLES DES COLLECTIONS SUISSES ET DU MUSÉE RODIN

Commissaire et auteur du catalogue de l'exposition
Claudie Judrin
Conservateur en chef au musée Rodin

assistée de Marie-Pierre Delclaux et Véronique Mattiussi

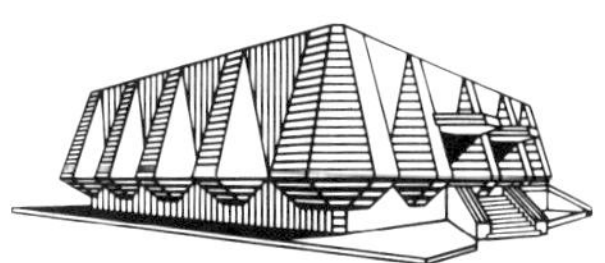

12 mars - 12 juin 1994
Tous les jours de 10 h à 18 h.

Cette exposition est placée sous
le haut patronage de M. Jacques Toubon,
Ministre français de la Culture et de la Francophonie.

Dix ans après...

En 1984, alors que notre Fondation faisait ses premiers pas, un événement suscitait soudain un enthousiasme et un engouement extraordinaires: l'exposition *Rodin*, qui vit affluer plus de 150 000 visiteurs. Cette première expérience ouvrait des horizons nouveaux et donnait leur essor à bien d'autres manifestations qui connurent, elles aussi, un très vif succès.
A cette époque, je me souviens avoir posé cette question à Monique Laurent, alors conservatrice en chef du Musée Rodin à Paris: «Pourquoi ne pas commémorer cet événement dans dix ans, par une nouvelle exposition *Rodin*?»
Aujourd'hui, dix ans plus tard, nous sommes fidèles au rendez-vous pris en 1984.
Nous souhaitions évidemment présenter au public une exposition différente de celle qu'il avait pu admirer précédemment, axée pour l'essentiel sur la sculpture. Le choix s'est donc porté tout naturellement sur les dessins et aquarelles de Rodin et, en particulier, sur des œuvres en provenance de notre pays. C'était aussi pour le Musée Rodin l'occasion de dresser un premier inventaire des œuvres disséminées dans les collections publiques et privées de Suisse, puisque Claudie Judrin, conservatrice en chef et responsable des dessins au Musée Rodin, venait de terminer, après vingt années d'un travail minutieux, le répertoire des quelque 7200 œuvres sur papier du Musée Rodin, dans une somme ne comportant pas moins de six volumes.
Après de patientes investigations, dix-sept dessins ont été repérés dans les collections suisses, et Claudie Judrin a eu l'heureuse idée de les confronter à ceux du Musée Rodin, en des comparaisons parfois étonnantes, toujours passionnantes.
Avant même d'avoir été sculpteur, Rodin fut et resta sa vie durant un dessinateur: *Ma sculpture,* disait-il, *ce n'est que du dessin sous toutes les dimensions*. Longtemps, ses dessins et aquarelles ont été considérés comme de simples ébauches servant d'essais ou de travaux de recherche en vue des sculptures à créer. On sait aujourd'hui qu'il n'en a jamais été ainsi.
L'exposition présentée aujourd'hui à la Fondation s'organise en huit étapes, les plus importantes de l'œuvre graphique de Rodin. Qu'il s'agisse de modèles, de symboles mythologiques, de couples saphiques, de portraits, de personnages exotiques, de projets de monuments ou de fresques, l'ensemble reconstitue le parcours du dessinateur à travers soixante-six dessins, douze gravures ainsi que par des photographies anciennes, des lettres et des livres. De plus, une douzaine de sculptures monumentales, érigées dans le parc de la Fondation, témoignent des multiples facettes du talent de l'artiste.
Cette nouvelle exposition, *Rodin et la Suisse*, revêt pour nous une signification toute particulière, car c'est dans notre pays que Rodin inaugurait, en 1896, sa carrière internationale par une exposition collective au Musée Rath à Genève, tandis qu'en 1918, un an après sa mort seulement, Bâle lui consacrait une grande rétrospective. Et n'oublions pas qu'au pied de l'idyllique église de Rarogne en Valais, à quelques kilomètres de Martigny, repose le poète Rainer Maria Rilke dont on connaît les rapports étroits qu'il entretint avec Auguste Rodin dont il était le secrétaire.
La Fondation tient à témoigner sa reconnaissance aux responsables du Musée Rodin qui, une fois encore, ont mis à sa disposition des œuvres essentielles de leur collection. Elle adresse un merci tout particulier à Jacques Vilain, directeur et conservateur en chef du Patrimoine du Musée Rodin, ainsi qu'à Claudie Judrin, commissaire de l'exposition et auteur du catalogue, pour l'immense travail accompli et pour l'amitié qu'ils lui témoignent.
Elle adresse également ses remerciements à tous les prêteurs, responsables de musées et de galeries ainsi qu'aux collectionneurs privés dont la générosité contribue à la réussite de cette manifestation qui constitue certainement un apport important à la connaissance de Rodin.
Elle souhaite enfin que cette deuxième exposition *Rodin* rencontre les faveurs du public, afin que cet événement puisse être à nouveau célébré dignement... dans dix ans peut-être.

Léonard Gianadda
Président de la Fondation
Pierre Gianadda

Remerciements

La Fondation Pierre Gianadda et les organisateurs de l'exposition tiennent à exprimer leur vive reconnaissance aux musées, institutions, galeries, collectionneurs et à tous ceux qui, par leur générosité ou leur aide, en ont permis la réalisation.

En France:

A Paris

Le Musée National Auguste Rodin
M. Jacques Vilain, directeur, conservateur en chef du Patrimoine,
M. Alain Beausire, documentaliste chargé des archives,
Mme Hélène Pinet, documentaliste chargée des collections de photographies,
Mlle Bénédicte Garnier, chargée de l'étude de la collection d'*antiques*,
Mme Isabelle Bissière et M. Jérôme Manoukian, du service photographique,
M. Denis Bernard, photographe,
Mme Madeleine Leduc

La Bibliothèque d'Art et d'Archéologie,
Fondation Jacques Doucet
M. Jean-Luc Gautier-Gentès, directeur

La Bibliothèque Nationale
M. Emmanuel Le Roy-Ladurie, administrateur général,
Mme Andrée Pouderoux, conservateur en chef du service des expositions extérieures,
M. Roger-Vincent Seveno, restaurateur

Les Archives de la Compagnie des Commissaires-Priseurs

Mme Madeleine Bakst

M. Marc Bohan

Mlle Laurène L'Allinec

A Brunoy

M. et Mme Michel de Rohozinski

A Draguignan

M. Michel Olivier de Rohozinski

A Rochefort

Mme Marie-Pascale Prévost-Bault, conservateur du Musée d'Art et d'Histoire et de la maison de Pierre Loti

En Suisse:

A Bâle

Le Kunstmuseum, Öffentliche Kunstsammlung, Kupferstichkabinett
Mme Katharina Schmidt, directrice,
M. Dieter Koepplin, conservateur en chef du Cabinet des Estampes,
Dr. Christian Müller, conservateur au Cabinet des Estampes,
M. Rudolf Velhagen, conservateur au Cabinet des Estampes,
Mme Mariann Kindler, secrétaire

A Genève

Le Musée d'Art et d'Histoire, Bibliothèque d'Art et d'Archéologie
M. Cäsar Menz, directeur
Mme Claire Stoullig, conservateur des Beaux-Arts,
M. Jean-Pierre Dubouloz, bibliothécaire principal,
M. Rainer Mason, conservateur des Estampes,

La Galerie Jan Krugier et M. Jan Krugier

M. Alexandre Meylan

A Lausanne

La Bibliothèque Cantonale et Universitaire
Mme Danielle Mincio, conservateur des Manuscrits

M. Freddy Buache, directeur de la Cinémathèque suisse

M. Gilbert Coutaz, archiviste de la Ville

Professeur Doris Jacubec

M. Jean-Pierre Wiswald, docteur en droit

A Lugano

La Galerie Pieter Coray et M. Pieter Coray

A Martigny

M. Jean-Henri Papilloud, directeur du Centre Valaisan du Film

A Pfaffhausen

Dr. Verena Ganzoni et M. Walter Irell

A Winterthur

Le Kunstmuseum et M. Dieter Schwartz, conservateur en chef

A Zurich

Le Kunsthaus
M. Felix Baumann, directeur,
Dr. Ursula Perucchi, directeur adjoint,
Mme Romy Storrer, registrar

M. Beda Jedlicka

M. Olivier Masson

M. Gustav Zumsteg

Aux Etats-Unis:

A New York

Mme Judith Cousins, conservateur au Museum of Modern Art
ainsi qu'à tous les prêteurs qui ont souhaité garder l'anonymat.

Introduction

Rodin échappe aux filets de ceux qui l'étudient, au point qu'aucun livre ne rend compte de la plénitude de l'homme et de son œuvre. Ses propres frontières sont éclatées et il faut toujours aller au-delà. Le chercheur en est insatisfait et fortifié, car il y trouve une pâture renouvelée, et le public rencontre dans les facettes d'un artiste une part des siennes.

On ne dit jamais tout sur le sculpteur, sur le dessinateur, sur le graveur, sur le peintre, sur le collectionneur, mais on n'en finit pas d'avancer. Un peu de tout l'homme est dans un grand artiste. Rodin en est la preuve.

C'est par le dessin qu'il commence à s'exprimer, et les quelque sept mille deux cents dessins du musée Rodin, dont nous avons achevé l'inventaire, ont à nous instruire.

Notre souhait est désormais de les considérer à la lumière de ceux que nous ne connaissons pas, que nous ne pouvons encore dénombrer.

Rodin fait ses premiers pas d'artiste universel par la Suisse, en y exposant ses œuvres au musée Rath à Genève en 1896. Il y a lieu de remarquer que, dès la disparition de Rodin, en 1918, c'est à nouveau la Suisse qui entreprend une rétrospective avec plus de quatre-vingts dessins qu'accueillirent les villes de Bâle, Zurich, Genève et Berne. En pleine guerre, douze dessins du musée Rodin vont même se perdre. Mettant à profit les liens qui unissent la Suisse et la France, il restait à frapper aux portes des musées et des amateurs.

Avec modestie, car nous n'avons pas la prétention de tout obtenir, de tout voir, ni de tout savoir, la tâche ingrate et délicate étant d'écarter les faux qui inondèrent l'Europe dès 1917 avant de gagner les Etats-Unis et le reste du monde.

Après la Suisse, Rodin se fit reconnaître en Hollande et en Belgique, nous avons l'intention d'aller y quérir l'inconnu qui éclaire le connu.

Un choix s'est imposé et, à ce titre, il peut paraître sévère et arbitraire, car il a suscité un face-à-face entre des dessins qui ne s'étaient plus côtoyés depuis des décennies et dont le fil avait été rompu.

Des thèmes se sont fait jour, où les dessins du musée Rodin répondaient aux dessins suisses.

L'exposition de 1896 leur sert de préface. Des chapitres s'enchaînent d'abord sur les modèles car le corps d'une femme devient l'unique sujet de l'observation, puis sur les symboles car le regard est tour à tour aigu et songeur, aussi sur les couples car l'enchevêtrement des lignes se confond avec celui des formes, sur un portrait encore car la tentation de percer l'énigme d'un visage circassien est grande, sur un projet, même, de monument car le sculpteur aime à concevoir en architecte, ensuite sur la danse cambodgienne car il y a des instants de grâce pure, également sur les découpages et assemblages car le chercheur est toujours un précurseur, enfin sur la diffusion du dessin par sa gravure car elle est le meilleur moyen d'en répandre la connaissance.

Des photographies anciennes montrent Rodin au milieu de ses œuvres, et même leur emplacement dans des expositions de son vivant.

Pour la première fois, nous avons tenté de réunir des propos de Rodin sur ses dessins et d'associer certains d'entre eux à sa vie, sans oublier que le dessinateur est à l'origine du sculpteur et que, même si l'un ne prépare pas à l'autre, ils sont inséparables.

La Fondation Pierre Gianadda, dont la réputation n'est plus à faire, a rendu en 1984 un hommage à Rodin d'où les dessins n'étaient pas absents. En 1990, Camille Claudel laissa à Martigny des traces passionnées. En 1994, c'est un ami, Léonard Gianadda, qui donne au dessin de Rodin tout son poids.

Les notices des dessins des collections suisses se signalent par un fond gris.

L'exposition de Genève en 1896

La France est trop proche de la Suisse pour qu'on puisse prétendre démêler le réseau des liens qui unirent Rodin à ce cœur de l'Europe, d'autant plus que nous en ferons une approche par le biais du dessinateur. Mais l'homme comme l'artiste est un tout dont on ne cesse de faire et de défaire les cloisons. A ce jeu de Pénélope, il arrive qu'une vie se tisse et qu'elle contribue à éclairer d'autres vies.

C'est tout naturellement encore que, venant de Belgique où il s'était réfugié après la guerre de 1870 entre la France et la Prusse, Rodin s'arrêta en Suisse sur la route de l'Italie. Une lettre (cat. n° 1), précieuse à plus d'un titre, écrite à sa compagne Rose Beuret, fait état des trois impressions fortes reçues dans son voyage, fin 1875: Reims, les murailles des Alpes et la sacristie de Michel-Ange à Florence. Du chemin de fer, il découvre les montagnes bien qu'il ait, semble-t-il, un jour fait une partie du trajet à pied, de Chamonix à Saint-Gervais, puis le lendemain d'Annemasse à Genève. Il le dit en 1900 à Judith Cladel[1], sa biographe à qui il s'était ouvert de son double goût de promeneur solitaire et de lecteur assidu des *Confessions* de Jean-Jacques Rousseau[2] qui, avant lui, était remonté à pied de Genève à Paris.

Toujours lors d'une descente en Italie, à Menaggio, à Milan, il s'arrête à Zurich et à Saint-Moritz[3] les 21 et 22 août 1895. Des factures attestent son retour par la Suisse à l'Hôtel du Parc à Lugano, du 3 au 5 septembre 1895, et au Grand Hôtel d'Andermatt, du 5 au 7. On imagine que des jalons sont alors posés pour l'exposition de Genève de l'année suivante.

Nous avons encore des traces d'un arrêt au Restaurant-Café vaudois Constant Feller à Lausanne (cat. n° 2) sans doute à l'automne 1901, puis en 1902, entre le 6 et le 22 novembre à l'Hôtel Euler à Bâle alors que Rodin revient d'un séjour à la villa Margherita à Ardenza chez ses amies Hélène de Nostitz et Sonia de Hindenbourg.

Des sollicitations ne manquent pas pour des achats avec des particuliers comme les Thyssen, des galeries, des sociétés des Beaux-Arts comme celle de Bâle qui nomme Rodin président du comité de l'exposition d'art français en mars 1906, celle d'Interlaken qui l'invite au vernissage de la IIe Exposition internationale le 6 juillet 1910, des musées, notamment celui des Beaux-Arts à Zurich.

C'est le musée Rath à Genève, en 1896, qui va sortir l'œuvre de Rodin de ses frontières. Il est naturel que les premiers pas en reviennent à Genève située aux portes de la France. Par une sorte de crainte, tout à son honneur, Rodin, de même qu'il s'est associé à Paris en 1889 avec Claude Monet chez Georges Petit, va se joindre à Genève à Puvis de Chavannes et à Eugène Carrière. La Suisse fait figure de tremplin pour la carrière internationale que va connaître Rodin. Trois ans plus tard, en 1899, en Belgique et en Hollande, Rodin expose seul. Abrité derrière deux amis et deux peintres, Rodin se fait modeste. Puvis de Chavannes, dont Rodin préside les 70 ans lors d'un hommage le 16 janvier 1896 à l'Hôtel Intercontinental à Paris, expose 93 œuvres, peintures, dessins et photographies confondus. Notons au passage que Rodin, en collectionneur ardent et avisé qu'il devient, prête son étude à la mine de plomb pour la décoration du musée d'Amiens: *Ludus pro patria*[4]. Carrière montre 39 peintures, lithographies et photographies, cependant que le sculpteur présente 28 plâtres, bronzes et marbres, 10 dessins, une eau-forte et 26 photographies. Deux artistes apporteront leur contribution: le graveur Léveillé et Camille Claudel, avec le buste en bronze de l'amant qu'elle allait quitter deux ans plus tard.

Un homme est à la source de cette manifestation et de ces choix: Matthias Morhardt (1862-1939). Son nom est en marge du catalogue, car il possède des Puvis de Chavannes, des Carrière, des Rodin et des Camille Claudel dont il est un des premiers défenseurs. Journaliste au *Temps*, il n'est pas avare de conférences, d'articles élogieux sur Rodin; les deux hommes échangent une abondante correspondance. Une lettre du 15 janvier 1896 (cat. n° 4) rappelle à Rodin qu'il lui a promis une *«belle collection de dessins et de photographies»*.

Morhardt se fait aider dans la préparation de l'exposition par le peintre Auguste Baud-Bovy qui va jusqu'à envoyer un poème «alpestre» à Rodin qui lui évoque l'air si pur de la Suisse[5].

Rodin va tenir à demi-parole car autant il confie volontiers et pour la première fois des photographies[6], autant le dessinateur se montre prudent puisque seuls des collectionneurs vont accepter de se dessaisir de leurs œuvres, et Morhardt n'en sera pas pour les dessins. En avait-il? Nous le supposons en consultant le catalogue de la vente à l'hôtel Drouot du 27 février 1919, où l'on dénombre 18 dessins, d'un style antérieur à 1896.

Rodin fut-il gêné car, depuis la remise de son illustration des *Fleurs du Mal* de Baudelaire sur l'exemplaire de Paul Gallimard, en 1888, il ne dessinait plus de la même manière et d'ailleurs, en 1897, il tourna définitivement une page en publiant l'«album Goupil» qui représente pour lui son dessin des années passées, de sa période noire et romantique. L'«album Goupil» comme l'exposition de Genève marquent une date pour le dessinateur qui désormais ne se servira plus de ses «noirs» qu'en tant que jalons pour une meilleure compréhension de son cheminement. Il ne les renia jamais, mais un artiste va de l'avant. De nos jours, juste retour des choses, leur rareté, leur fragilité, leur tourment nous les rendent plus précieux.

Les dix dessins «noirs» du musée Rath sont des énigmes dont le chercheur souhaite dissiper l'épaisseur. Les incertitudes sont énormes et nous entraînent à des conjectures. Ils appartiennent alors à deux hommes qui méritent qu'on s'attarde quelque peu sur leurs prêts généreux et sans doute amicaux à l'égard de Rodin et de Morhardt: Louis de Fourcaud (1851-1914) et Edouard Rod (1857-1910).

Journaliste et critique d'art éminent, professeur à l'Ecole des Beaux-Arts en remplacement de Taine et membre de l'Institut, Fourcaud n'en est pas moins un collectionneur dans l'âme, un amateur de ces dessins sombres qu'il acquiert au nombre de sept et qu'il garde jusqu'à sa mort, puisqu'on les retrouve dans la vente après décès du 29 mars 1917 à Drouot. Sans doute eut-il des attaches particulières avec la Suisse ou voulut-il faire plaisir au dernier moment, puisque ses dessins s'insèrent au catalogue sous des numéros bis - a - b - c - d.

Nous appuyant sur des dédicaces (cat. n°s 5-7), ou sur des annotations pâlies par les ans au revers des supports cartonnés (cat. n° 8) ou sur leur reproduction dans la seconde édition du livre d'Otto Grautoff de 1911 qui nous a permis d'identifier le *Saint Jean-Baptiste* (cat. n° 10) et un *Enlèvement* (cat. n° 9), nous croyons en reconnaître cinq sur les sept, même si nous ignorons la localisation des deux derniers. La rigueur scientifique n'étant pas de mise dans les publications du temps, où les titres changent sans cesse, seule une photographie ancienne peut confirmer une conjecture.

Le clan des connaisseurs est si étroit que le mécène de l'«album Goupil», Maurice Fenaille, a racheté deux dessins (cat. n°s 5-7?) à la vente Fourcaud, pour en faire don au musée Rodin en 1917, et que Rodin l'en remercie par un brouillon quelques mois avant sa mort[7].

Quand il fut question de reproduire en fac-similés ses dessins dans l'«album Goupil», Fourcaud parle de *«vulgarisations d'originaux précieux* [qui] *sont choses très mauvaises en elles-mêmes»* et pose des conditions à l'éditeur pour qu'il lui remette les œuvres *«dans leur cadre et non pas dégradés et arrangés à la diable comme cela est arrivé d'autres fois»* et *«qu'on en prenne le plus grand soin»*[8]. Amateur d'estampes, il détient encore des pointes-sèches dédicacées de Victor Hugo (cat. n° 11) et d'Antonin Proust.

Autant la presse locale, *La Tribune de Lausanne*, *Le Genevois*[9] font état des prêts de Fourcaud, autant ceux d'Edouard Rod passent inaperçus. Il est vrai que l'écrivain suisse est très mêlé aux milieux de Genève où il enseigne *(De) la littérature comparée*, titre d'un livre qu'il dédicace à Rodin avec *La course à la mort*, *Là-haut*, *L'inutile effort*. Dans la *Gazette des Beaux-Arts*, il rend compte des Salons de 1891, d'une visite à l'atelier de Rodin en 1898 où il décrit avec précision des dessins inspirés par Dante. Dès 1886, il entre en correspondance avec le sculpteur sans qu'on puisse y trouver une allusion qui permette d'identifier, sinon de situer au musée Rath les trois dessins à la plume et l'eau-forte du dramaturge Henry Becque. Le dépouillement du fonds Rod de la Bibliothèque cantonale et universitaire de Lausanne apportera sans doute un jour la lumière. En 1896, Rodin joint à ses œuvres des gravures sur bois d'Auguste Léveillé exécutées d'après les bustes de Dalou, de Bastien-Lepage et de Victor Hugo, et d'après la statue équestre du général Lynch. Ces épreuves sont à vendre car le sculpteur divulgue ainsi ses sculptures à peu de frais. Nous verrons plus loin qu'il en fit autant un peu plus tard pour ses dessins (cf. chapitre *La diffusion*). Nous avons voulu, par des épreuves semblables du musée Rodin (cat. n°s 12-13-14-15) montrer au public que l'exposition du musée Rath de Genève de 1896 est pour Rodin une sorte de galop d'essai indispensable qui va lui donner des ailes.

1 Lettre de Rodin à Judith Cladel, 26 juillet 1900. Inv. L. 564; Archives, Musée Rodin, Paris.
2 Cladel Judith: *Rodin, sa vie glorieuse, sa vie inconnue*, Paris, Grasset, 1936, p. 302.
3 Deux télégrammes d'Albert Kahn à Rodin, 21 et 22 août 1895; Archives, Musée Rodin, Paris.
4 Musée Rodin, Paris.
5 Lettre de Rodin à Baud-Bovy, 21 septembre 1896; Bibliothèque publique et universitaire, Genève.
6 Pinet Hélène: *Les photographes de Rodin*, in catalogue de l'exposition *Rodin*, Martigny, Fondation Pierre Gianadda, 12 mai - 7 octobre 1984.
7 Inv. L. 910 ; Archives, musée Rodin, Paris.
8 Lettre de Louis de Fourcaud à Rodin, s.d. [avant août 1897]; Archives, Musée Rodin, Paris.
9 *La Tribune de Lausanne*, 31 janvier 1896; *Le Genevois*, 29 janvier 1896.

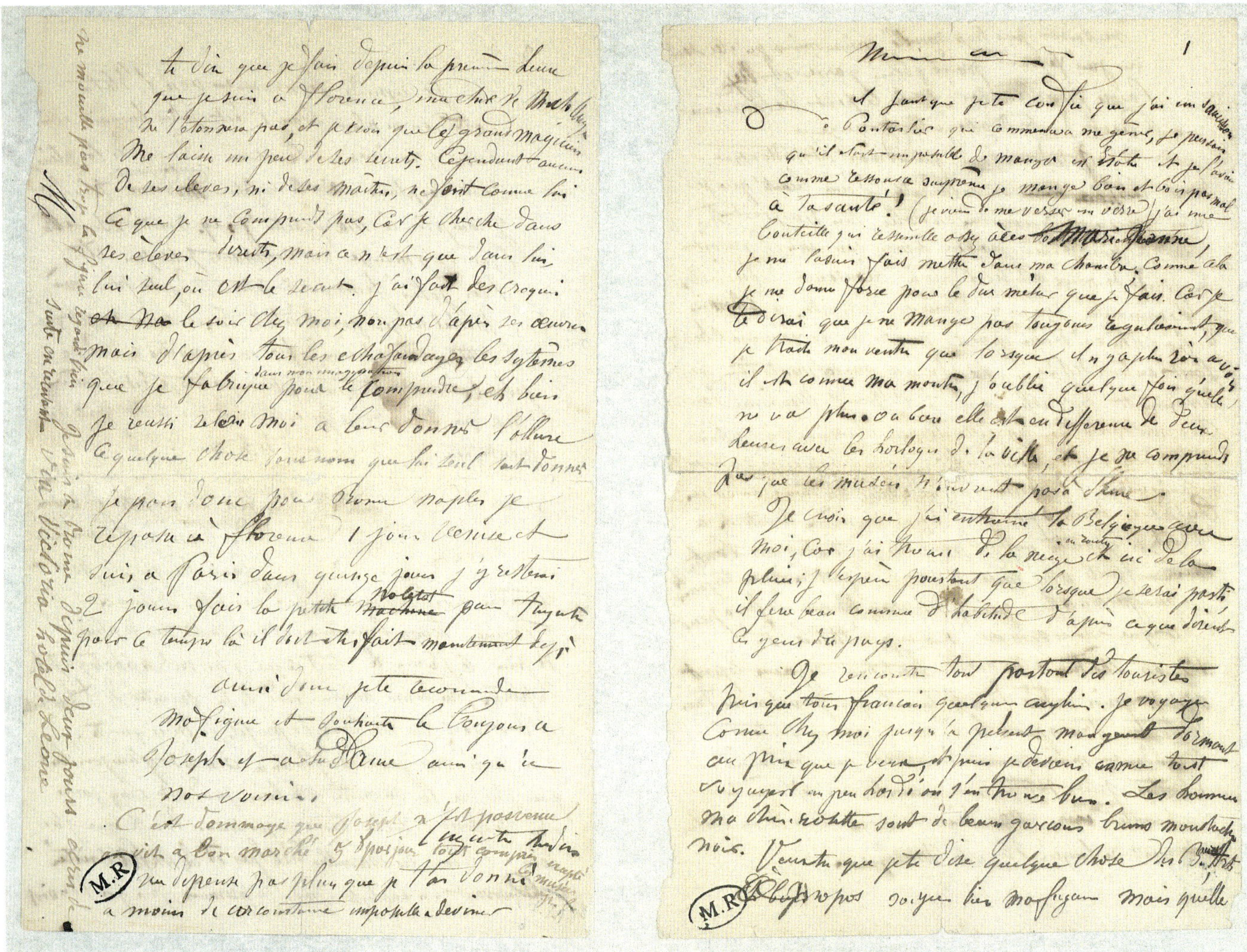

1a

1 L.A.S de Rodin à Rose Beuret
[Rome], début mars (?) 1876

M[...]
il faut que je te confie que j'ai un saucisson de Pontarlier qui commence à me gêner, je pensais qu'il etait impossible de manger en Italie et je l'avais comme ressource suprême je mange bien et bois pas mal à ta santé! (je viens de me verser un verre) j'ai une bouteille qui ressemble assez à ces Mari Jeanne, je me la suis fais mettre dans ma chambre; comme cela je me donne force pour le dur métier que je fais. Car je te dirai que je ne mange pas toujours regulierement, que je traite mon ventre que lorsque il n'y a plus rien à voir il est comme ma montre, j'oublie quelque fois qu'elle ne va plus. ou bien elle est en difference de deux heures avec les horloges de la ville, et je ne comprends pas que les musées n'ouvrent pas à l'heure.
je crois que j'ai entraine la Belgique avec moi, car j'ai trouve de la neige en route et ici de la pluie; j'espère pourtant que lorsque je serai parti, il fera beau comme d'habitude d'après ce que disent les gens du pays.
Je rencontre tout partout des touristes presque tous français quelques anglais. je voyage comme chez moi jusqu'a présent mangeant dormant au prix que je veux, et puis je deviens comme tout voyageur un peu hardi on s'en trouve bien. les hommes ma chère rosette sont de beaus garcons bruns moustache noir. Veux-tu que je te dise quelque chose des Beaux Arts (A ce propos soigne bien ma figure mais qu'elle ne soit pas trop mouillé j'aime mieux qu'elle soit un peu ferme. prend y bien garde et n'y laisse pas toucher seul le petit balourdeau Paul) D'abord le voyage.
je te dirai donc que Dinant est pittoresque Reims sa cathédralle d'une beauté que je n'ai pas encore rencontrée en italie, ton pays est tres beau a Pontarlier patrie de mon saucisson il y avait 2 pieds

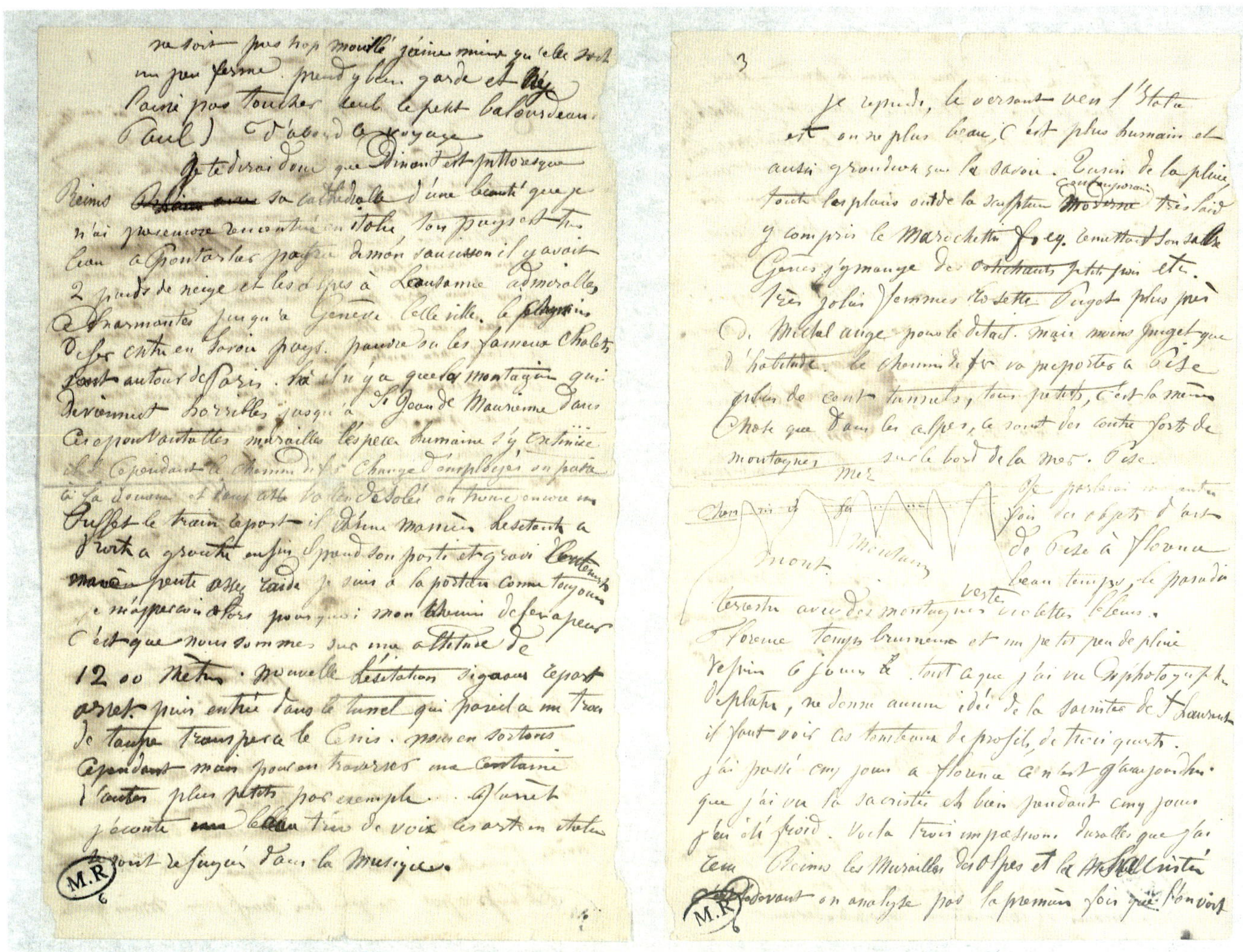

1b

de neige et les alpes à Lausanne admirables charmantes jusqu'a Genève belle ville. le chemin de fer entre en Savoie pays pauvre ou les fameux chalets sont autour de Paris. là il n'y a que les montagnes qui deviennent horribles jusqu'a St Jean de Maurienne dans ces epouvantables murailles l'espece humaine s'y cretinise Cependant le chemin de fer change d'employés on passe a la douane et dans cette vallee desolée on trouve encore un buffet le train repart il d'une manière hesitante a droite a gauche enfin il prend son parti et gravi lentement une pente assez raide je suis à la portiere comme toujours je m'appercois alors pourquoi mon chemin de fer a peur c'est que nous sommes sur une altitude de 1200 mètres. Nouvelle hésitation signaux, repart, arret puis entrée dans le tunnel qui pareil a un trou de taupe transperce le Cenis. nous en sortons cependant mais pour en traverser une centaine d'autres plus petits par exemple... J'arrête j'écoute un beau trio de voix les arts en italie se sont réfugiés dans la musique.

je reprends, le versant vers l'Italie est on ne plus beau, c'est plus humain et aussi grandiose que la savoie. Turin de la pluie, toute les places ont de la sculpture contemporaine très laid y compris le Marochetti [...] remettant son sabre Gênes j'y mange des artichauts petits pois, etc. très jolies femmes rosette, Puget plus près de Michel-Ange pour le détail mais moins Puget que d'habitude. le chemin de fer va me porter a Pise plus de cent tunnels, tous petits, c'est la même chose que dans les alpes, ce sont des contre forts de montagnes sur le bord de la mer. Pise. Je parlerai une autre fois des objets d'art de Pise à florence beau temps, le paradis terrestre avec des montagnes vertes violettes bleues. Florence temps brumeux et un petit peu de pluie depuis six jours. Tout ce que j'ai vu de photographies de plâtres, ne donne aucune idée de la sacristie de St Laurent il faut voir ces tombeaux de profils, de trois quarts. j'ai passé cinq jours a florence ce n'est qu'aujourd'hui que j'ai vu la sacristie eh bien pendant cinq jours

j'ai été froid. Voila trois impressions durables que j'ai recu Reims les Murailles des alpes et la Sacristie devant on analyse pas la première fois que l'on voit. Te dire que je fais depuis la première heure que je suis à florence, une etude de Michel Ange ne t'etonnera pas, et je crois que ce grand magicien me laisse un peu de ses secrets. Cependant aucun de ses eleves, ni de ses maîtres, ne font comme lui Ce que je ne comprends pas, car je cherche dans ses éleves directs, mais ce n'est que dans lui, lui seul, où est le secret. j'ai fait des croquis le soir chez moi, non pas d'après ses œuvres mais d'après tous les echafaudages les systèmes que je fabrique dans mon imagination pour le comprendre, eh bien je réussi selon moi à leur donner l'allure ce quelque chose sans nom que lui seul sait donner je pars donc pour Rome naples je repasse a florence un jour Venise et suis à Paris dans quinze jours j'y resterai 2 jours fais la petite paletot pour Auguste pour ce temps-là il doit être fait maintenant déjà
ainsi donc je te recommande ma figure et souhaite le bonjour à Joseph et à sa Dame ainsi qu'à nos voisins
Auguste Rodin
C'est dommage que Joseph n'est pas venu on vit à bon marché 5f. par jour tout compris excepté les musées ne dépense pas plus que je t'ai donné à moins de circonstance impossible à deviner Ne mouille pas trop la figure regarde bien je suis a Rome depuis deux jours ecris de suite en recevant Via Victoria hotel de Leone.

Historique:
Donation à l'Etat, 1916. Inv. L. 6;
Musée Rodin, Paris.

2 L.A.S de Rodin à Rose Beuret
sur papier à en-tête du Restaurant-Café vaudois Constant Feller, Lausanne, et son (?) enveloppe à en-tête du Frohner Hôtel Impérial Wien datée du 7 juin 1902.

Ma chère Rose
dans ce pays il fait très froid et plus froid qu'en hiver Je suis content d'avoir mes habits d'hiver fait faire du feu dans la chambre de Mr Tweed le soir Je ne pense pas qu'à Paris pourtant il fasse si froid.
soigne toi bien et soignez vous bien. a mercredi
ton ami
A Rodin

Historique:
Donation à l'Etat, 1916. Inv. L. 352;
Musée Rodin, Paris.

Le Café vaudois dont Constant Feller fut le propriétaire entre le 1er juin 1899 et décembre 1900 était situé au numéro 1 de la place Riponne. Il fut démoli en août 1937.

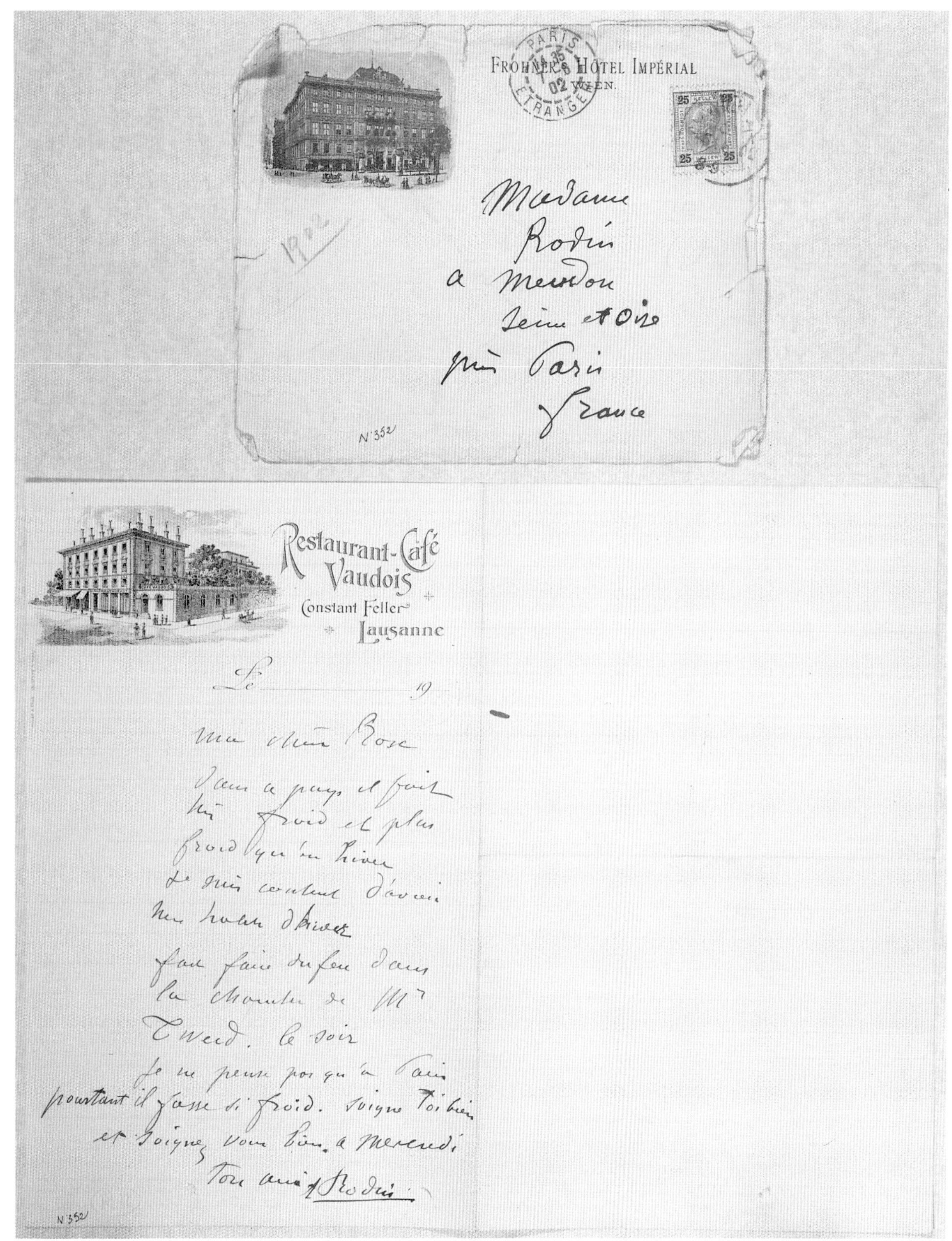
FROHNER'S HÔTEL IMPÉRIAL
WIEN.

PARIS 02 ÉTRANGER

Madame
Rodin
a Meudon
Seine et Oise
par Paris
France

1902

N°352

Restaurant-Café
Vaudois
Constant Feller
Lausanne

Le 19

Ma chère Rose

Dans ce pays il fait
très froid et plus
froid qu'en hiver
Je suis content d'avoir
mes habits d'hiver
faut faire du feu dans
la chambre de Mr
Tweed. le soir
je ne pense pas qu'à Paris
pourtant il fasse si froid. soigne toi bien
et soignez vous bien. a mercredi
Ton ami A Rodin

N°352

3 Catalogue de l'exposition «P. Puvis de Chavannes, Auguste Rodin et Eugène Carrière», Genève, Musée Rath, 1er ou 2 février - 13 ou 14 février 1896

Historique:
Musée d'art et d'histoire, Bibliothèque d'art et d'archéologie, Genève.

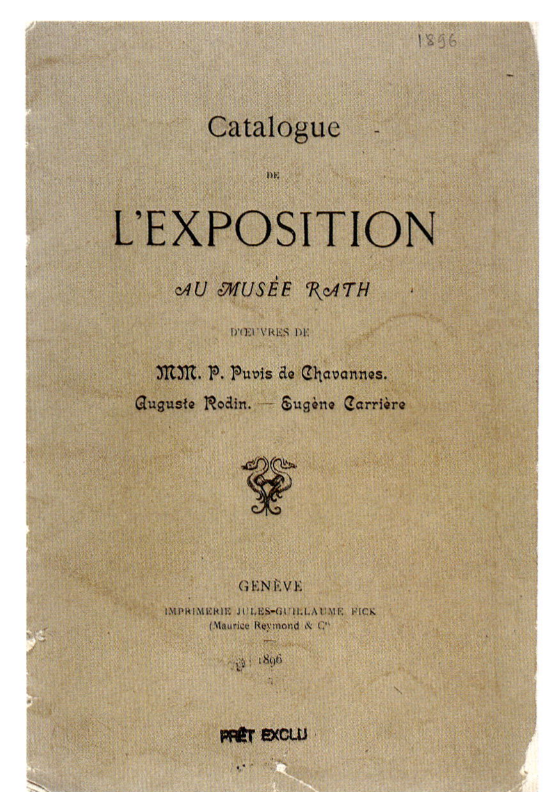
1896

Catalogue

DE

L'EXPOSITION

AU MUSÉE RATH

D'ŒUVRES DE

MM. P. Puvis de Chavannes.
Auguste Rodin. — Eugène Carrière

GENÈVE
IMPRIMERIE JULES-GUILLAUME FICK
(Maurice Reymond & Cie)

1896

PRÊT EXCLU

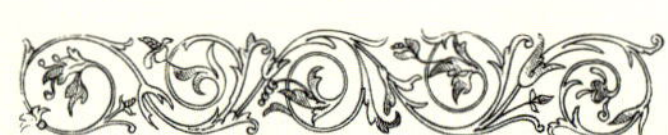

P. Puvis de Chavannes.

—

PEINTURE

1 *La Décollation de Saint-Jean-Baptiste.*

2 *Le Cidre* (panneau décoratif).

3 *La Rivière* (panneau décoratif).

4 *Saint Camille au chevet d'un mourant.*
Appartient à M. Benassy.

ÉTUDES ET DESSINS

5 Mère et enfant, sanguine.
Appartient à M. Roger Marx.

6 Etude pour le *Ludus pro Patria.*
Appartient à M. Auguste Rodin.

7 *L'enfant prodigue.*
Appartient à M. Mathias Morhardt.

4

8 Torse de femme pour servir de frontispice à l'édition de luxe du livre de M. Marius Vachon : *Puvis de Chavannes.*
Appartient à M. Mathias Morhardt.

9 Etude pour la figure de la sorbonne.
Appartient à M. Marius Vachon.

10 Etude pour le groupe central de la Sorbonne.
Appartient à M. Marius Vachon.

11 Etude de femme. — *L'homme au ciseau.* — Etude d'homme.

12 Etude pour *Les jeunes filles au bord de la mer.* — Etude d'homme. — Visage de femme. — Femme couchée. — Etude d'homme. — Etude d'enfant. — Femme agenouillée.

13 Femme au miroir. — Etude pour un Saint-Jean-Baptiste. — Visage de femme. — Etude de draperie.

14 Portrait de M. Montenard. — L'homme à la scie. — Etude de draperie. — Etude d'homme. — Etude d'homme.

15 Etudes de femmes. — Etude de jeune fille. — Etude pour l'*Hiver.*

16 Etude de faucheur. — Etude pour un Christ. — Un Juif.

17 Porteuse d'eau.

5

18 Etude de draperie. — Etude. — Etude de draperie. — Femme et enfants. — Etude de bras. — Etude de bras.

19 Etude d'homme. — Etude d'homme. — Etude de femme. — Etude de femme (vue prise de dos). — Etude pour l'*Industrie*.

20 Etude. — Etude d'Arabe. — Etude. — Etude. — *L'Enfant prodigue*. — Etude de femme.

21 *L'homme au compas*. — Etude pour *Charles Martel*. — Etude d'homme. — Etude.

22 Etude pour l'*Enfant prodigue*. — Etude. — Etude pour *Sainte Geneviève*. — *La lutte*.

23 Etude. — *Ecce homo*.

24 Etude pour l'*Enfant prodigue*. — Etude pour *Sainte Geneviève*. — Etude de femme. — Femme couchée. — Etude. — Etude pour l'*Eté*. — Etude.

25 Etude pour *Orphée*. — Etude de main. — Etude.

26 Femme assise. — Femme allaitant son enfant. — Etude. — Etude pour *Le pigeon voyageur*.

27 Torse d'homme. — Draperie. — Femme assise. — Etude pour l'*Enfant prodigue*. — Etude.

28 Etude. — Femme assise. — Etude d'enfant. — Etude pour l'*Eté*.

6

29 Tête de femme. — Etude. — Etude d'homme (sanguine). — Tête d'homme. — Tête de jeune fille.

30 Etude d'homme. — Etude de femme. — Etude d'homme.

31 Visage de femme. — Etude pour un portrait de M. Ary Renan. — Etudes pour deux tympans. — Femme couchée.

32 Etude d'homme. — Etude de femme.

33 Etude d'homme. — Portrait. — Draperie. — Etude de main. Etude. — Etude.

AFFICHE

34 *Le Centenaire de la lithographie*.
Appartient à M. Mathias MORHARDT.

PHOTOGRAPHIES

35 *Doux pays*, composition décorative pour l'hôtel de M. Léon Bonnat.

36 *La Céramique*. (Musée de Rouen).

37 *Vision antique*.

38 *La Poterie*. (Musée de Rouen).

39 *L'Eté*. (Hôtel de Ville de Paris).

40 *L'Hiver*. (Hôtel de Ville de Paris).

41 *Le Travail*. (Musée d'Amiens).

7

42 *Jeunes filles au bord de la mer*. — *L'Enfant prodigue*. — *Orphée*.

43 *Inter artes et naturam*.

44 *Le Rhône et la Saône*.

45 *Hommage à Victor Hugo*. (Hôtel de Ville de Paris.)

46 *L'Inspiration chrétienne*.

47 *L'Enfance de sainte Geneviève*. (Panthéon.)

48 *L'Enfance de sainte Geneviève*. — Panneau central. (Panthéon.)

49 *L'Enfance de sainte Geneviève*. — Panneau de droite. (Panthéon.)

50 *L'Enfance de sainte Geneviève*. — Panneau de gauche. — (Panthéon.)

51 *La Madeleine*.

52 *La Sorbonne*.

53 *Ludus pro Patria*.

54 *Le Bois sacré cher aux Arts et aux Muses*.

55 *Les Muses inspiratrices*. (Composition décorative pour la bibliothèque d'un hôtel particulier à Boston.)

8

56 Dessin.
57 Dessin.
58 Dessin.
59 Dessin.
60 Dessin.
61 Dessin.
62 Dessin.
63 Dessin.
64 Dessin.
65 Dessin.
66 Dessin.
67 Dessin.
68 Dessin.
69 Dessin.
70 Dessin.
71 Dessin.
72 Dessin.
73 Dessin.
74 Dessin.
75 Dessin.
76 Dessin.
77 Dessin.
78 Dessin.

79 Dessin.
80 Dessin.
81 Dessin.
82 Dessin.
83 Dessin.
84 Dessin.
85 Dessin.
86 Dessin.
87 Dessin.
88 Dessin.
89 Dessin.
90 Dessin.
91 Dessin.
92 Dessin.
93 Dessin.

LIBRAIRIE

94 *Puvis de Chavannes*, par M. Marius Vachon.

Auguste Rodin.

—

95 P. Puvis de Chavannes, (buste plâtre).
96 Le statuaire J. Dalou, (buste en bronze, patiné par Carriès).
97 M. Octave Mirbeau, (haut relief plâtre).
98 *La Terre*, (plâtre).
99 Homme debout, (plâtre).
100 M. Henri Rochefort, (buste plâtre).
101 Bastien-Lepage, (haut relief plâtre).
102 *Gloires*, (groupe plâtre).
103 *Le Faune*, (groupe plâtre).
104 Torse d'homme, (bronze).
105 L'homme au nez cassé, (masque en bronze).
106 La femme accroupie, (bronze).
Appartient à Mlle C. Claudel.
107 Portrait de jeune fille, (masque en argent).
Appartient à Mlle C. Claudel.
108 Femme accroupie, (plâtre).
109 Femme assise, (plâtre).

110 Portrait de femme, (plâtre).
111 La Pleureuse, (masque en plâtre).
112 La Main, (plâtre).
113 La femme couchée, (plâtre).
114 Trois femmes, groupe (plâtre).
115 Torse de femme, (plâtre).
116 *Le Poète*, fragment de la *Porte de l'Enfer*, (plâtre).
117 Masque de femme, (plâtre).
117 bis. Femme et enfant, (groupe marbre).
Appartient à M. G. Blum.
118 Femme debout, (plâtre).
119 Deux femmes, (groupe plâtre).
120 Torse de femme.
Appartient à M. Mathias Morhardt.
121 *L'Elan*.
Appartient à M. Mathias Morhardt.

DESSINS — EAUX-FORTES — PHOTOGRAPHIES

121 bis *a*. Le sculpteur, (dessin).
Collection L. de Fourcaud.
121 bis *b*. L'ensevelissement, (dessin).
Collection L. de Fourcaud.

121 bis *c*. *Saint Jean-Baptiste*. — *L'Enlèvement*.
Collection L. de Fourcaud.
121 bis *d*. Femme assise et enfant. — L'enlèvement. — Lutte.
Collection L. de Fourcaud.
122 Trois dessins à la plume.
Appartient à M. Edouard Rod.
123 M. Henri Becque, (eau forte).
Appartient à M. Edouard Rod.
124 Le buste de Victor Hugo.
125 Etude.
126 *La Pleureuse*.
127 Montant de *La Porte de l'Enfer*.
128 Montant de *La Porte de l'Enfer*.
129 Frise.
130 Frise.
131 *Le Baiser*.
132 *Ugolin*.
133 *Ugolin*.
134 *Orphée et Eurydice*.
135 *Orphée et Eurydice*.
136 La statue de Claude Le Lorrain (détail).

137 La statue de Claude Le Lorrain (détail).

138 La statue de Claude Le Lorrain (détail).

139 La statue de Claude Le Lorrain (détail).

140 La statue de Claude Le Lorrain (détail).

141 La statue de Claude Le Lorrain (détail).

142 La statue de Claude Le Lorrain (détail).

143 La statue de Claude Le Lorrain (ensemble).

144 Le buste de femme du Musée du Luxembourg.

145 Le buste de femme du Musée du Luxembourg (autre aspect).

146 *Les Bourgeois de Calais* (vue de face).

147 *Les Bourgeois de Calais* (autre aspect).

148 *Les Bourgeois de Calais* (autre aspect).

149 *Les Bourgeois de Calais* (vue prise au moment de la cérémonie d'inauguration.

Eugène Carrière.

PEINTURE

150 *Passants.* — Fragment d'un ensemble décoratif.

151 *Une femme.* — Fragment d'un ensemble décoratif.

152 *Une femme.* — Fragment d'un ensemble décoratif.

153 Portrait d'Eugène Carrière.

154 Etude de montagne.

155 Etude de montagne.

156 Etude de montagne.

157 Etude de montagne.

158 Etude de montagne.

159 Paysage.

160 Paysage.

161 Mère et enfant.

162 Mère et enfant.
Appartient à M. Mathias Morhardt.

163 Tête de femme.

164 Intérieur.

165 Intérieur.

166 Intérieur.

167 Femme et enfant.

168 Etude.

169 Profil de femme.

170 Profil de jeune fille.

171 Mère et enfant.

172 M. Alphonse Daudet et sa fille.

173 M. Jean Dolent et sa fille.
Collection Jean Dolent.

174 Le poète Paul Verlaine.
Collection Jean Dolent.

175 Etude de femme.
Appartient à M. Gabriel Séailles.

176 M. Gabriel Séailles et sa fille.
Appartient à M. Gabriel Séailles.

177 Tête de femme.
Appartient à M. Gabriel Séailles.

178 Jeunes filles regardant des poissons.

179 Portrait de Mme L...

180 Tête de femme appuyée sur une main.

181 Etude de femme.

182 Tête de femme.

LITHOGRAPHIES

183 Profil de jeune fille.

184 Visage de femme.

185 M. Alphonse Daudet.
Appartient à M. Mathias Morhardt.

186 Visage de femme, pour servir de frontispice au livre de M. G.-A. Aurier.
Appartient à M. Mathias Morhardt.

PHOTOGRAPHIE

187 Etude.

188 Portrait de Mme Carrière et de ses enfants.
Appartient à M. Montrosier.

Mlle Camille Claudel.

189 Auguste Rodin, (buste en bronze).

A.-H. Léveillé.

190 *Victor Hugo*, (gravure sur bois d'après le buste de Rodin).

191 *Bastien Lepage*, (gravure sur bois d'après le buste de Rodin).

192 *Statue équestre*, (gravure sur bois d'après un projet de statue de l'amiral Lynch par Rodin).

193 *J. Dalou*, (gravure sur bois d'après le buste de Rodin).

4a

4 L.A.S de Matthias Morhardt à Rodin
15 janvier 1896

Mon cher Ami.
Je vous rappelle, suivant la promesse que je vous en ai faite, notre rendez-vous de demain matin jeudi – à 10 heures, – au boulevard d'Italie.
Et je vous rappelle aussi que vous m'avez promis de m'apporter toute une belle collection de dessins et de photographies.
L'exposition sera superbe. Puvis de Chavannes m'a remis lundi 95 dessins originaux. Carrière me prête trente deux études et tableaux. Il faut que vous soyez, tous les trois, magnifiquement représentés: N'est-ce pas?
Bien cordialement à vous et à demain à 10 heures au boulevard d'Italie.
Matthias Morhardt

Historique:
Donation à l'Etat, 1916. Inv. Ma. 502;
Musée Rodin, Paris.

soyez, tous les trois,
magnifiquement
représentés. N'est-ce
pas?

Bien cordialement à vous et
à demain à
10 heures au boule-
vard d'Italie.

Mathias Morhardt

4b

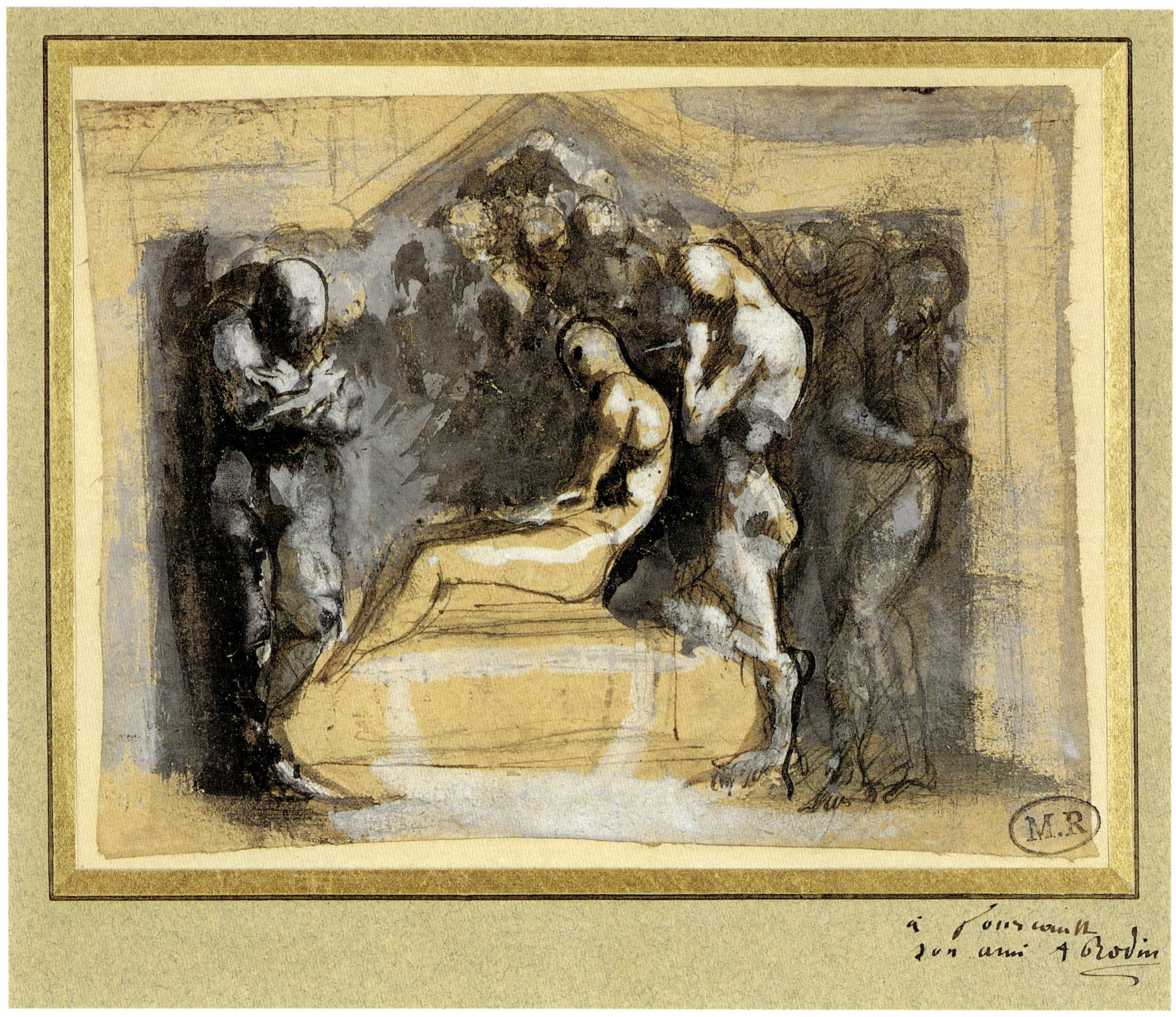

5 La vision du sculpteur
Mise au tombeau
vers 1880
Mine de plomb, plume et encre noire, lavis gris, rehauts de gouache sur papier beige collé en plein sur un carton.
H. 0,121; L. 0,165.
Annoté et signé à l'encre brune sur le carton de support: à *Fourcault son ami A. Rodin.*

Historique:
Collection Louis de Fourcaud; Vente Paris, Hôtel Drouot , 29 mars 1917 [cat. n° 81, sous le titre: *Mise au tombeau*]; Collection Maurice Fenaille; Inv. D. 7629;
Musée Rodin, Paris.

Bibliographie:
– Dargenty G.: *Le Salon national*, in *L'Art*, 1883, tome IV, p. 38 [repr. p. 35]
– Judrin Claudie: *Inventaire des dessins*, Paris, Musée Rodin, 1984-1992 [repr. t. V]

Expositions:
– P. *Puvis de Chavannes, Auguste Rodin, Eugène Carrière*, Genève, Musée Rath, 1er ou 2 février - 13 ou 14 février 1896 [cat. n° 121 bis a? sous le titre *le sculpteur*]
– *Auguste Rodin – Zeichnungen und Aquarelle*, Münster, Westfälisches Landesmuseum, 25 novembre 1984 - 20 janvier 1985; Munich, Museum Villa Stuck, 7 février - 7 avril 1985 [cat. n° 72]
– *Exposition de dessins de Rodin*, Paris, Musée Rodin, 14 avril - 19 juillet 1992 [sans cat.]

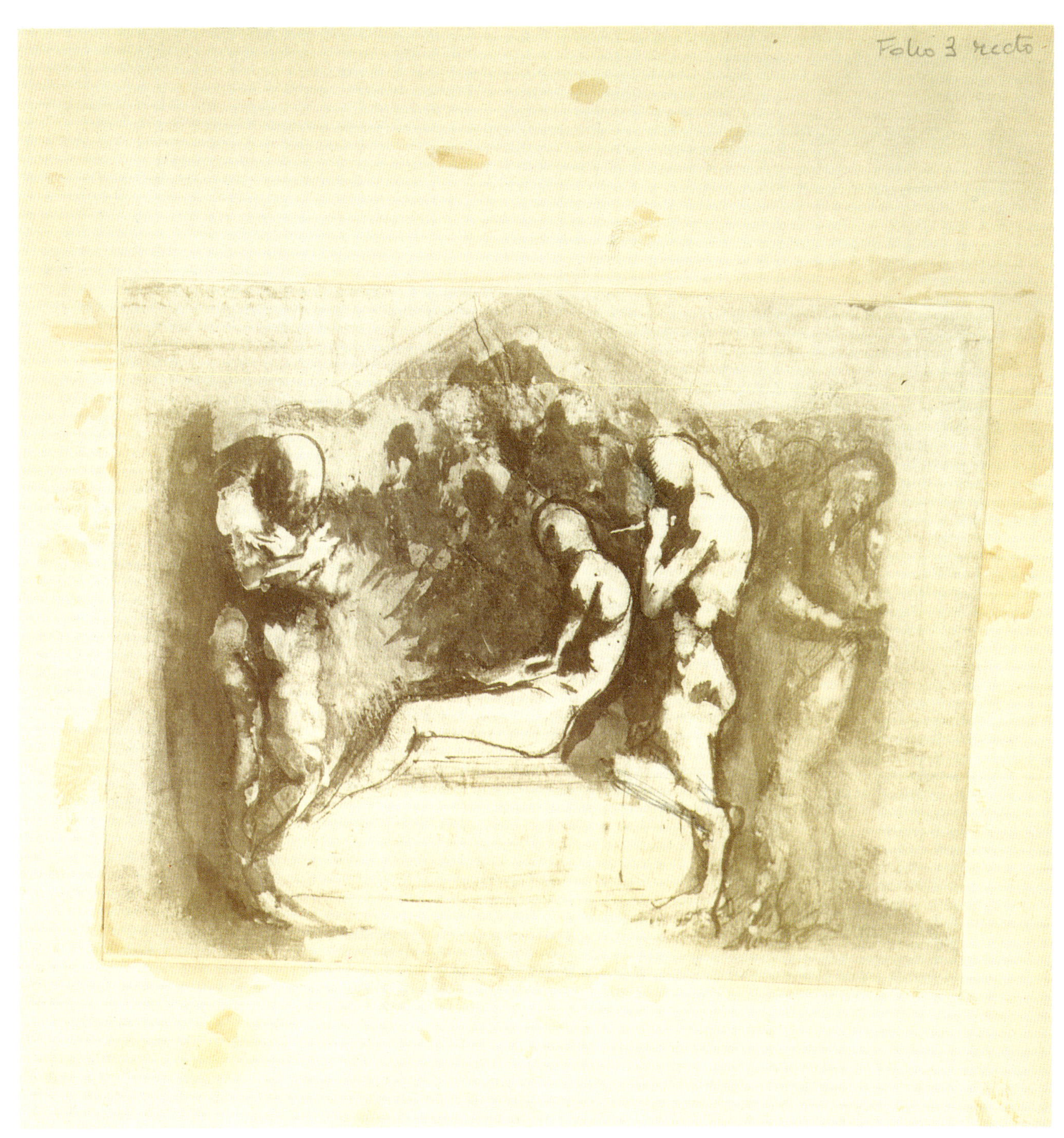

6 Photographie du folio 3 de l'album de Charles Bodmer (1809-1893) – Inv. D. 7741; Musée Rodin, Paris.
La vision du sculpteur – Inv. D. 7629 ; Musée Rodin, Paris.
vers 1886
Photographie retouchée à la mine de plomb sur la jambe et sur le profil du visage du personnage de droite, et collée (?)
H. 0,110; L. 0,143.

7 Trois hommes portant un cadavre
1883?
Mine de plomb sur papier beige à l'angle supérieur gauche déchiré et collé sur un montage à bordure dorée.
H. 0,134; L. 0,113.
Daté, annoté et signé à la mine de plomb, en bas: *1883 à de Fourcaut son ami Rodin.*

Historique:
Collection Louis de Fourcaud; Collection Maurice Fenaille;
Inv. D. 1967;
Musée Rodin, Paris.

Bibliographie:
– Judrin Claudie: *Inventaire des dessins*, Paris, Musée Rodin, 1984-1992 [repr. t. II]

Expositions:
– P. *Puvis de Chavannes, Auguste Rodin, Eugène Carrière*, Genève, Musée Rath, 1er ou 2 février - 13 ou 14 février 1896 [cat. n° 121 bis b? sous le titre *l'ensevelissement*]
– *Exposition rétrospective de Le Nain à nos jours*, Amsterdam, Maison des artistes, 1er juillet - 30 septembre 1926 [cat. n° ?]

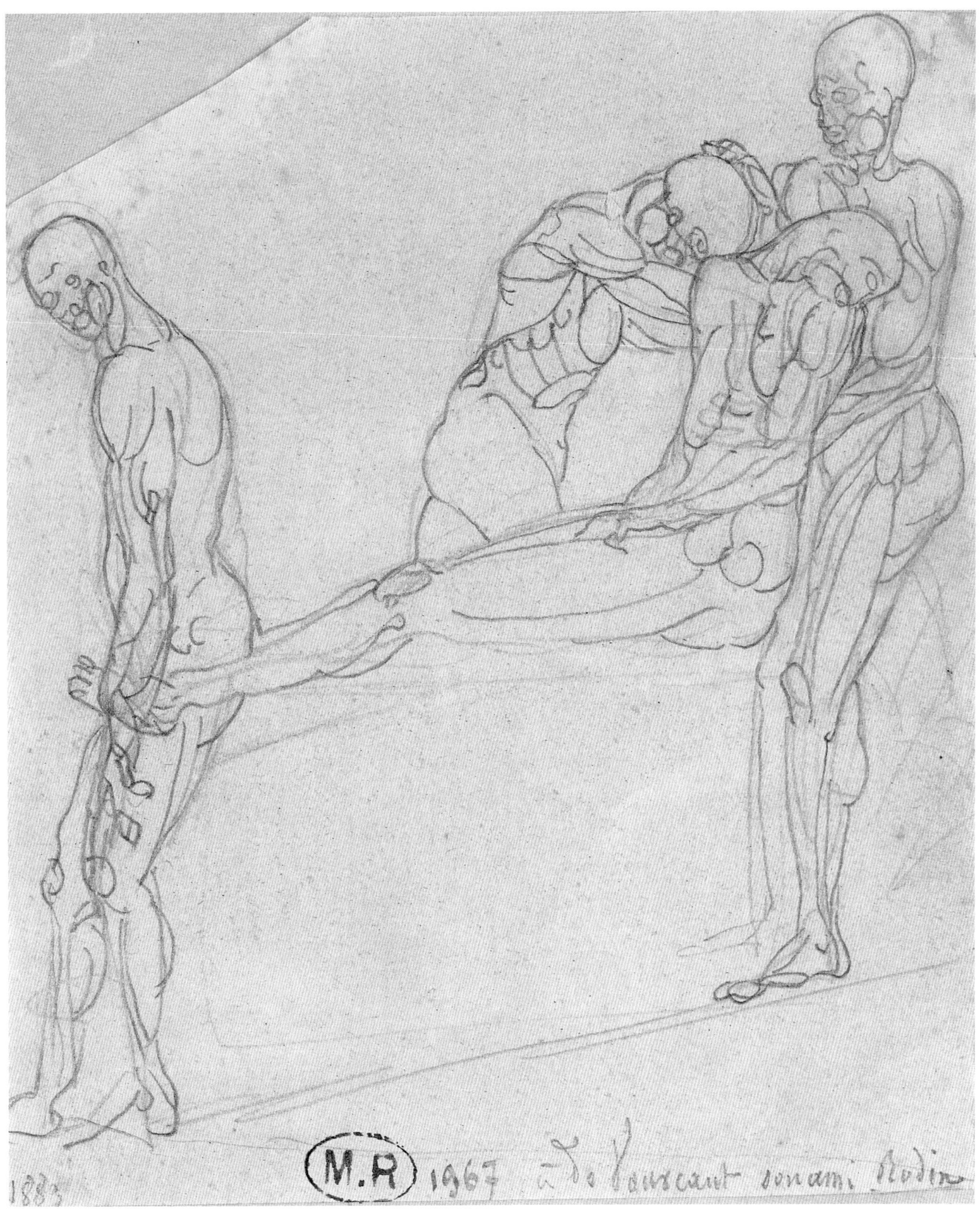
M.R
1967

8 Cercle des Amours
Deux figures enlacées
vers 1880

Mine de plomb, plume, lavis d'encre brune et gouache sur papier réglé collé en plein sur carton.
H. 0,195; L. 0,151.

Historique:
Collection Louis de Fourcaud; Vente Paris, Hôtel Drouot, 29 mars 1917 [cat. n° 83 sous le titre *Rapt*, ou n° 84?] ; Vente New York, Sotheby's, 14 mai 1992 [cat. n° 204]; Inv. D. 7756;
Musée Rodin, Paris.

Bibliographie:
– *Les dessins d'Auguste Rodin*, préface d'Octave Mirbeau, Paris, Boussod, Manzi, Joyant, 1897, dit «album Goupil» [pl. 70 sous le titre *Cercle des Amours*]
– LAMPERT Catherine: *The early years and the drawings from Dante*, in *Rodin: sculpture and drawings*, London, Arts Council, 1986 [fig. n° 76 p. 40, repr. d'après l'«album Goupil»]
– JUDRIN Claudie: *Acquisitions – Paris, Musée Rodin*, in *Revue du Louvre*, octobre 1992 [fig. 39 repr.]

Expositions:
– P. *Puvis de Chavannes, Auguste Rodin, Eugène Carrière*, Genève, Musée Rath, 1er ou 2 février - 13 ou 14 février 1896 [cat. n° 121 bis c ou d? sous le titre *l'Enlèvement*]
– *Cent cinquante ans de dessins*, Paris, Galerie Bernheim, 20 décembre 1952 - ? 1953 [cat.n° 141]

On voit ici le couple à l'union impossible que rencontre Dante au chant V de *L'Enfer* de sa *Divine Comédie*. Francesca da Rimini s'enroule dans une torsion passionnée autour du corps de Paolo Malatesta.

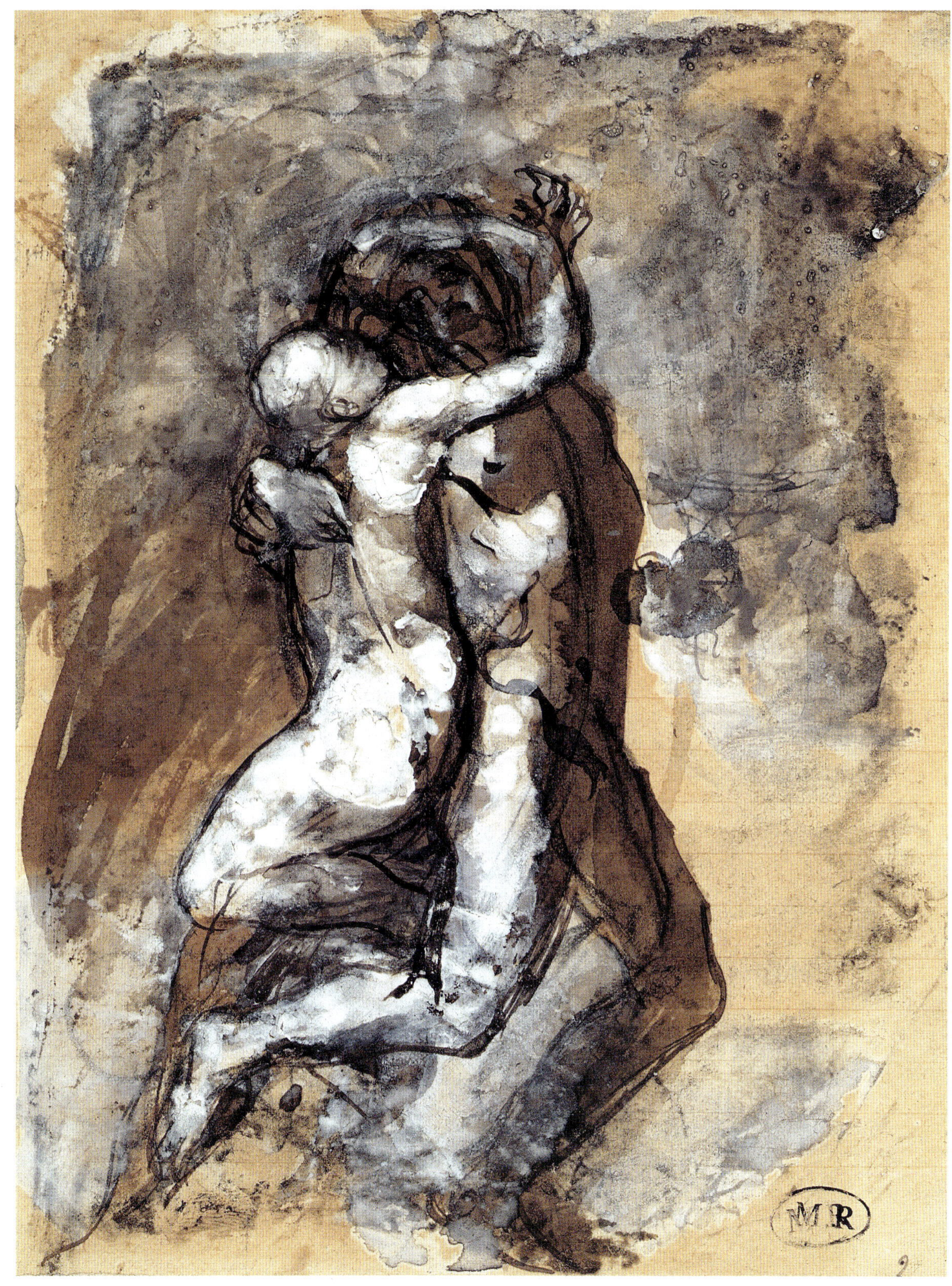
MR

9 Photographie du folio 30 de l'album de Charles Bodmer (1809-1893) – Inv. D. 7741; Musée Rodin. Paris.
Homme, femme et enfant – localisation inconnue.
vers 1886
H. 0,165; L. 0,095.

Historique:
Ce dessin appartenait à la collection Louis de Fourcaud.

Bibliographie:
– Grautoff Otto: *Rodin,* zweite Auflage, mit 121 Abbildungen, Bielefeld und Leipzig, Velhagen und Klasing (Monographien, 93), 1911 [dessin repr. fig.104]

Expositions:
– P. *Puvis de Chavannes, Auguste Rodin, Eugène Carrière*, Genève, Musée Rath, 1er ou 2 février - 13 ou 14 février 1896 [dessin exposé au cat. n° 121 bis c ou d? sous le titre *l'Enlèvement*]

Folio 30

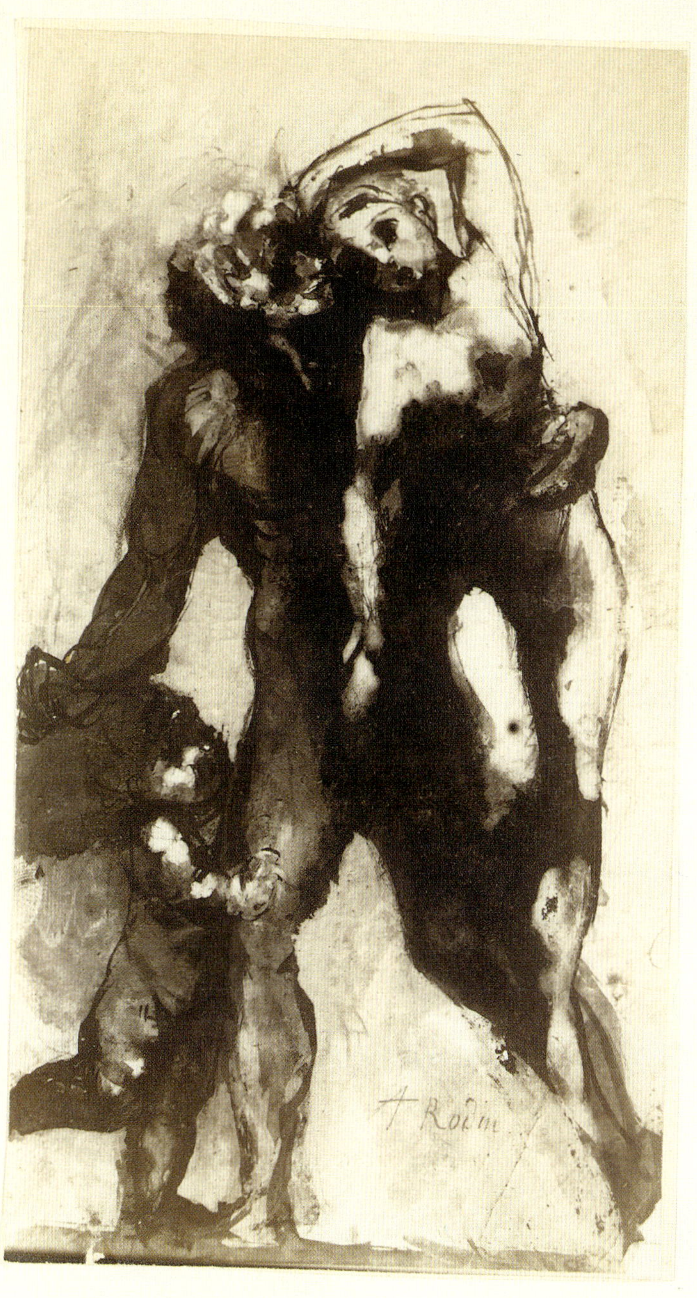

10 Photographie du folio 46 de l'album de Charles Bodmer (1809-1893) – Inv. D. 7741; Musée Rodin, Paris.
Tête de Saint Jean-Baptiste – localisation inconnue.
vers 1886
H. 0,135; L. 0,105.

Historique:
Ce dessin appartenait à la collection Louis de Fourcaud.

Bibliographie:
– GRAUTOFF Otto: *Rodin*, zweite Auflage, mit 121 Abbildungen, Bielefeld und Leipzig, Velhagen und Klasing (Monographien, 93), 1911 [dessin repr. fig.103]

Expositions:
– P. *Puvis de Chavannes, Auguste Rodin, Eugène Carrière*, Genève, Musée Rath, 1er ou 2 février - 13 ou 14 février 1896 [dessin exposé au cat. n° 121 bis c sous le titre *Saint Jean-Baptiste*]

Folio 46

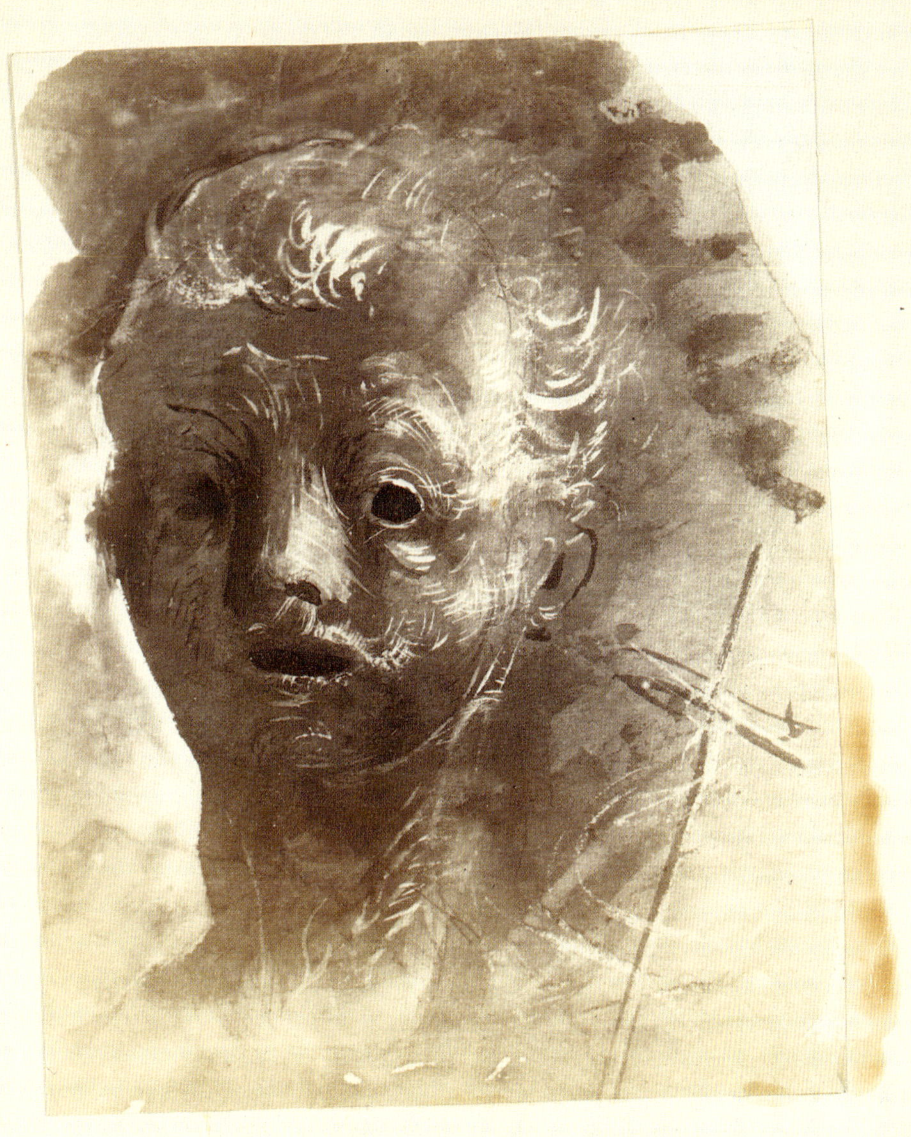

11 Photographie du catalogue de la vente Louis de Fourcaud, Hôtel Drouot, 29 mars 1917, cat. n° 85 (second plat).
Victor Hugo de trois quarts – localisation inconnue.
Pointe-sèche.
Epreuve du 3e état sur 8 avec dédicace: *à mon ami de Fourcaud, 1884 / Rodin*

Historique:
Cette épreuve de la collection Louis de Fourcaud est passée en vente dans la vente de la collection M. L..., Paris, Hôtel Drouot, 2 avril 1927 [cat. n° 709 repr.]

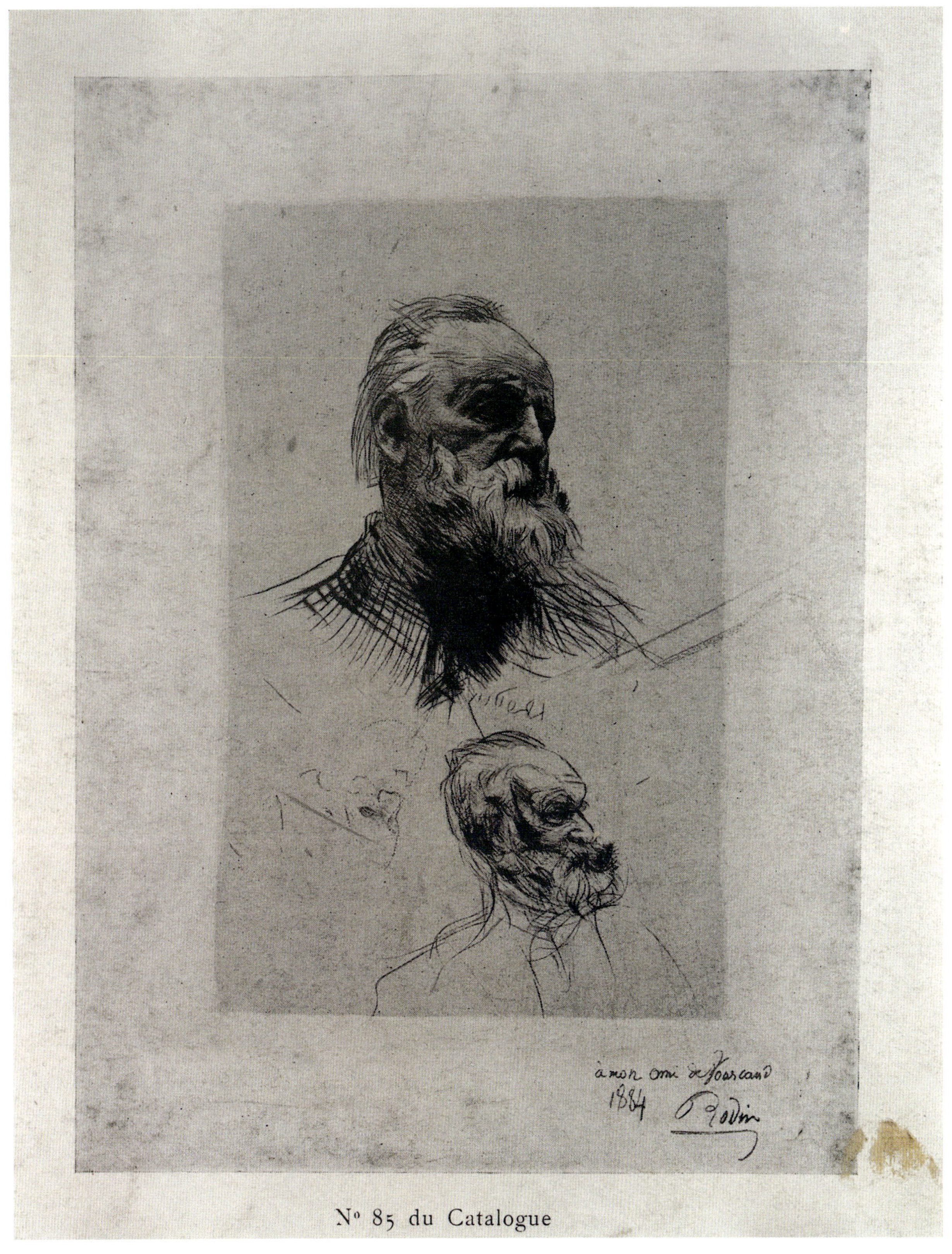

Nº 85 du Catalogue

12 Auguste Hilaire Léveillé (1840-1900)

Buste de Dalou par Rodin
Gravure sur bois (chine).
H. 0,253; L. 0,216.
H. 0,316; L. 0,259 (feuille).
Signé dans le bois en bas à droite: *A. Léveillé*.
Signé au crayon en bas à droite: *A. Léveillé d'après Rodin*
Pour la Société des Artistes français.

Historique:
Donation à l'Etat, 1916. Inv. G. 7781;
Musée Rodin, Paris.

Expositions:
– P. *Puvis de Chavannes, Auguste Rodin, Eugène Carrière*, Genève, Musée Rath, 1er ou 2 février - 13 ou 14 février 1896 [une épreuve de cette gravure était exposée au cat. n° 193 sous le titre *J. Dalou*]

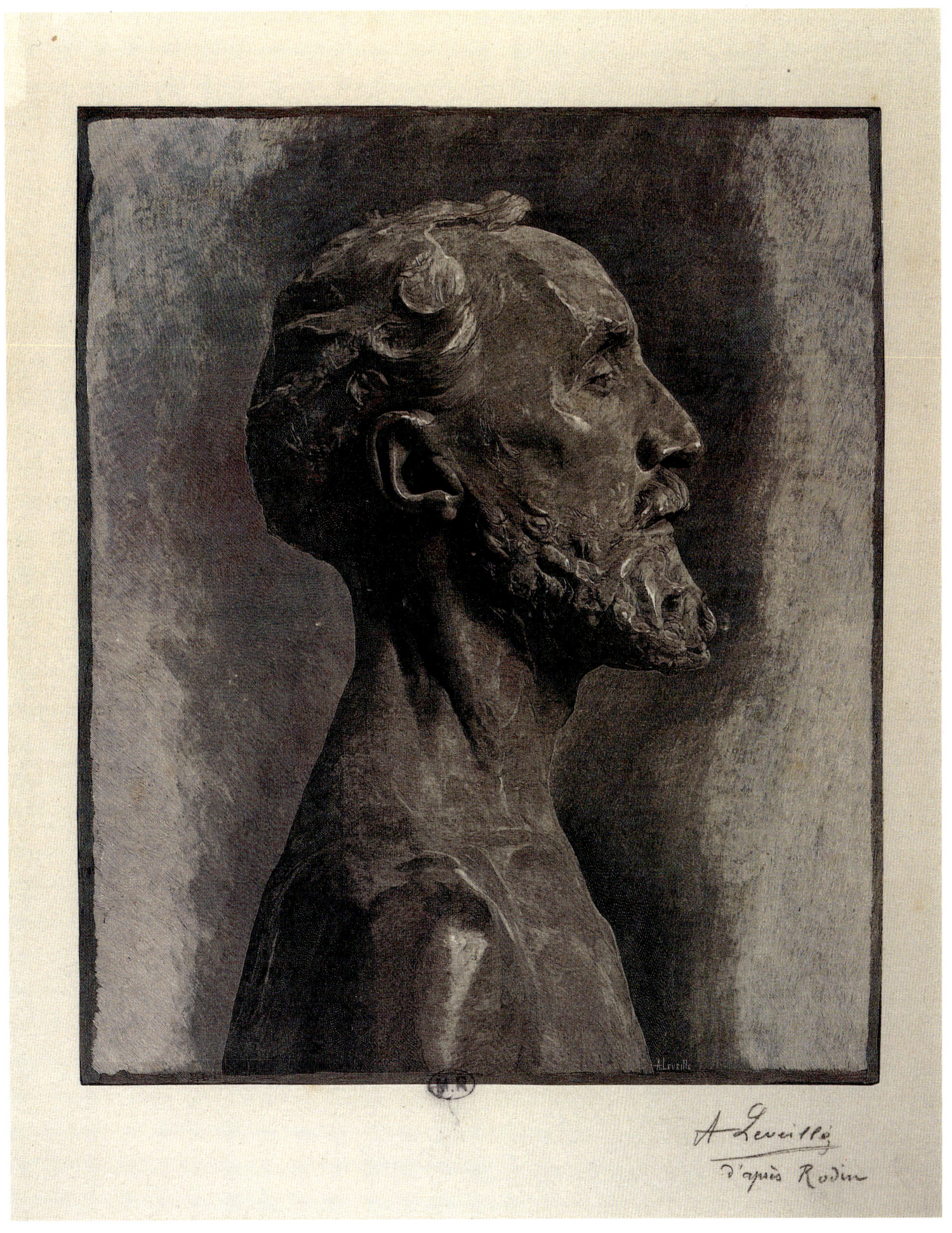
A. Lévillé
d'après Rodin

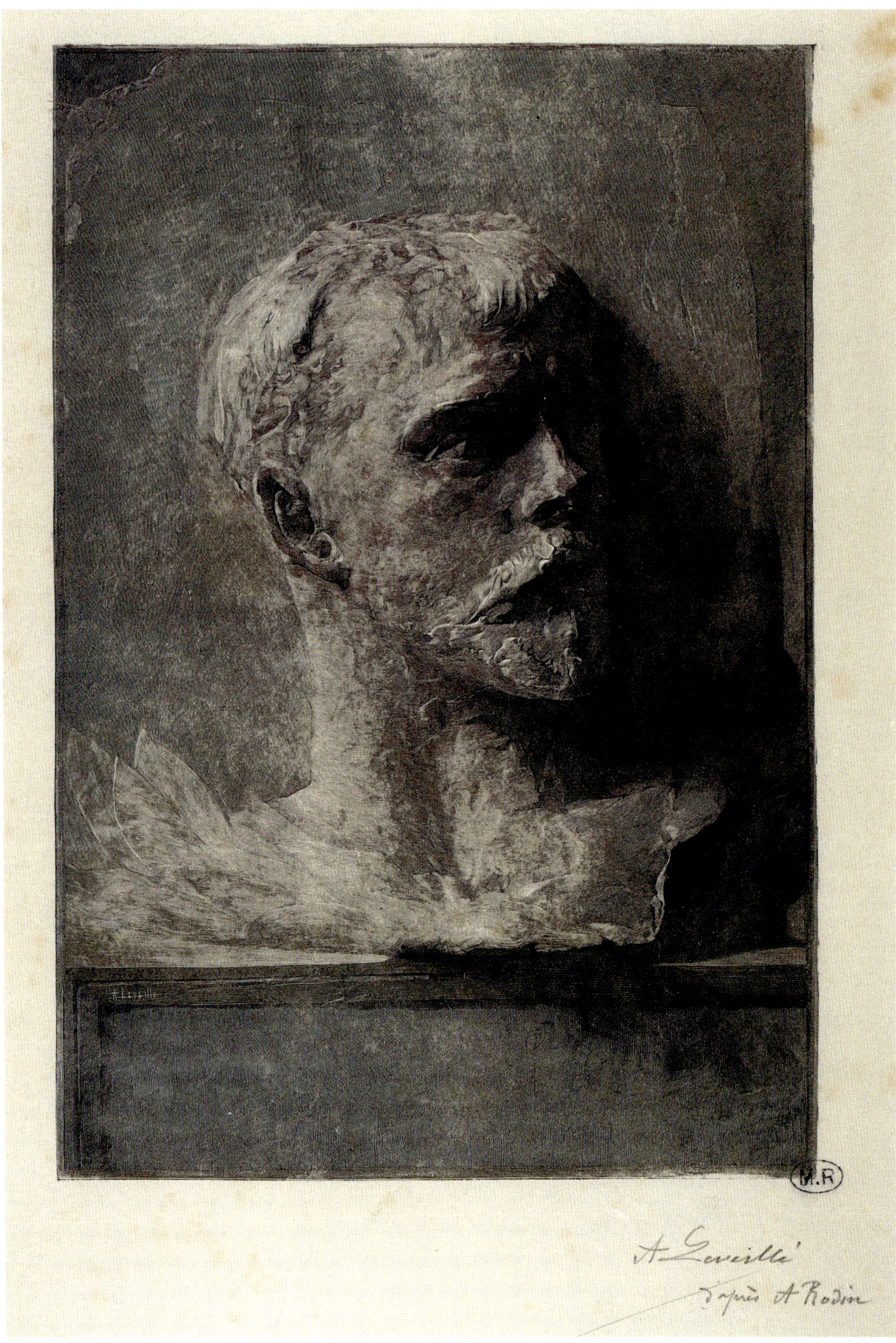

13 Auguste Hilaire Léveillé (1840-1900)

Bastien-Lepage, bas-relief de Rodin
Gravure sur bois (chine).
H. 0,267; L. 0,186.
H. 0,458; L. 0,344 (feuille).
Signé dans le bois en bas à gauche: *A. Léveillé*
Signé au crayon en bas à droite: *M. Léveillé d'après Rodin*

Historique:
Donation à l'Etat, 1916.
Inv. G. 7778;
Musée Rodin, Paris.

Expositions:
– P. *Puvis de Chavannes, Auguste Rodin, Eugène Carrière*, Genève, Musée Rath, 1er ou 2 février - 13 ou 14 février 1896 [une épreuve de cette gravure était exposée au cat. n° 191 sous le titre *Bastien Lepage*]

14 Auguste Hilaire Léveillé ▷ (1840-1900)

Buste de Victor Hugo par Rodin
Gravure sur bois (japon).
H. 0,320; L. 0,227.
H. 0,717; L. 0,455 (feuille).
Signé dans le bois en bas à droite: *A. Léveillé*
En remarque, portrait de Rodin de profil
Signé au crayon en bas à droite: *A. Léveillé d'après Rodin*
Tampon Société Normande de Gravure N° 000

Historique:
Donation à l'Etat, 1916.
Inv. G. 7780;
Musée Rodin, Paris.

Expositions:
– P. *Puvis de Chavannes, Auguste Rodin, Eugène Carrière*, Genève, Musée Rath, 1er ou 2 février - 13 ou 14 février 1896 [une épreuve de cette gravure était exposée au cat. n° 190 sous le titre *Victor Hugo*]

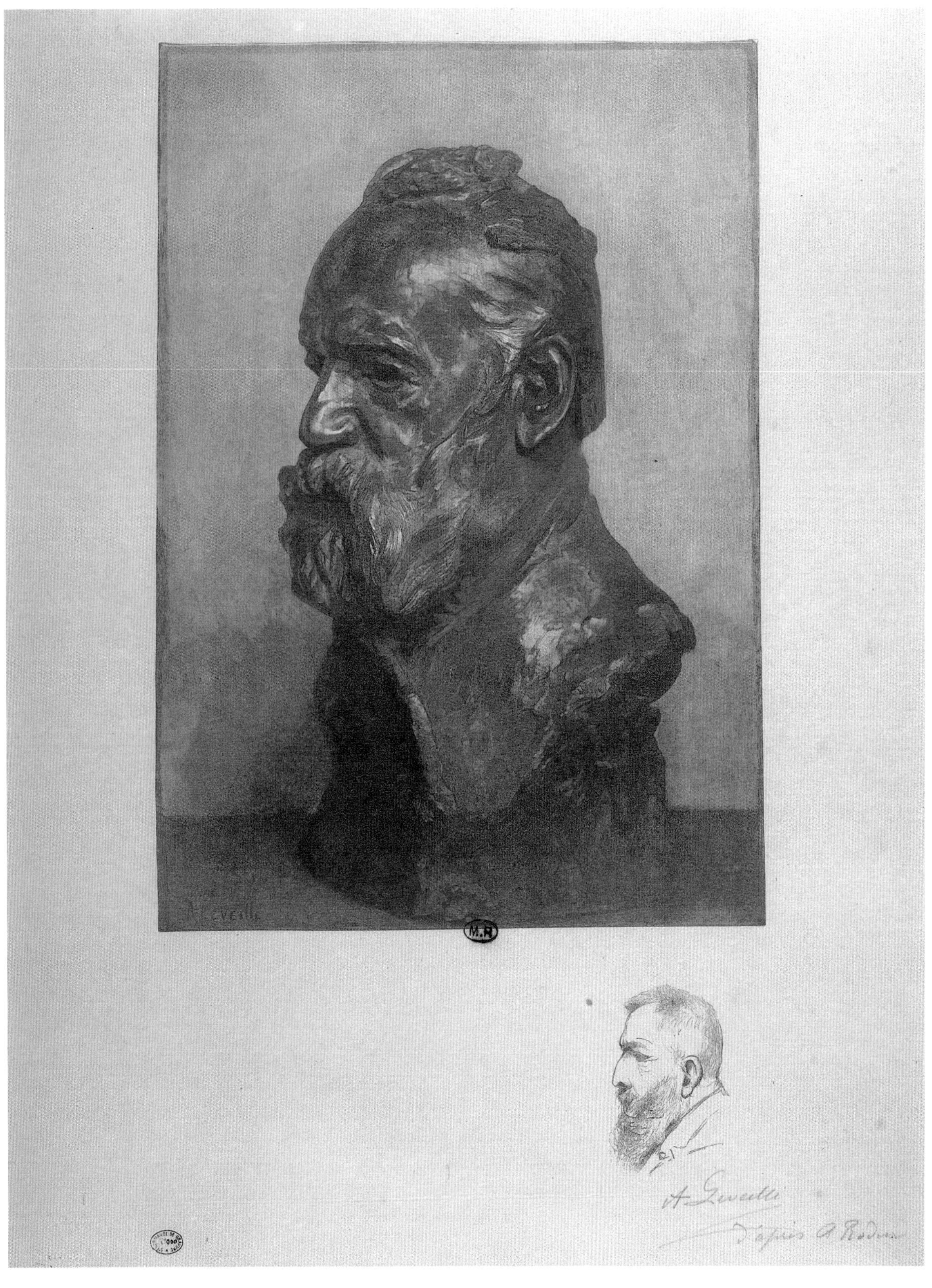

15 Auguste Hilaire
Léveillé (1840-1900)

Le président Lynch
de Rodin
Gravure sur bois (chine).
H. 0,235; L. 0,178.
H. 0,345; L. 0,247 (feuille).
Signé dans le bois en
bas à droite: *A. Léveillé*

Historique:
Donation à l'Etat, 1916. Inv. G. 7779;
Musée Rodin, Paris.

Expositions:
– P. *Puvis de Chavannes, Auguste Rodin, Eugène Carrière*,
Genève, Musée Rath, 1er ou 2 février - 13 ou 14 février 1896
[une épreuve de cette gravure était exposée au cat. n° 192 sous
le titre *Statue équestre*]

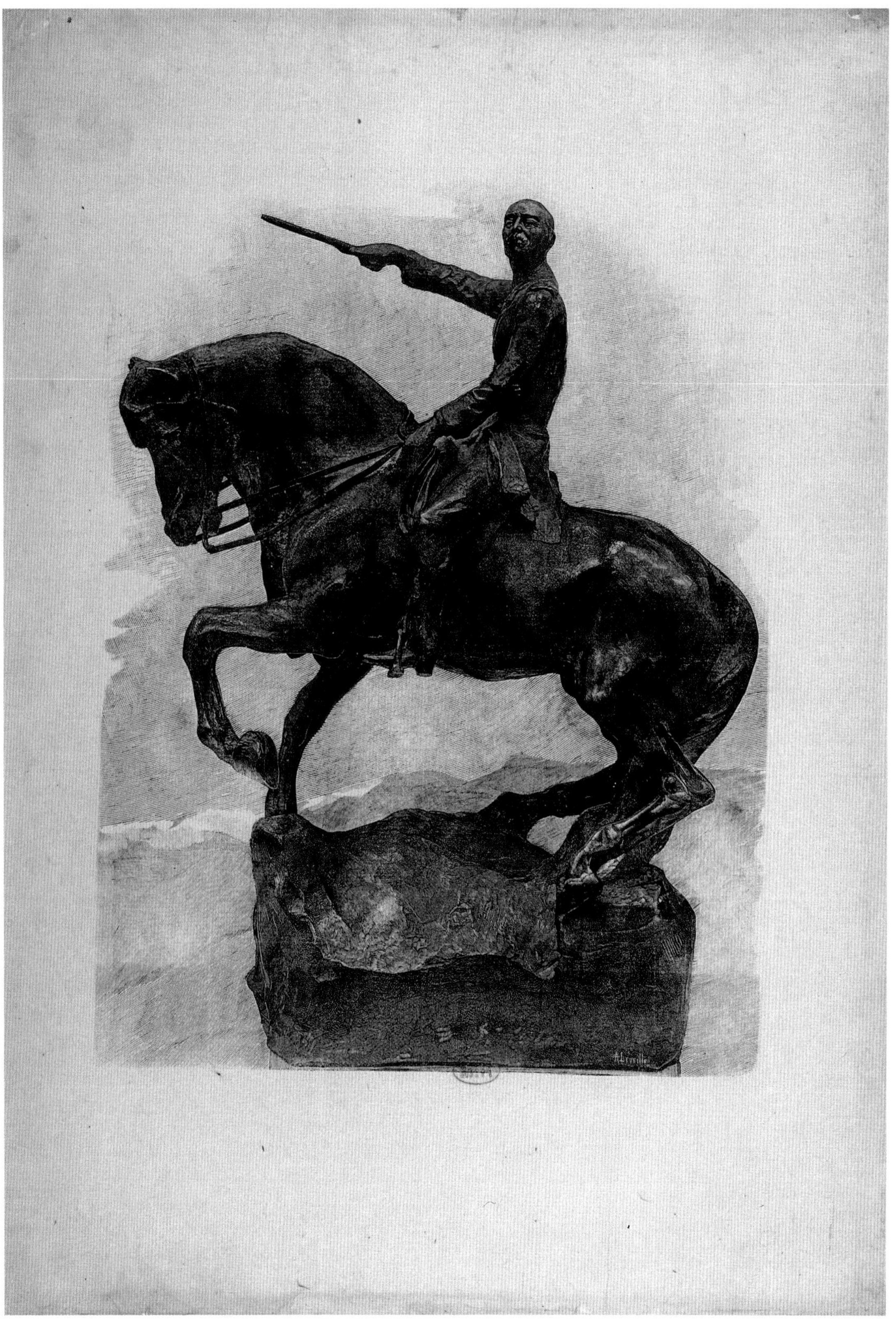

Modèles

Tous les dessins pourraient entrer dans le chapitre des modèles car, de feuille en feuille, Rodin dessine inlassablement la femme dans tous ses états. Ces quelques nus dans leur anonymat résument les centaines, voire les milliers qui sont passés par son crayon.
C'est un hommage au corps de la femme, à la Nature, à la vie.
Après son enfermement dans le monde intérieur de Dante dont le dessinateur se défera plus clairement que le sculpteur, Rodin a soudain besoin de regarder ce qui l'entoure. Il constate en 1888 qu'il ne prend pas assez de croquis dans la rue[1]. C'est dire que le modèle vivant lui manque. On peut expliquer qu'il ait tardé à en arriver là par l'enseignement qu'il avait reçu dans la Petite Ecole auprès de Lecoq de Boisbaudran où l'on prônait le dessin de mémoire. Le romanesque et l'imagination de sa grande période noire en découlent jusqu'à cette soif d'observation qui semble s'imposer à lui comme un contrepoids indispensable. Il se met à voir ce que d'autres ne voient plus, la beauté de ce qui est trop habituel. Avant de découvrir la nouveauté de cette démarche, le public va être déconcerté par ce qu'il croit être de la banalité et de l'inachèvement car il faut beaucoup dessiner pour finir par voir juste.
La rapidité est alors le gage de cette quête assidue, de modèle en modèle. On ne doit pas le quitter des yeux, allant jusqu'à ne plus baisser le regard sur son papier. Judith Cladel écrit[2] que trois ou quatre minutes lui suffisent pour en fixer le contour. Cela demande une dextérité qu'on n'acquiert que par une longue expérience et un labeur peu commun.
On comprend mieux le désir qu'eut Rodin de ne pas faire poser la femme, de la laisser évoluer en toute liberté, de la prier par exemple de se coiffer et non de faire semblant de le faire, de ne pas réclamer une attitude mais de savoir la saisir au vol. Il est révolutionnaire de chercher à arrêter un instant de grâce, et c'est un homme de soixante ans qui le préconise.
Le regard paraît ne se préoccuper que du contour alors que seul le relief le retient. La ligne placée d'une main très sûre est dans toute sa pureté (cat. n° 20) ou soutenue par l'aquarelle avec un léger décalage en deçà ou au-delà pour mieux donner un sentiment de vie (cat. n°s 16-17).
Vers 1909 (cat. n°s 22-24), Rodin travaille le modelé à l'estompe et son doigt écrase le grain du crayon en effaçant partiellement le trait. Ses approches diverses n'ont qu'un but, rendre le volume pour «*capter l'âme par la succession des profils*»[3]. C'est bien un sculpteur qui s'exprime.
La tentation est «pour donner plus d'ampleur à ses figures, de les exagérer un peu et d'obtenir ainsi plus de vie»[4] mais jamais il ne perd de vue l'unité d'un dessin, son style qui est équilibre et mesure contrairement aux faussaires les plus habiles qui forcent la pose, l'érotisme, jusqu'à faire des caricatures de Rodin.
Le modèle, sans complaisance aucune, de face, de dos, de profil, couché ou à quatre pattes, est parfaitement mis en page, sans qu'il soit nécessaire d'évoquer son entourage: un lit, une table, une chaise, le sol même. Il tient dans la feuille et dans l'espace avec un aplomb naturel. Qu'importe dans ces conditions de couper un visage ou des membres, la force de Rodin étant toujours d'exprimer l'éternel féminin.

[1] Dolent Jean: *Amoureux d'art*, Paris, A. Lemerre, 1888, p. 150.
[2] Cladel Judith: *Auguste Rodin pris sur la vie*, Paris, La Plume, 1903, p. 90.
[3] Aurel: *Rodin et la femme*, in *La Grande Revue*, décembre 1917.
[4] *Rodin par lui-même*, in *Je sais tout* (Supplément d'Art), mars 1910, p. 208.

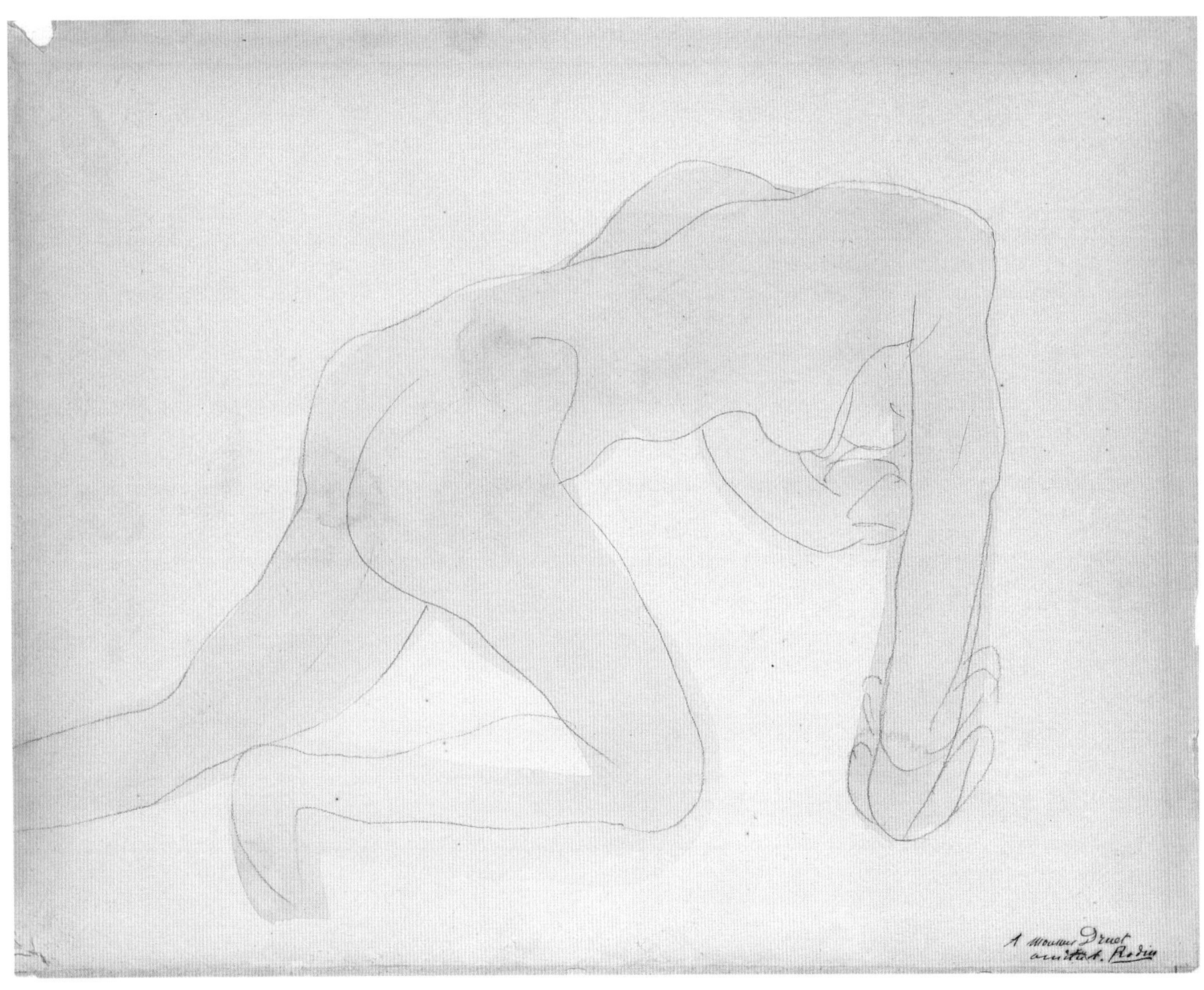

16 Nu agenouillé
Mine de plomb et aquarelle sur papier crème.
H. 0,255; L. 0,325.
Dédicacé et signé en bas à droite: *A monsieur Druet amitié A Rodin*

Historique:
Collection Eugène Druet; Vente n° 188, Berne, Galerie Kornfeld, 19 - 20 juin 1985 [cat. n° 857].
Collection particulière, Suisse.

Le dessin appartint à Eugène Druet qui tenait le bistrot de la place de l'Alma, le «Yacht club français», non loin de l'atelier du sculpteur au 182, rue de l'Université. Rodin y prenait ses repas sans deviner qu'il allait engager le photographe amateur à reproduire ses œuvres à partir de 1898.
Avant de se convertir en 1903 en un célèbre marchand de tableaux, Druet obtient la gérance du pavillon de l'Alma construit uniquement pour Rodin à l'Exposition universelle de 1900. Il n'est pas interdit d'imaginer que le dessin dont il fut peut-être le gardien lui ait été remis en guise de remerciement. Seule une quarantaine de dessins ont été identifiés sur les cent vingt-huit qui figuraient à l'Alma. Le dessin jumeau du Musée Rodin que nous mettons en vis-à-vis a sa place dans un album de photographies prises avant 1917 dont Druet pourrait être l'auteur.

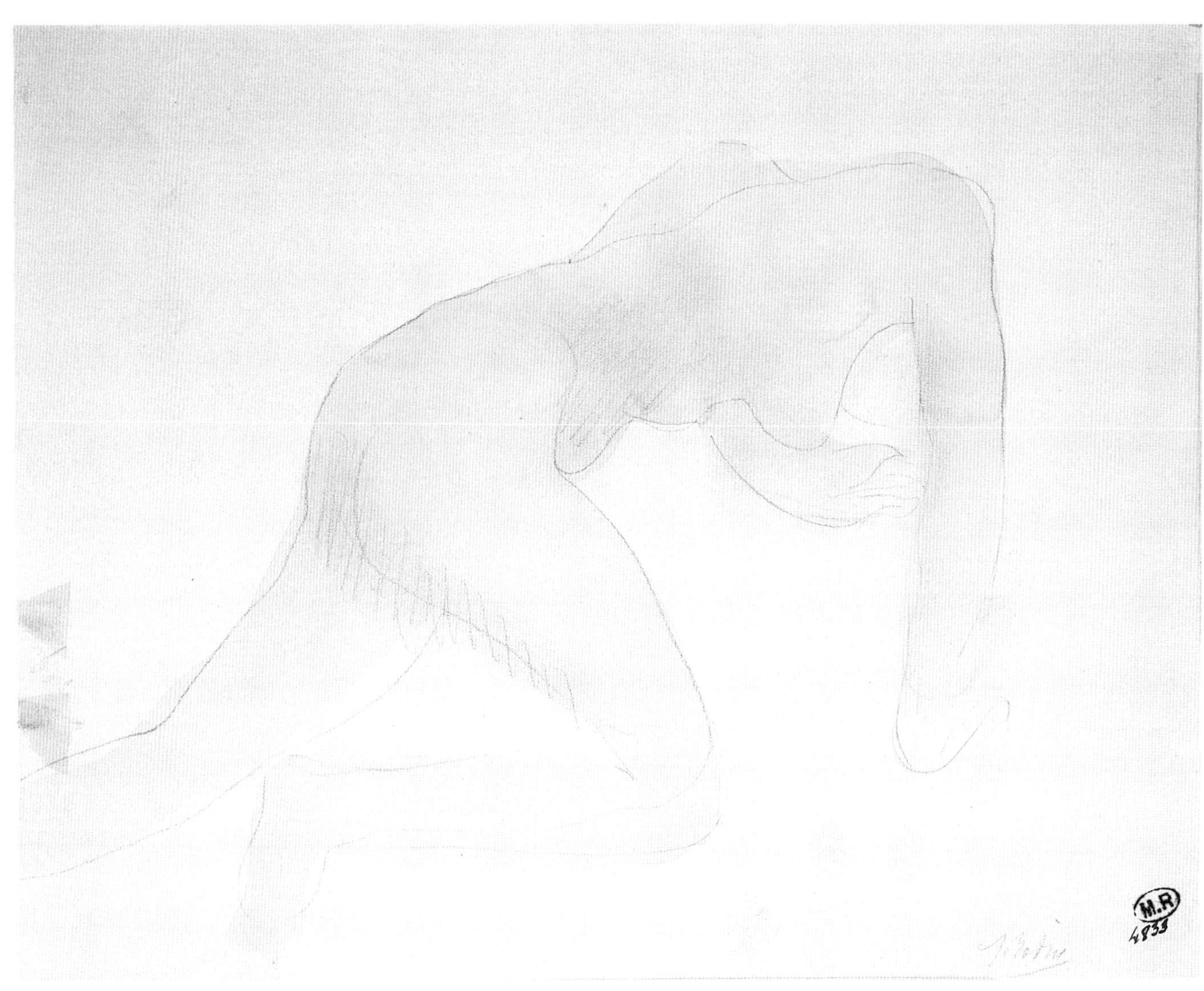

17 Femme nue à quatre pattes, de profil vers la droite
Mine de plomb, estompe et aquarelle sur papier crème.
H. 0,255; L. 0,323.
Annoté en bas à gauche: *bas*.
Signé à la mine de plomb, en bas à droite: A. Rodin

Historique:
Donation à l'Etat, 1916. Inv. D. 4833;
Musée Rodin, Paris.

Bibliographie:
– JUDRIN Claudie: *Inventaire des dessins*, Paris, Musée Rodin, 1984-1992 [repr. t. IV]

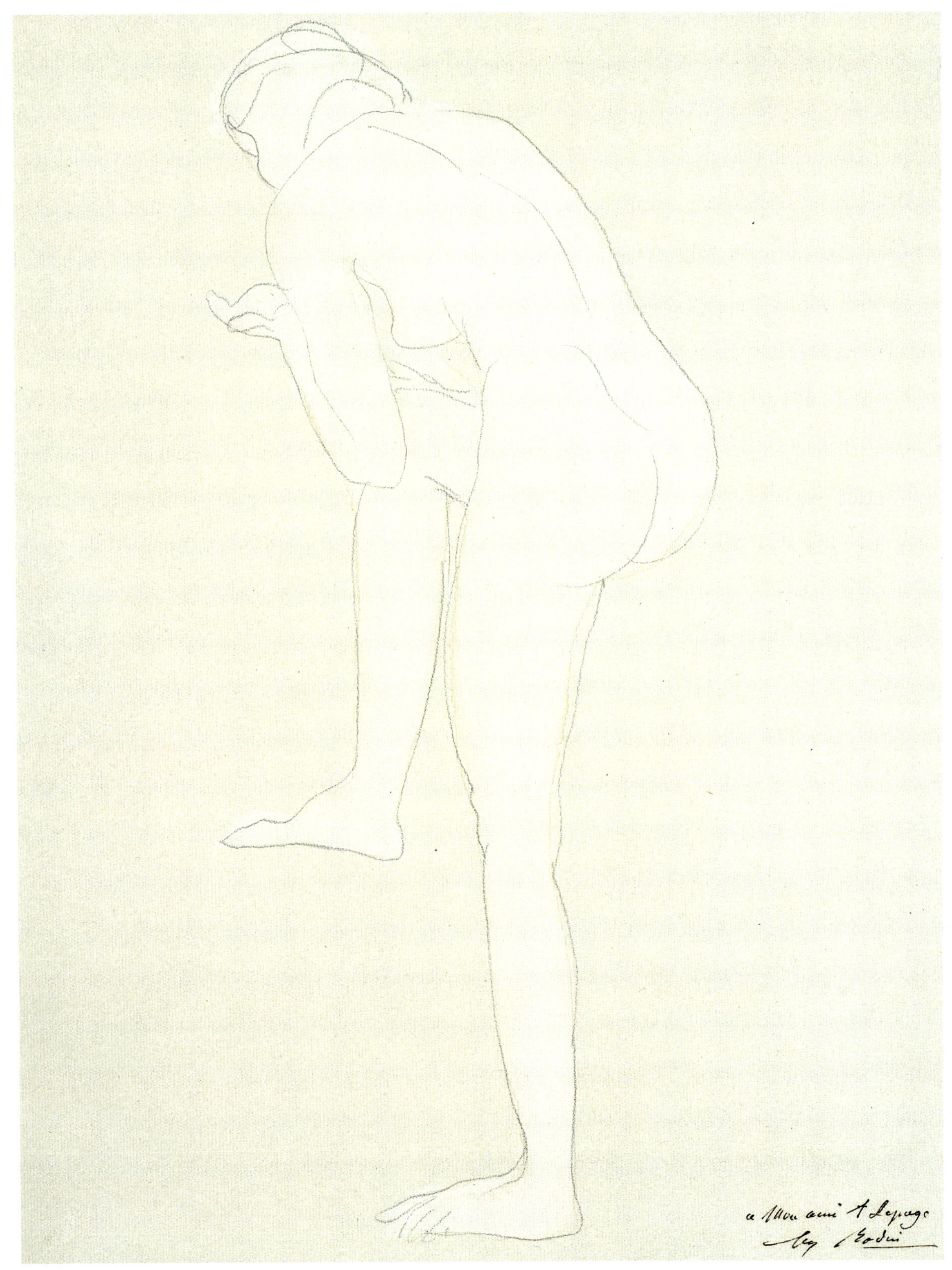
a Mon ami A Lepage
Aug Rodin

◁ **18** Etude de nu
Mine de plomb et aquarelle sur papier crème.
H. 0,325; L. 0,250.
Dédicacé et signé en bas à droite: *A mon ami Lepage Aug Rodin*

Historique:
Ancienne collection Albert Lepage; Vente Paris, Hôtel Drouot, 29 octobre 1990 [cat. n°86]; Collection Patrick Perrin;
Collection particulière, Suisse.

Bibliographie
– Réau Louis: *Un siècle d'aquarelle de Géricault à nos jours*; Paris, Galerie Charpentier, 1942 [repr. fig. 36]

Expositions:
– *2e Salon du dessin de collection*, Paris, Hôtel Georges V, 1er-5 avril 1992
– *Un siècle d'aquarelle*, Paris, Galerie Charpentier, mars 1942
– *De Lebrun à Rodin – Dessins de maîtres français*, Paris, Galerie Patrick Perrin, 11 octobre - 30 novembre 1991 [cat. n° 37 repr.]

Le journaliste Albert Lepage entra en correspondance avec Rodin de 1903 à 1917. Il est impossible de préciser l'objet du merveilleux souvenir dont il le remercie le 4 décembre 1903 alors que deux ans plus tard c'est d'une tête à la patine admirable qu'il parle.
Le découpage du musée Rodin, que nous montrons en pendant à ce nu, garde aussi une part de son mystère. Lorsque l'attitude lui plaisait, Rodin semblait en prendre un calque pour faire un découpage qui lui permettait une réutilisation en variante (cf. chapitre *Découpages et assemblages).*

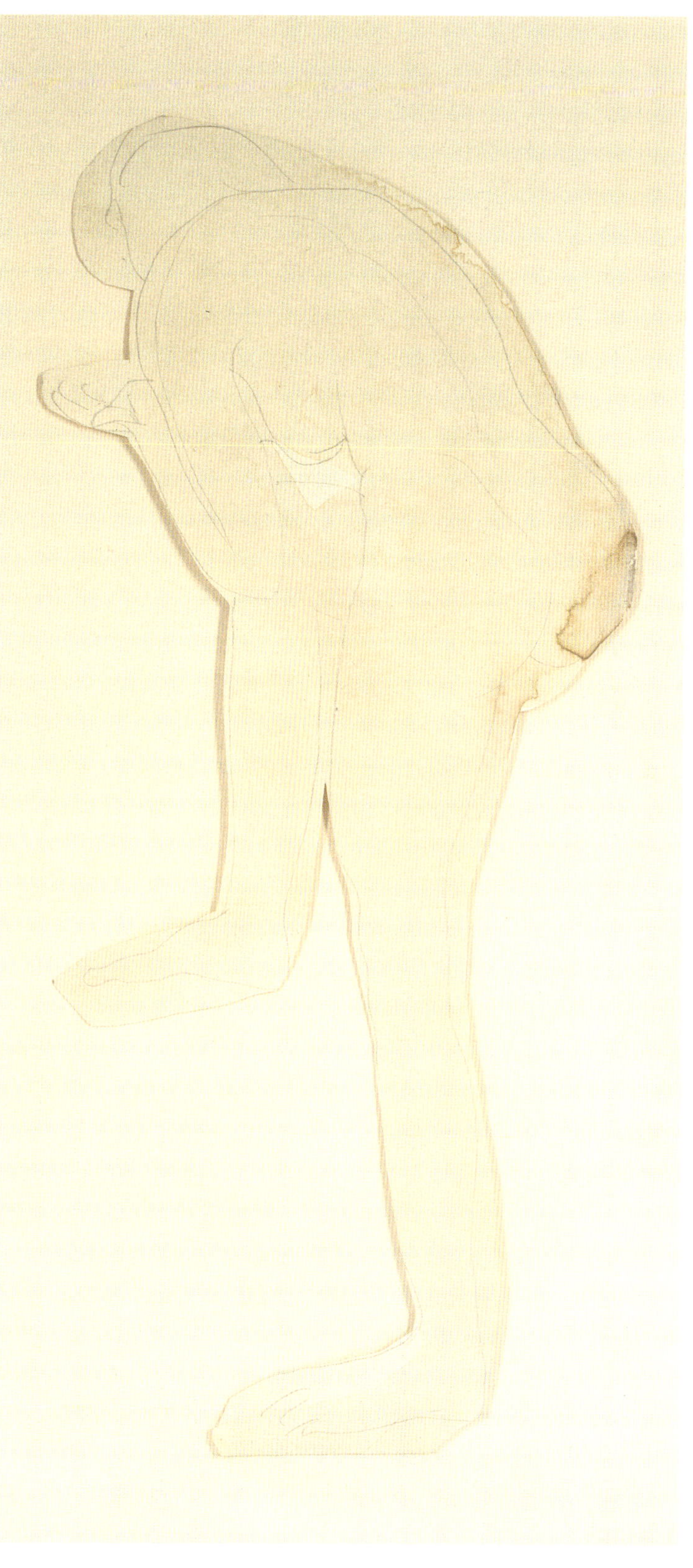

19 Femme nue appuyée sur un genou levé
Mine de plomb et aquarelle sur papier crème découpé.
H. 0,325; L. 0,152.

Historique:
Donation à l'Etat, 1916. Inv. D. 5241;
Musée Rodin, Paris.

Bibliographie:
– Judrin Claudie: *Inventaire des dessins*, Paris, Musée Rodin, 1984-1992 [repr. t. IV]

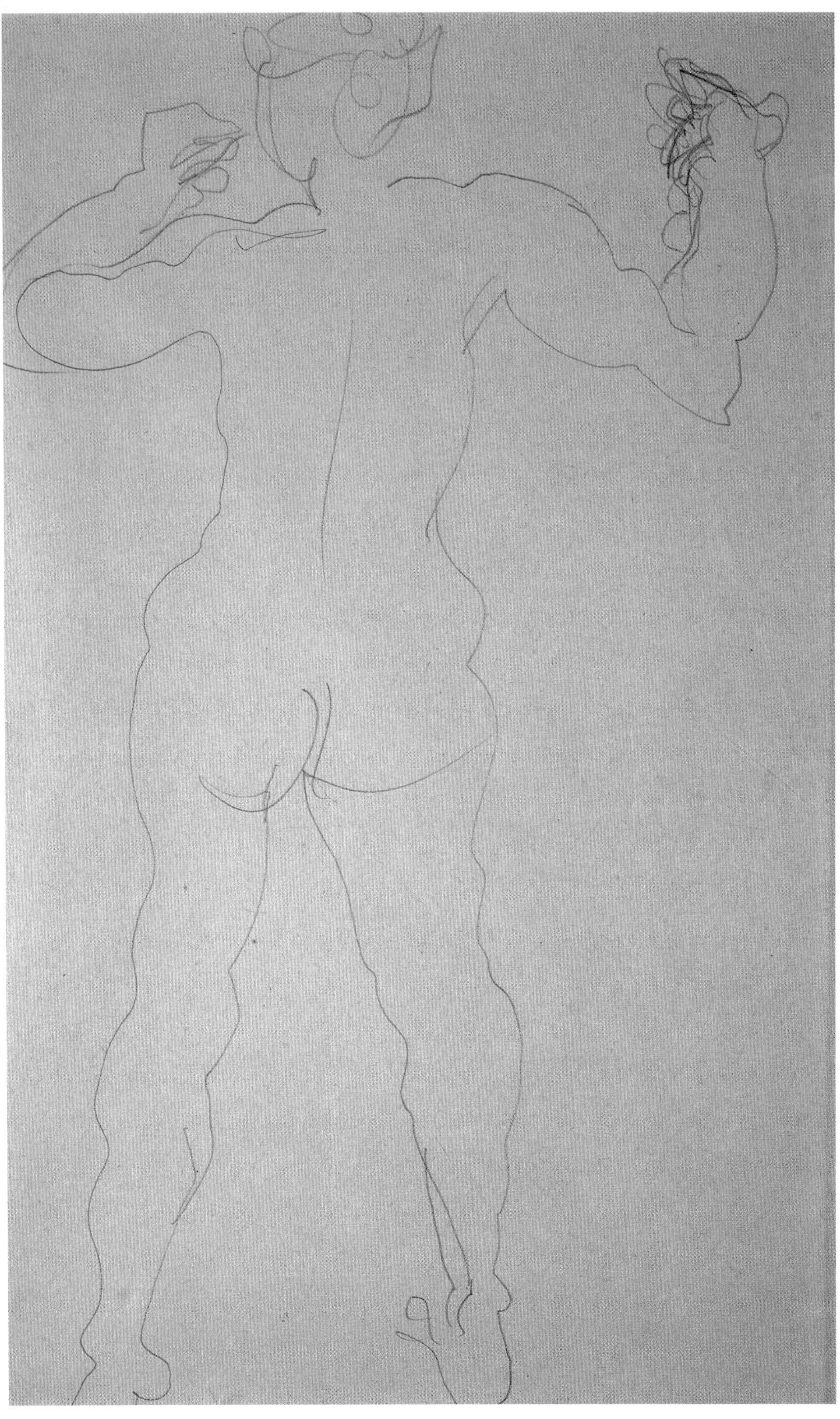

20 Nu de dos
Mine de plomb sur papier.
H. 0,310; L. 0,202.

Historique:
Collection Sacha Guitry, Paris; Collection Marc Bohan, Paris; Vente Londres, Christie's, 29 juin 1982 [cat. n° 102]; Collection David Grob, Londres; Collection Pieter Coray, Lugano.

Expositions:
– *Drawing in Air – an exhibition of sculptors' drawings 1882-1982*, Sunderland, Ceolfrith Gallery, Sunderlands Arts Center, 11 juillet - 20 août 1983; Swansea, Glunn Vivian Art Gallery and Museum, 3 septembre - 5 novembre 1983; Leeds, City Art Gallery and Henry Moore Study Centre, 13 janvier - 14 février 1984 [cat. n° 108 repr.]
– *L'Impressionismo nella scultura*, Lugano, Galerie Pieter Coray, 8 avril - 3 juin 1989 [cat. n° 25]

Sacha Guitry qui tourna en 1914 un film sur *Ceux de chez nous* n'oublia pas de montrer Rodin, à l'Hôtel Biron, taillant un marbre. Sa collection comportait au moins deux plâtres, ou terres cuites, un *Victor Hugo* et un *Eternel Printemps*. Il n'est donc pas surprenant qu'il ait eu des dessins, même si la prudence s'impose sur la manière dont ils ont été acquis. On sait qu'il était client du faussaire Odilon Roche.

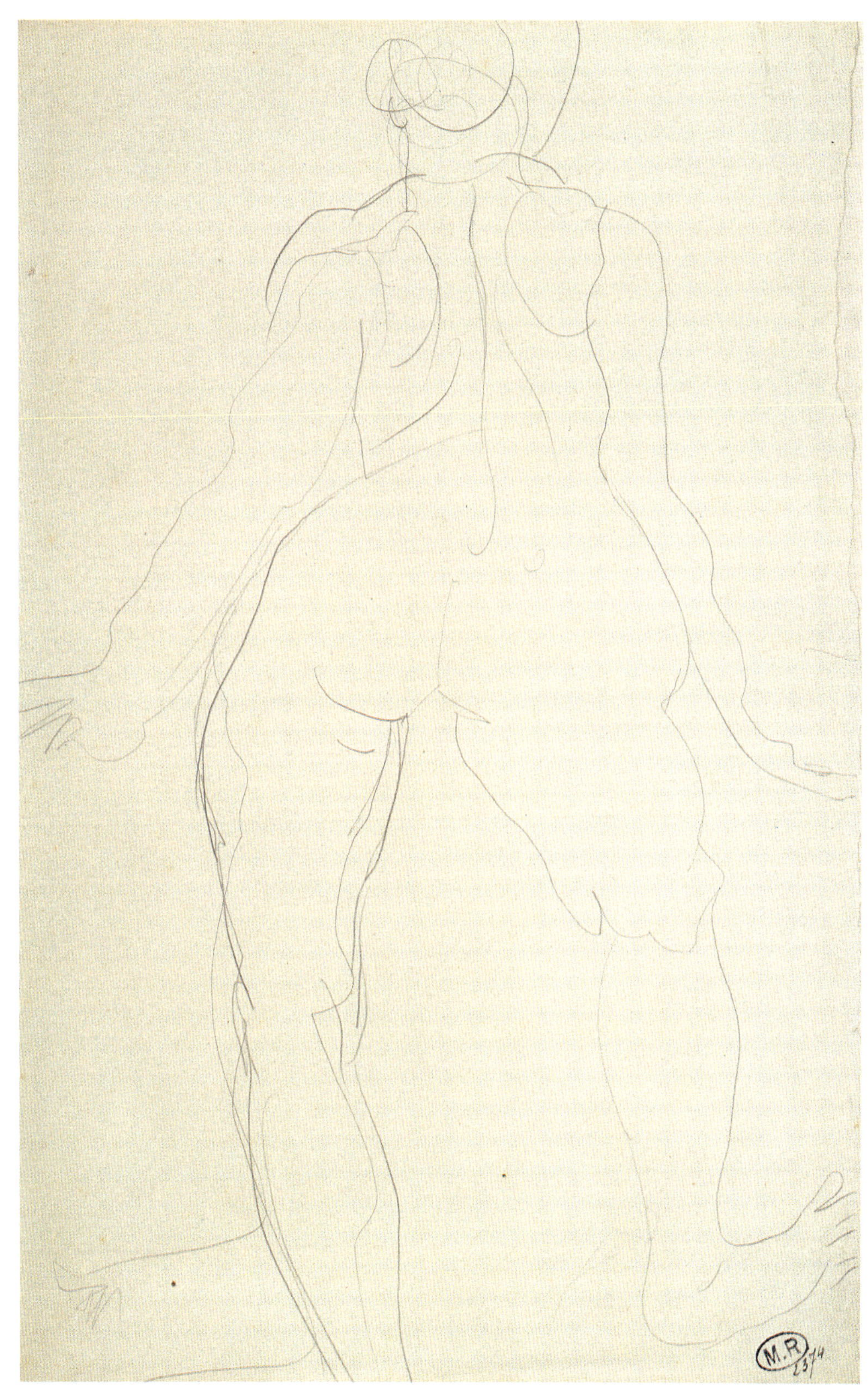

21 Femme nue de dos, bras et jambes écartés
Mine de plomb sur papier crème.
H. 0,314; L. 0,214.

Historique:
Donation à l'Etat, 1916.
Inv. D. 2374;
Musée Rodin, Paris.

Bibliographie:
– Judrin Claudie: *Inventaire des dessins*, Paris, Musée Rodin, 1984-1992 [repr. t. II]

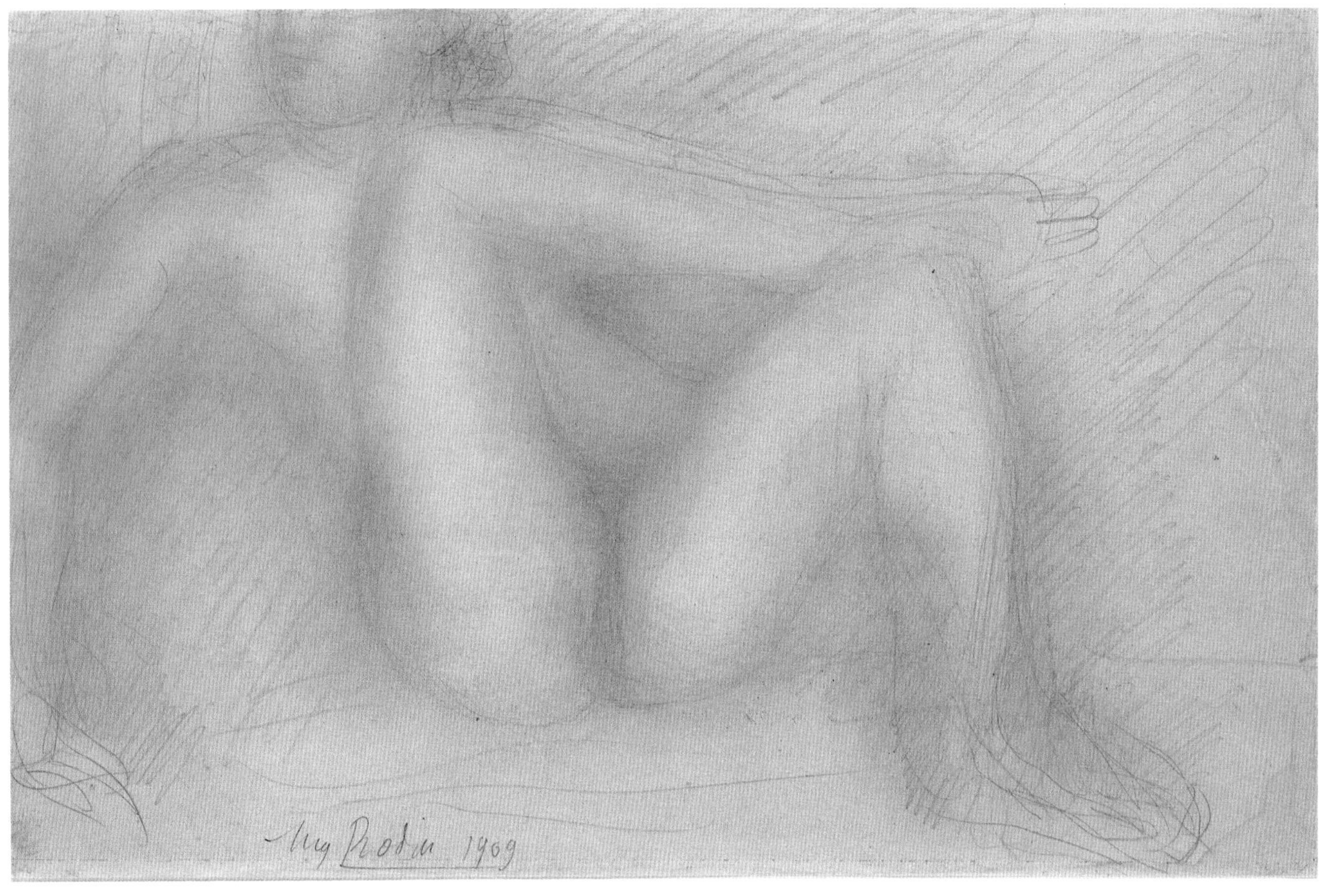

22 Nu couché
1909
Mine de plomb et estompe sur papier crème.
H. 0,198; L. 0,307.
Signé et daté en bas vers la gauche: *Aug Rodin 1909*

Historique:
Collection Perls, New York; Acquis en 1933 par Werner und Nelly Bär; Don de Madame Nelly Bär, en 1968, au Kunsthaus, Zurich; Inv. Z. 1968/9;
Kunsthaus Zurich, Zurich.

Bibliographie:
– Bär Werner, Wehrli René: *Sammlung Werner und Nelly Bär*, Weinfelden, Ed. Rüdolf Mühlemann, 1965 [repr. p. 206]
– Baumann Felix, Hnikova Dagmar: *Der Skulpturensaal Werner Bär im Kunsthaus Zürich*; Zurich, Kunsthaus Sammlungsheft 2, 1970 [n° 123 repr.]

Expositions:
– *Die Plastiksammlung Werner Bär*, Winterthur, Kunstmuseum, 16 septembre - 11 novembre 1951 [cat. n° 144]
– *Zwei Züricher Sammlungen: Werner Bär Plastik - Kurt Sponagel Graphik*, Zurich, Kunsthaus, 1959 [cat. n° 173]
– *Plastiksammlung Werner Bär*, Berne, Kunstmuseum, 26 septembre - 15 novembre 1959 [cat. n° 173]

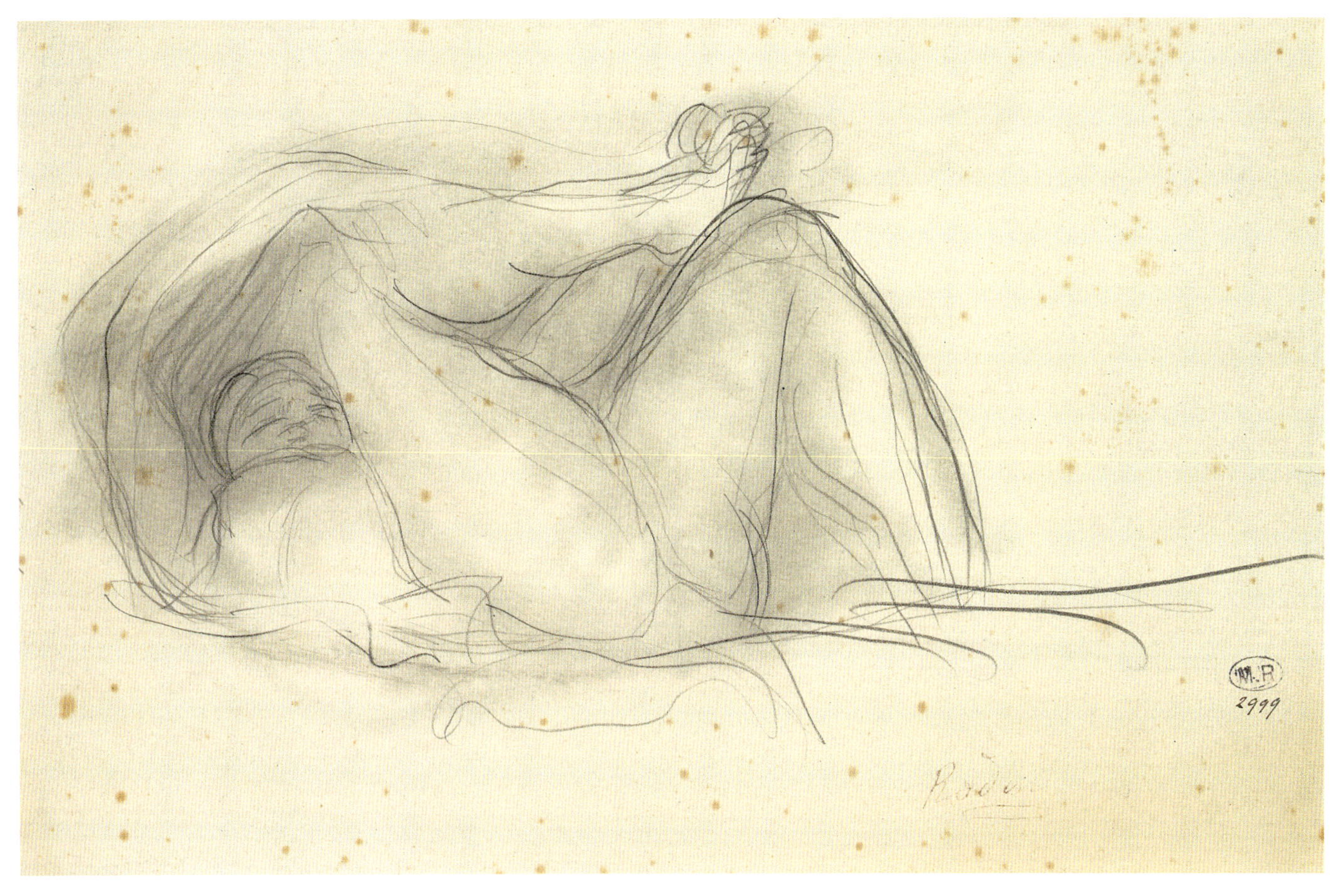

23 Femme nue allongée sur le dos, vers la droite, maintenant un talon sur une jambe repliée
Mine de plomb et estompe sur papier crème.
H. 0,199; L. 0,309.

Historique:
Cachet violet en bas, à droite: Rodin
Donation à l'Etat, 1916. Inv. D. 2999;
Musée Rodin, Paris.

Bibliographie:
– JUDRIN Claudie: *Inventaire des dessins*, Paris, Musée Rodin, 1984-1992 [repr. t. II]

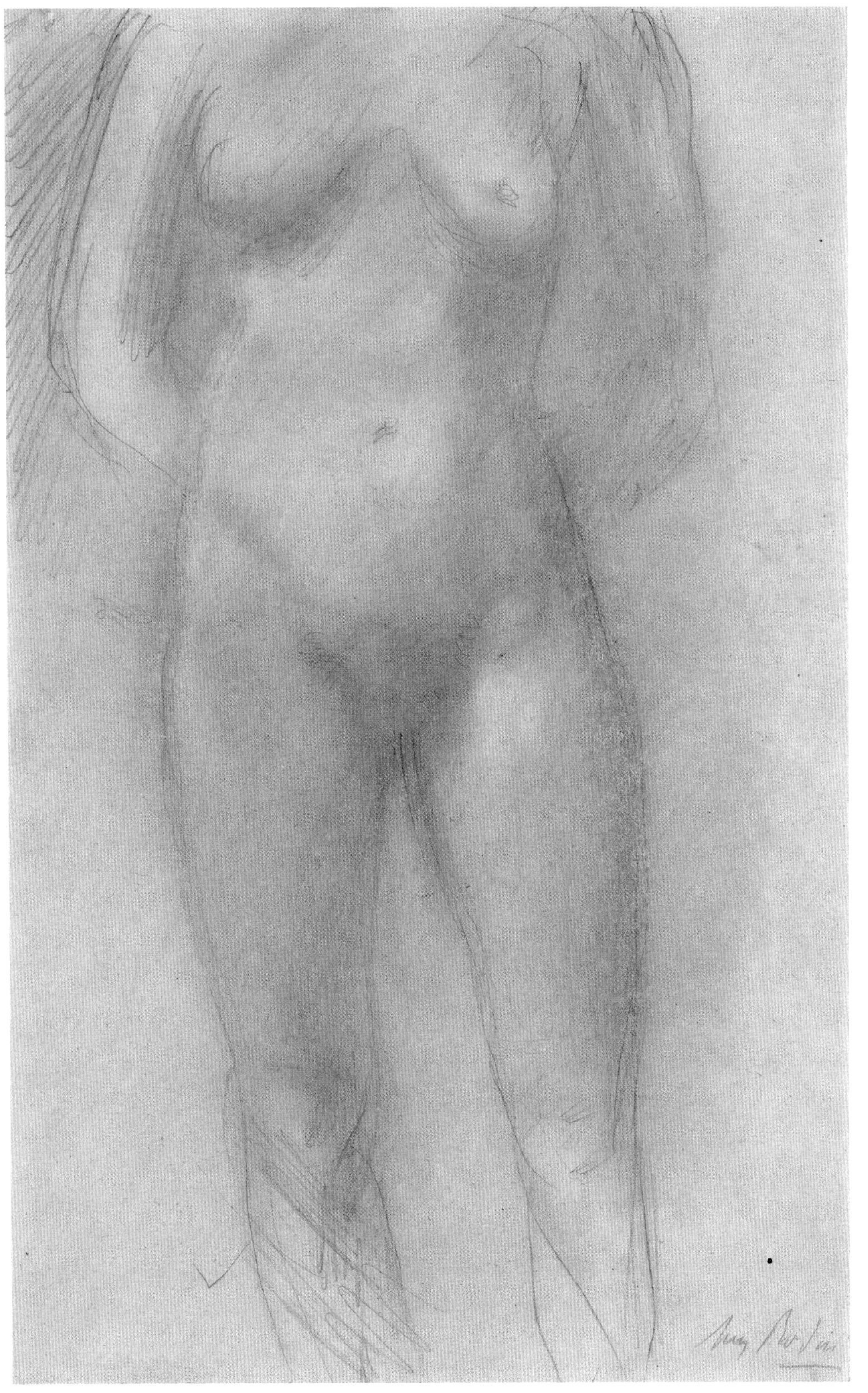

24 Femme debout
1909
Mine de plomb et estompe sur papier crème.
H. 0,309; L. 0,198.
Signé en bas à droite: Aug Rodin

Historique:
Collection Perls, New York; Acquis en 1933 par Werner und Nelly Bär; Don de Mme Nelly Bär, en 1968, au Kunsthaus, Zurich.
Inv. Z. 1968/10;
Kunsthaus Zurich, Zurich.

Bibliographie:
– Bär Werner, Wehrli René: *Sammlung Werner und Nelly Bär*, Weinfelden, Ed. Rüdolf Mühlemann, 1965 [repr. p. 207]
– Baumann Felix, Hnikova Dagmar : *Der Skulpturensaal Werner Bär im Kunsthaus Zürich*; Zurich, Kunsthaus Sammlungsheft 2, 1970 [n° 124 repr.]

Expositions:
– *Die Plastiksammlung Werner Bär*, WInterthur, Kunstmuseum, 16 septembre - 11 novembre 1951 [cat. n° 143]
– *Zwei Züricher Sammlungen: Werner Bär Plastik - Kurt Sponagel Graphik*, Zurich, Kunsthaus, 1959 [cat. n° 174]
– *Plastiksammlung Werner Bär*, Berne, Kunstmuseum, 26 septembre - 15 novembre 1959 [cat. n° 174]

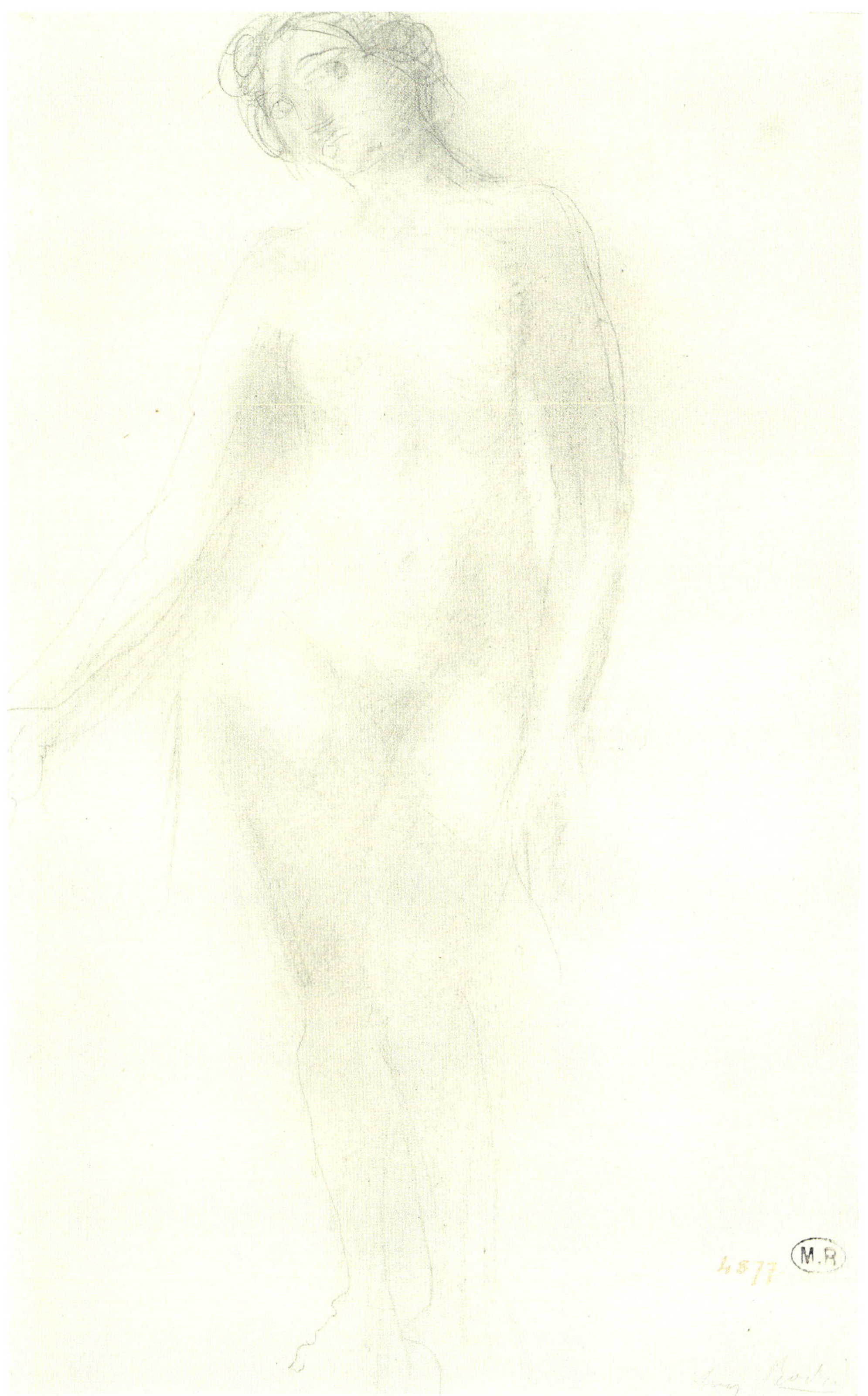

25 Femme nue debout
Mine de plomb et estompe sur papier crème.
H. 0,310; L. 0,200.
Signé à la mine de plomb, en bas à droite: Aug. Rodin

Historique:
Donation à l'Etat, 1916.
Inv. D. 4877;
Musée Rodin, Paris.

Bibliographie:
– Judrin Claudie: *Inventaire des dessins*, Paris, Musée Rodin, 1984-1992 [repr. t. IV]

Expositions:
– *Auguste Rodin – Exposition de sculptures, aquarelles, dessins et estampes originales du maître*, Bâle, Kunsthalle, 3 avril - fin avril 1918 [cat. n° 133 à 182]
– *Rodin*, Nice, Musée Jules Chéret, 26 février - 31 mars 1932 [cat. n° 44]

Symboles

Ce qui distingue la femme du modèle de la femme du symbole, c'est l'intention que Rodin y met.
Il aime dès sa jeunesse à faire sien tout ce qu'il imite. Dans ses dessins noirs où tout n'est qu'imagination et fruit d'une lecture passionnée de Dante, les notes qu'il écrit en marge démontrent alors une fidélité littérale et littéraire.
Vers 1890, le cheminement est inverse. Rodin observe au plus près la véracité des gestes du modèle qui évolue sous ses yeux et il réserve sa rêverie aux titres dont il baptise ses dessins.
Si le bruit a couru tardivement, par le truchement de Paul Gsell, que les annotations étaient parfois soufflées par des amis, à Meudon, à l'heure du thé (on a dit la même chose des titres que Debussy donnait à ses partitions), il n'en est pas moins exact que Rodin les acceptait rarement, vinssent-elles d'écrivains comme Anatole France ou Octave Mirbeau. Elles sont pour le chercheur qui examine un dessin une source de renseignements qui sont toujours à prendre en considération.

Symbole mythologique

Rodin est l'homme des mythes et des métamorphoses. Le tour de son esprit le dispose à entrer dans le monde des grandes légendes. Bien qu'autodidacte, la littérature est son pain quotidien au point qu'on lui en fit grief. Dante et Ovide l'ont marqué aux deux pôles de sa vie de sculpteur et de dessinateur; les années 1880 sont à la charnière de son inspiration.
Le thème de Médée ne l'a jamais quitté, même s'il l'aborde avec un regard différent. Nous en montrons plusieurs exemples.
Dans *L'Enfer* de *La Divine Comédie*, au chant XVIII réservé aux perfides et aux flatteurs, Dante rencontre l'ombre de Jason qui expie sa trahison envers Médée sans laquelle il n'eût pu conquérir la Toison d'Or.
Dans ses «noirs», les deux mythes de Médée et d'Ugolin se confondent dans l'esprit de Rodin, à proportion que ses personnages ont alors sous son crayon un sexe indéterminé. Si les circonstances ne sont pas identiques, Médée et Ugolin ont tous deux détruit leurs enfants. Le nombre de maternités inquiètes est élevé chez Rodin. Un plâtre du musée de Meudon (S. 2099) semble répondre à cette attitude.
Hommes ou femmes serrent convulsivement leurs enfants par amour ou par possession destructive. C'est le sentiment qu'on a devant les deux étreintes qu'on met en vis-à-vis (cat. n°s 26-27).
L'impression de puissance surprenante de la Médée suisse est renforcée par le découpage et par le collage de Rodin. D'une audace extrême pour son temps, le dessinateur taille aux ciseaux dans une silhouette qui le séduit; il l'applique alors sur un support de fortune tant on touche du doigt ici la promptitude de l'invention et enfin, dans un délai qui nous échappe, il recouvre l'ensemble, découpage et support, de lavis et de gouache qui dramatisent sa composition. Le résultat est monumental, et seul un sculpteur peut obtenir un tel effet.
Les trois autres *Médée* ont été conçues entre 1898 et 1907 d'après un modèle observé. L'une semble fuir (cat. n° 28), la deuxième veille, recroquevillée auprès d'une lampe à huile (cat. n° 29) et la dernière trace de mystérieux signes sur le sol avec sa baguette de magicienne (cat. n° 30). La séduction de l'aquarelle, aux dimensions plus amples, a remplacé l'obscurité pathétique. Autre temps, autre style, mais le mythe demeure.

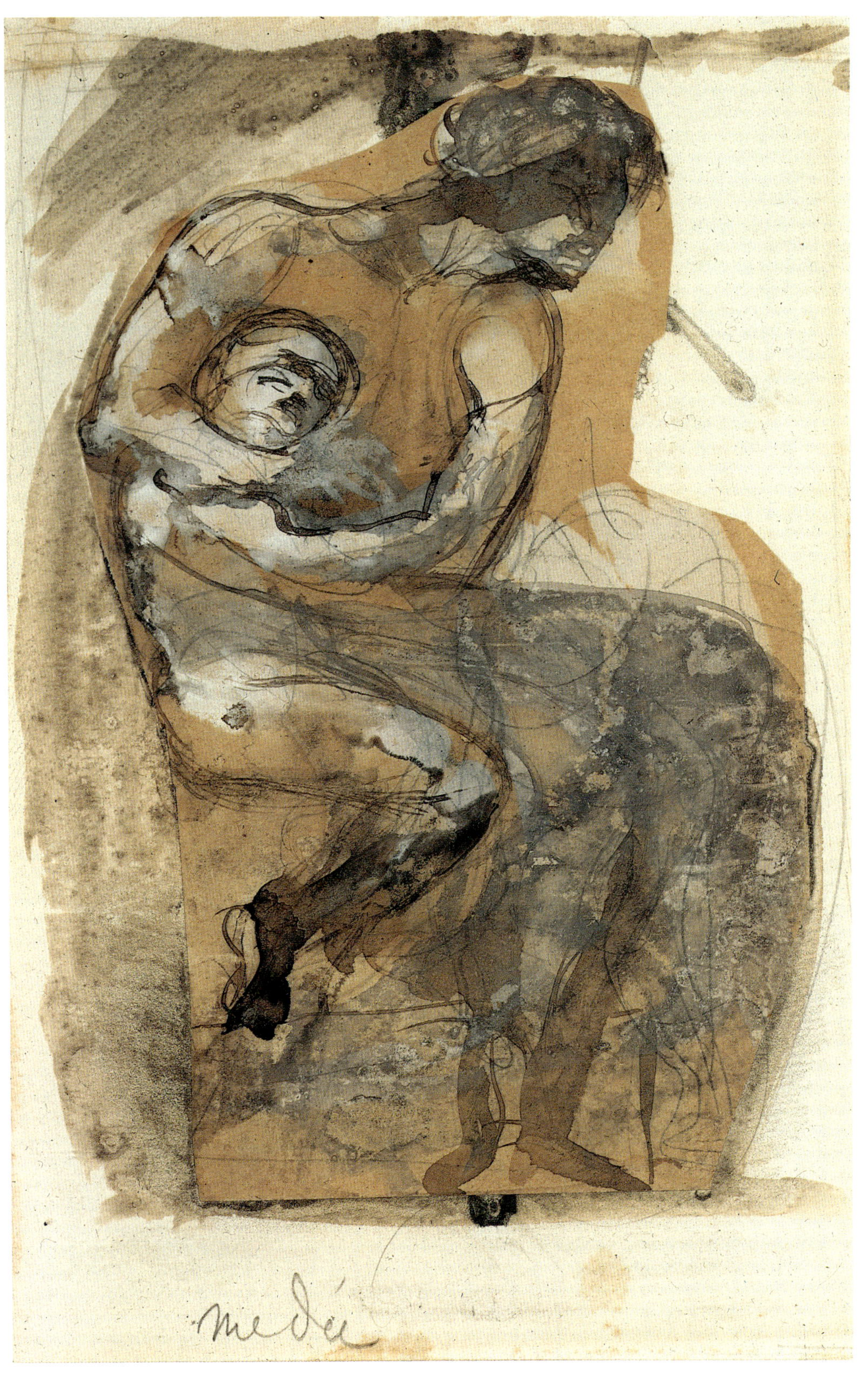

26 Médée
Mine de plomb, aquarelle, plume et lavis d'encre rehaussé de blanc et collage sur papier.
H. 0,218; L. 0,165.
Annoté à la mine de plomb, en bas à gauche: *Médée*

Historique:
Collection Mrs Jefferson Dickson, Beverly Hills; Collection Jules Mastbaum, Philadelphie; Vente New York, Sotheby's, 16 novembre 1989 [cat. n° 139]; Galerie Jan Krugier, Genève.

Expositions:
– *Auguste Rodin*, New York, Curt Valentin Gallery, 4-19 mai 1954 [cat. n° 77 repr.]
– *Rodin*, New York, Museum of Modern Art, 1er mai - 8 septembre 1963 [cat. n° 98]

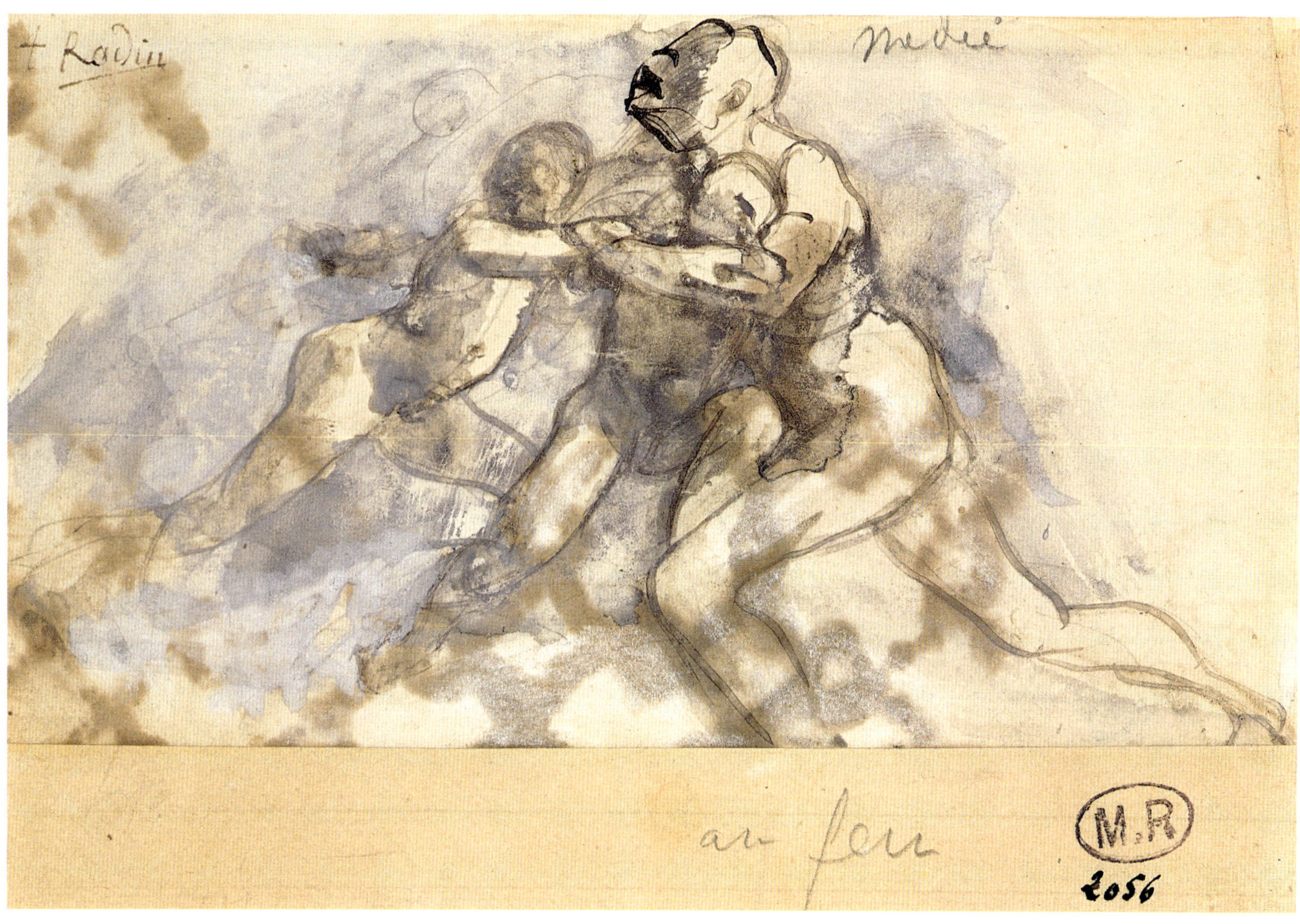

27 Médée
Elle attire à elle ses deux enfants
vers 1880
Mine de plomb, plume, lavis d'encre brune, gouache sur papier crème collé sur un papier réglé.
H. 0,097; L. 0,142.
Signé en haut, à gauche, à l'encre: A. Rodin.
Annoté en haut, à droite, à la mine de plomb: *Médée*, et sur le support: *au feu*.
Au verso, à la mine de plomb, personnage entouré de deux enfants.

Historique:
Donation à l'Etat, 1916. Inv. D. 2056;
Musée Rodin, Paris.

Bibliographie :
– Maillard Léon: *Auguste Rodin statuaire*, Paris, H. Floury, 1899 [repr. p. 52]
– Judrin Claudie: *Das Höllentor*, *in* cat. exposition *Auguste Rodin: Zeichnungen und Aquarelle*, Münster/Munich, 1984-1985 [fig. n° 51 p. 110]
– Judrin Claudie: *Inventaire des dessins*; Paris, Musée Rodin, 1984-1992 [repr. t. II]
– Judrin Claudie: *Dessins: La Porte de l'Enfer*, in cat. exposition *Rodin et la Porte de l'Enfer*, Tokyo, Musée National d'Art Occidental, 1989 [repr. fig. 50 p. 29]

Expositions:
– *Exposition du centenaire «Monet-Rodin»*, Paris, Musée de l'Orangerie, 1940 [cat. n° 93]
– *Rodin*, Tel-Aviv, Pavillon Helena Rubinstein, février-mars 1967 [cat. n° 52], Rome, Académie de France, Villa Médicis, 26 mai - 30 juin 1967 [cat. n° 84]
– *Auguste Rodin – Zeichnungen und Aquarelle*, Münster, Westfälisches Landesmuseum, 25 novembre 1984 - 20 janvier 1985; Munich, Museum Villa Stuck, 7 février - 7 avril 1985 [cat. n° 58]

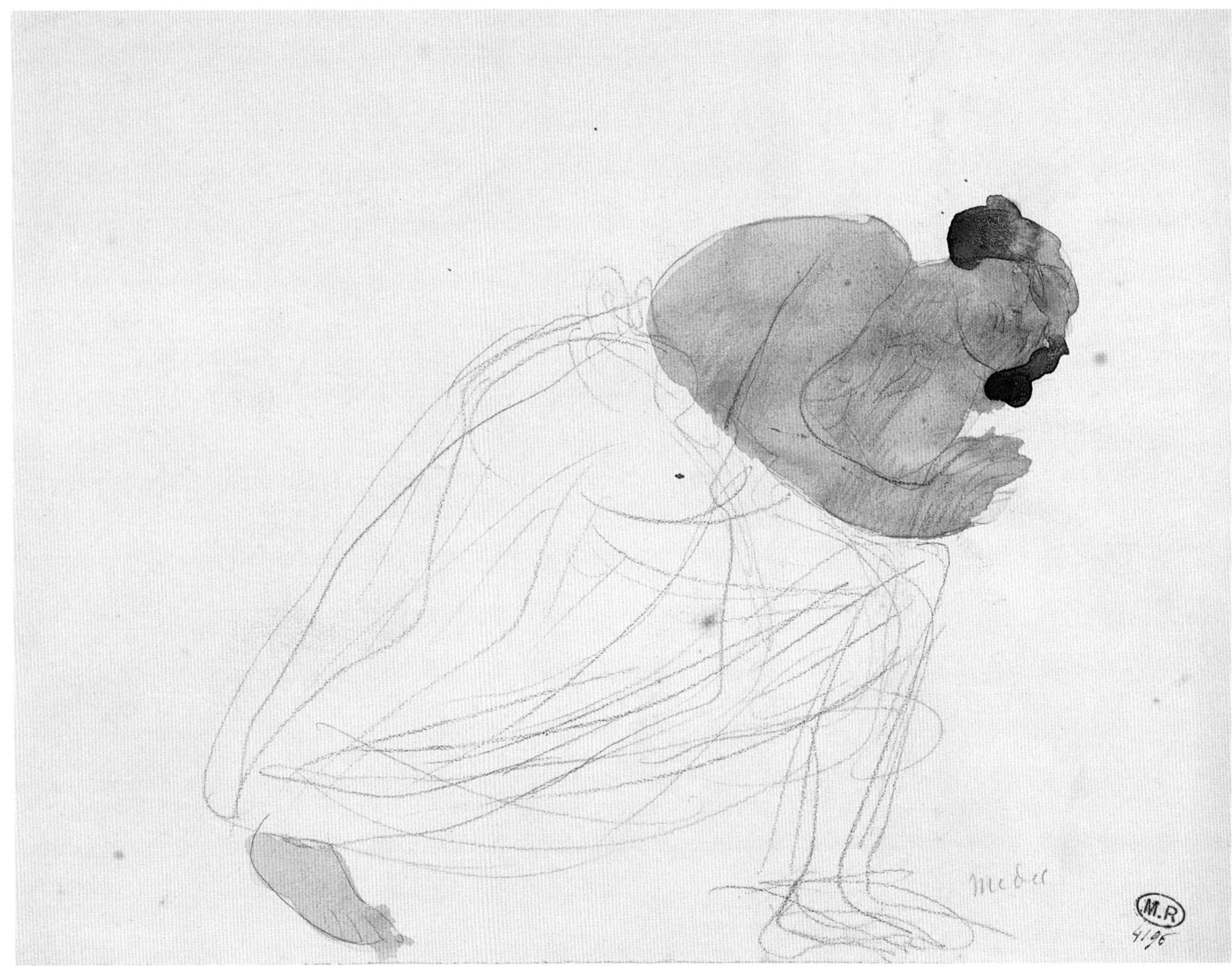

28 Médée

Femme à demi drapée, penchée sur le côté, la tête dans la main
entre 1898 et 1907

Mine de plomb et aquarelle sur papier crème.
H. 0,248; L. 0,330.
Annoté à la mine de plomb, en bas à droite: *Médée*.

Historique:
Donation à l'Etat, 1916. Inv. D. 4196;
Musée Rodin, Paris.

Bibliographie:
– JUDRIN Claudie: *Inventaire des dessins*, Paris, Musée Rodin, 1984 - 1992 [repr. t. III]

Expositions:
– *Les dessins de Rodin*, Paris, Galerie Bernheim-Jeune, 10-30 octobre 1907 [cat. n° 65 sous le titre *Médée*]
– *Auguste Rodin*, Vienne, Kunstsalon Hugo Heller, 4 janvier (?) - fin janvier 1908 [cat. n° 10 sous le titre *Medea*]
– Leipzig Kunstverein, septembre - 12 octobre 1908 [cat. n° 11 sous le titre *Médée*]

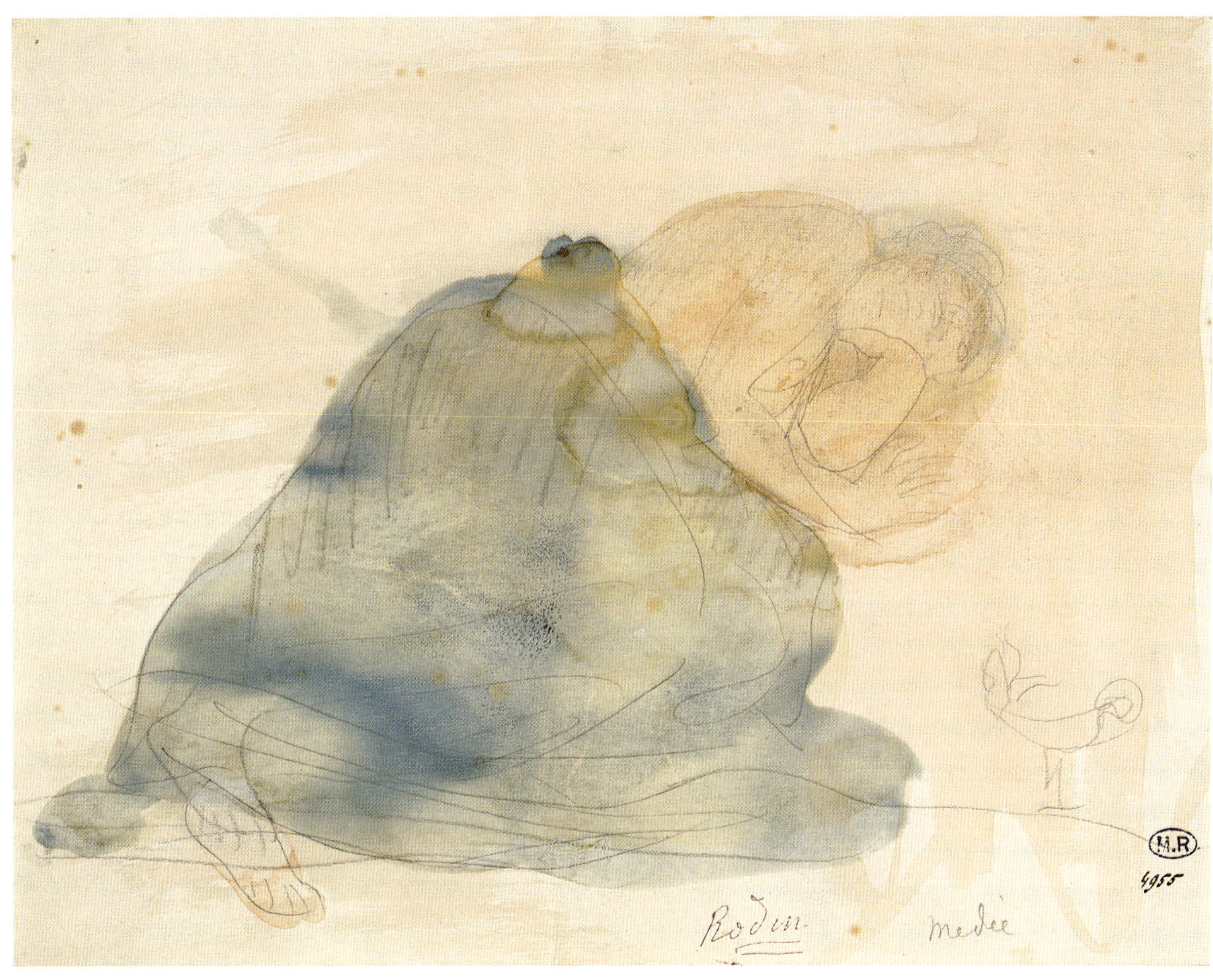

29 Médée
Femme drapée, allongée sur le côté
Mine de plomb, aquarelle et gouache sur papier crème filigrané.
H. 0,250; L. 0,323.
Annoté à la mine de plomb, en bas à droite: *Médée*.

Historique:
Cachet violet, en bas: Rodin
Donation à l'Etat, 1916. Inv. D. 4955;
Musée Rodin, Paris.

Bibliographie:
– JUDRIN Claudie: *Inventaire des dessins*, Paris, Musée Rodin, 1984-1992 [repr. t. IV]

Expositions:
– *Rodin*, Mexico, Museo del Palacio de Bellas Artes, 12 mai - 31 juillet 1982 [cat. n° 120]

30 Médée

Femme nue de face, penchée en avant, un serpent aux pieds

Mine de plomb, estompe et aquarelle sur papier crème.
H. 0,322; L. 0,252.
Annoté à la mine de plomb, en bas à droite: *Médée*.

Historique:
Donation à l'Etat, 1916. Inv. D. 4252;
Musée Rodin, Paris.

Bibliographie:
– Judrin Claudie: *Inventaire des dessins*, Paris, Musée Rodin, 1984-1992 [repr. t. III]

Expositions:
– *Rodin – Sculptures and Drawings*, New Delhi, National Gallery of Modern Art, 27 novembre 1982 - 15 janvier 1983 [cat. n° 51]

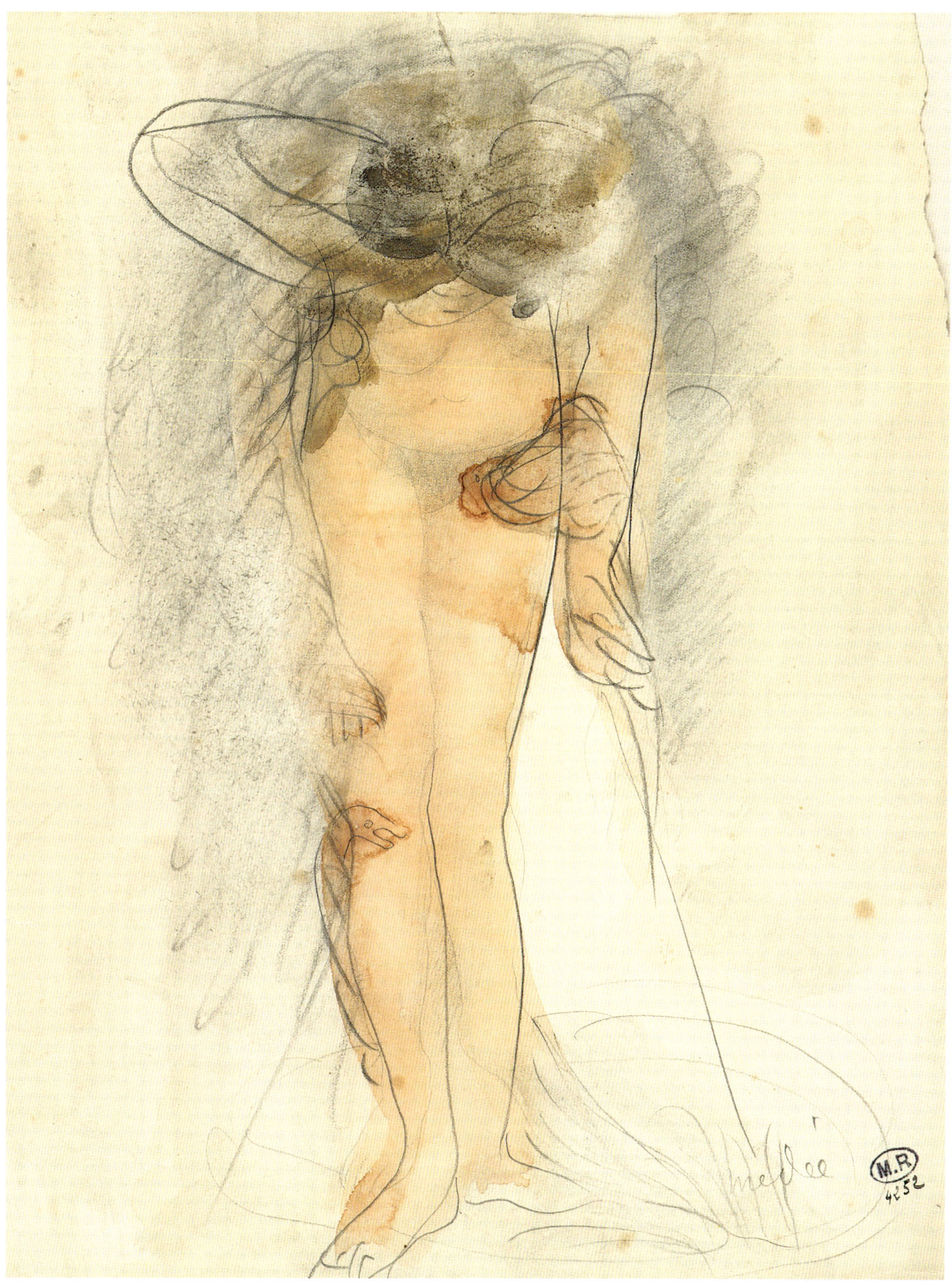
Médée
M.R
4252

Symbole théâtral

31 Psyché
Nu assis
1908
Mine de plomb et estompe sur papier crème.
H. 0,311; L. 0,197.
Annoté à la mine de plomb, en haut à droite: *masque*
Signé et daté en bas à droite: Aug Rodin 1908

Historique:
Vente n° 180, Berlin, Max Perl, 18-19 mai 1933 [cat. n° 1263];
Inv. 1933.71;
Öffentliche Kunstsammlung, Kupferstichkabinett, Bâle.

Expositions:
– Leipzig, Kunstverein, septembre - 12 octobre 1908 [cat. n° 61 sous le titre *Psyché*]

Le nu assis du musée de Bâle pourrait trouver place dans le chapitre sur les *Modèles* si Rodin ne l'avait annoté: *masque*. Force est de constater qu'à moins d'en faire un portrait, le visage de ses modèles compte peu en regard de la pose et du mouvement. En revanche, l'ombre et la lumière sont l'essentiel du dessin et un visage dans l'obscurité est comme masqué. Rodin prend prétexte d'un caprice d'éclairage pour assombrir et souligner ou effacer de quelques traits une figure. Il tire parti des ressources de la lumière ou peut-être d'une insatisfaction de crayon pour influencer son inspiration. Vers la fin de sa vie, et nous sommes en 1908, Rodin module sa mine de plomb à l'estompe et son pouce modèle son sujet comme si l'œuvre était en trois dimensions. Le goût lui en était venu auprès de son ami Eugène Carrière qu'il admirait beaucoup. Il en comprenait les nuances et le clair-obscur.
Nous avons confronté cinq œuvres du musée Rodin au nu de Bâle.

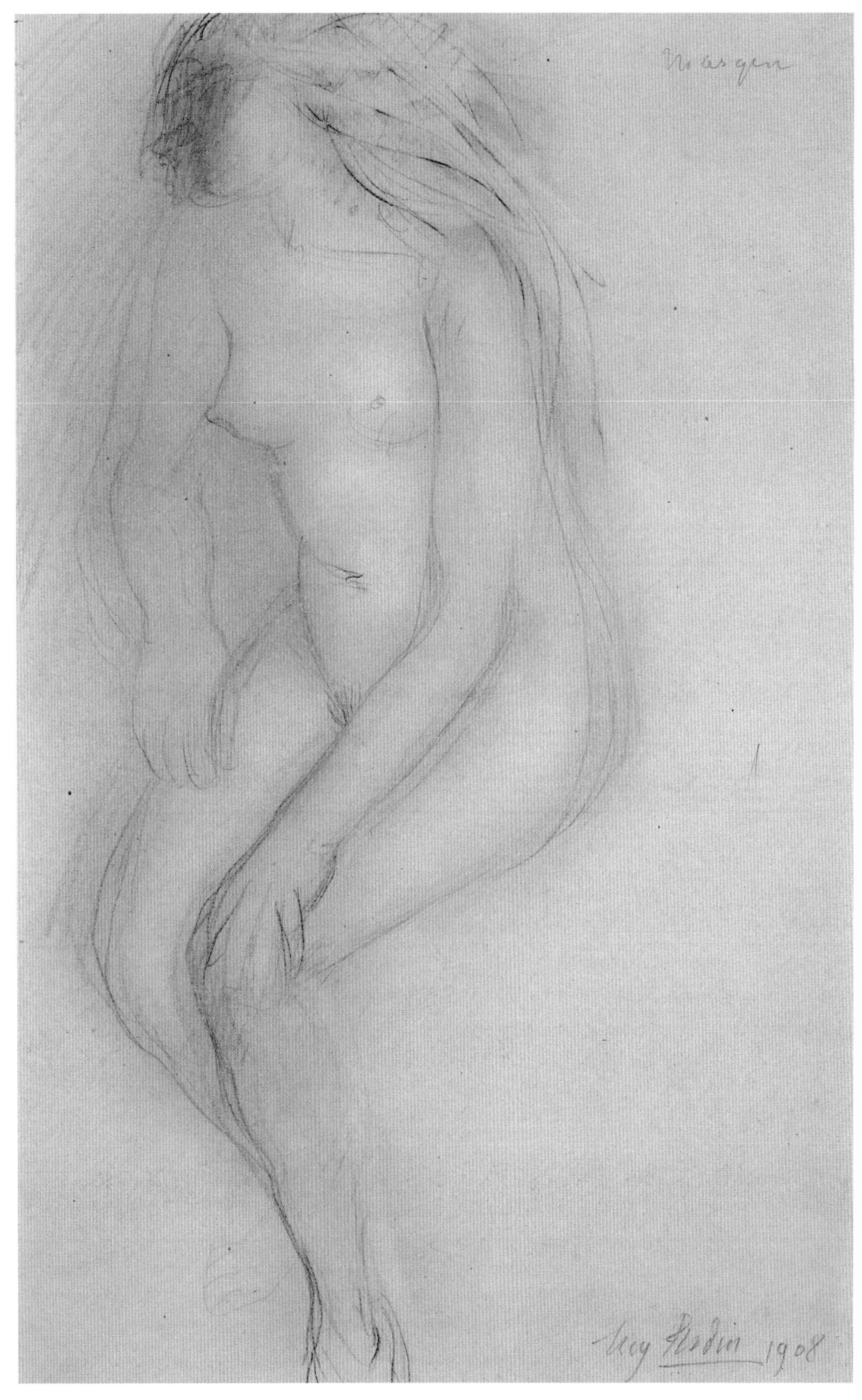

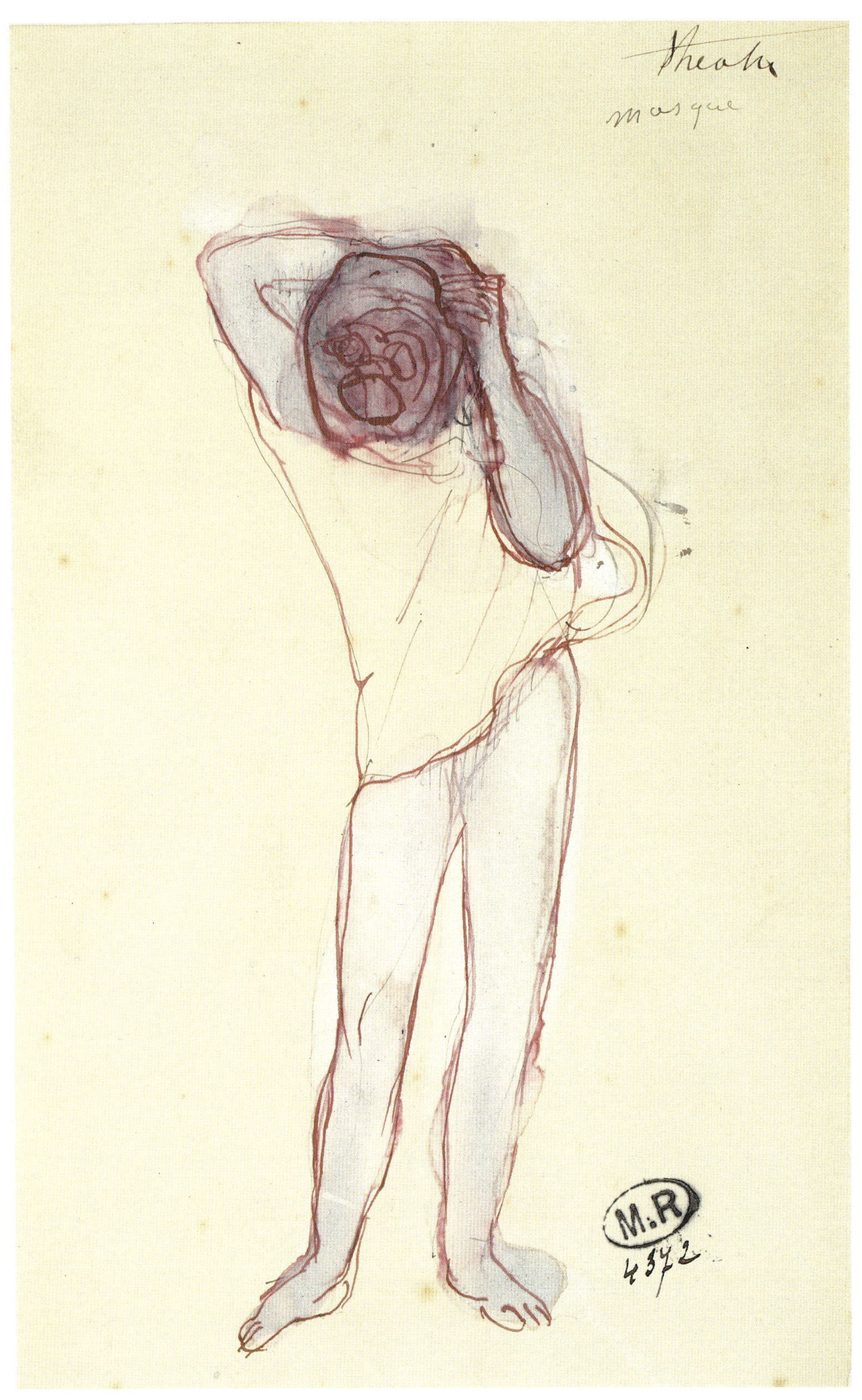

32 Masque de théâtre
Femme passant un vêtement
vers 1890?
Plume, encres brune et rouge, lavis d'encre rouge, gouache sur papier crème filigrané.
H. 0,177; L. 0,114.
Annoté à la plume et encre brune, en haut à droite: *théâtre - masque*.

Historique:
Donation à l'Etat, 1916.
Inv. D. 4372;
Musée Rodin, Paris.

Bibliographie:
– Judrin Claudie: *Inventaire des dessins*, Paris, Musée Rodin, 1984-1992 [repr. t. III]

Ce masque de théâtre est le premier de la série; c'est un dessin dit de transition entre les années noires de 1880 et la sérénité de la fin du siècle. Si le format de la feuille reste modeste, la silhouette, encore à la plume, s'éclaire. La femme qui passe un vêtement baisse son visage au point de le rendre indistinct et d'évoquer un masque comme en portaient les acteurs dans l'Antiquité ou au Japon. Rodin dessina un jour un masque nô à côté du visage de la danseuse japonaise Hanako (The Metropolitan Museum of Art, New York, Inv. n° 10.66.2)

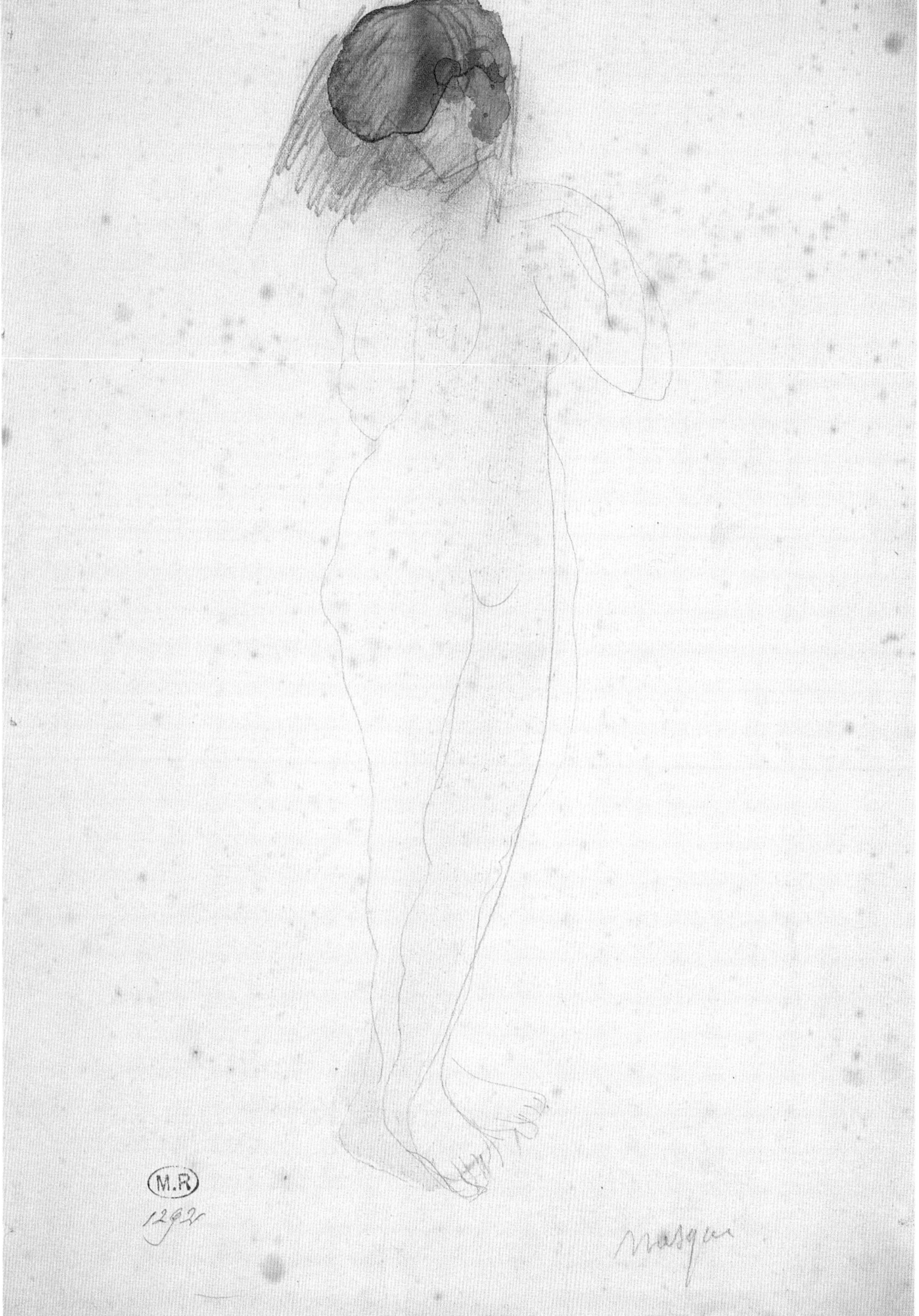

33 Masque
Femme nue debout, mains aux épaules, pieds croisés
Mine de plomb, estompe et aquarelle sur papier crème piqué.
H. 0,326; L. 0,231.
Annoté à la mine de plomb, en bas, à droite: *masque*.

Historique:
Fait partie de l'album XXXII désassemblé en février 1933.
Donation à l'Etat, 1916. Inv. D. 1292; Musée Rodin, Paris.

Bibliographie:
– Judrin Claudie: *Inventaire des dessins*, Paris, Musée Rodin, 1984-1992 [repr. t. I]

De grands traits zèbrent un visage selon qu'il s'incline ou qu'il se renverse pour devenir invisible. Lorsque Rodin regarde une femme nue debout et plus encore étendue, il masque la tête qui n'est plus au premier plan.

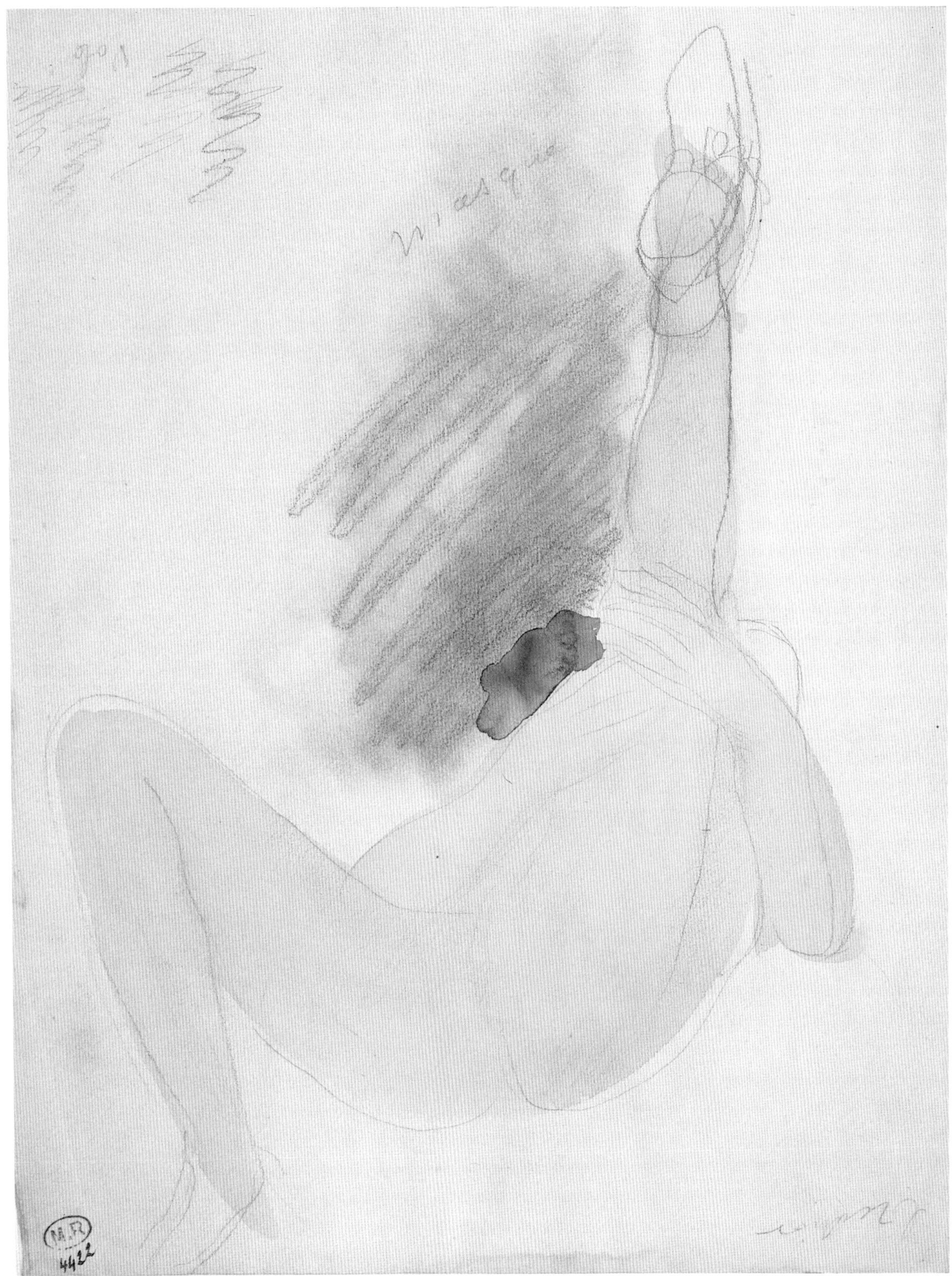

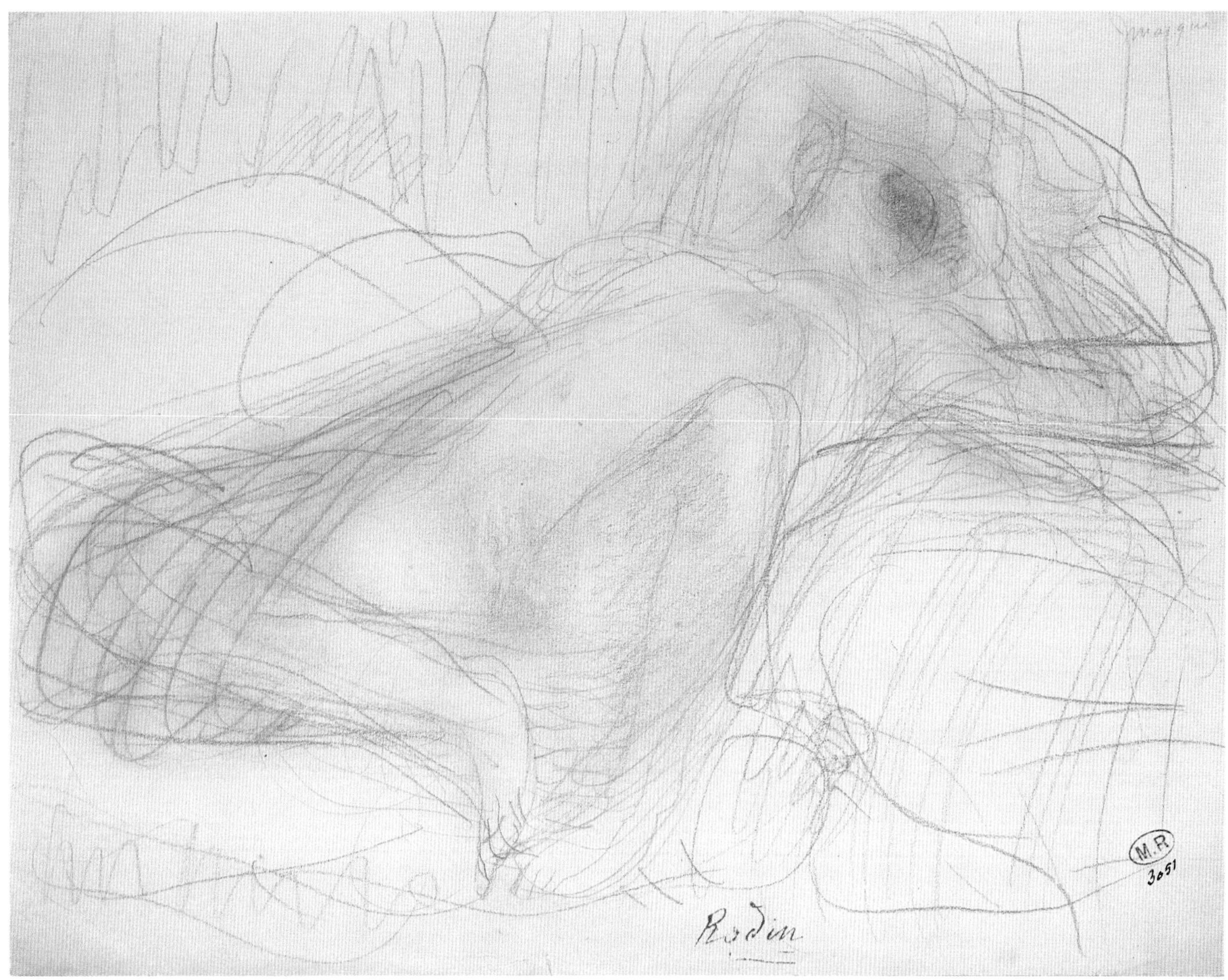

◁ **34** Masque
Femme nue à la renverse, jambe haute
Mine de plomb, estompe et aquarelle sur papier crème.
H. 0,320; L. 0,250.
Annoté à la mine de plomb, en haut: *masque*; à l'envers: *vole*; en bas: *création*.

Historique:
Donation à l'Etat, 1916. Inv. D. 4422;
Musée Rodin, Paris.

Bibliographie:
– Judrin Claudie: *Inventaire des dessins*, Paris, Musée Rodin, 1984-1992 [repr. t. III]

Expositions:
– *Rodin – Sculptures and Drawings*, New Delhi, National Gallery of Modern Art, 27 novembre 1982 - 15 janvier 1983 [cat. n° 159]

35 Masque
Femme nue allongée aux jambes écartées
Mine de plomb et estompe sur papier crème.
H. 0,252; L. 0,328.
Annoté à la mine de plomb, en haut, à droite: *masque*

Historique:
Cachet violet, en bas, vers la droite: Rodin
Donation à l'Etat, 1916. Inv. D. 3051;
Musée Rodin, Paris.

Bibliographie:
– Judrin Claudie: *Inventaire des dessins*, Paris, Musée Rodin, 1984-1992 [repr. t. III]

36 Lune au masque d'argent
Femme nue allongée de face, les mains à sa chevelure
Mine de plomb, estompe et aquarelle sur papier crème.
H. 0,325; L. 0,249.
Annoté à la mine de plomb, en haut: *attaché le masque d'argent - lune*.

Historique:
Cachet violet, en bas à gauche: Rodin
Donation à l'Etat, 1916. Inv. D. 4018;
Musée Rodin, Paris.

Bibliographie:
– Judrin Claudie: *Inventaire des dessins*, Paris, Musée Rodin, 1984-1992 [repr. t. III]

Rodin voit l'ombre sur un visage comme une éclipse, comme le passage temporaire d'un astre, comme une image poétique de la lune au masque d'argent.

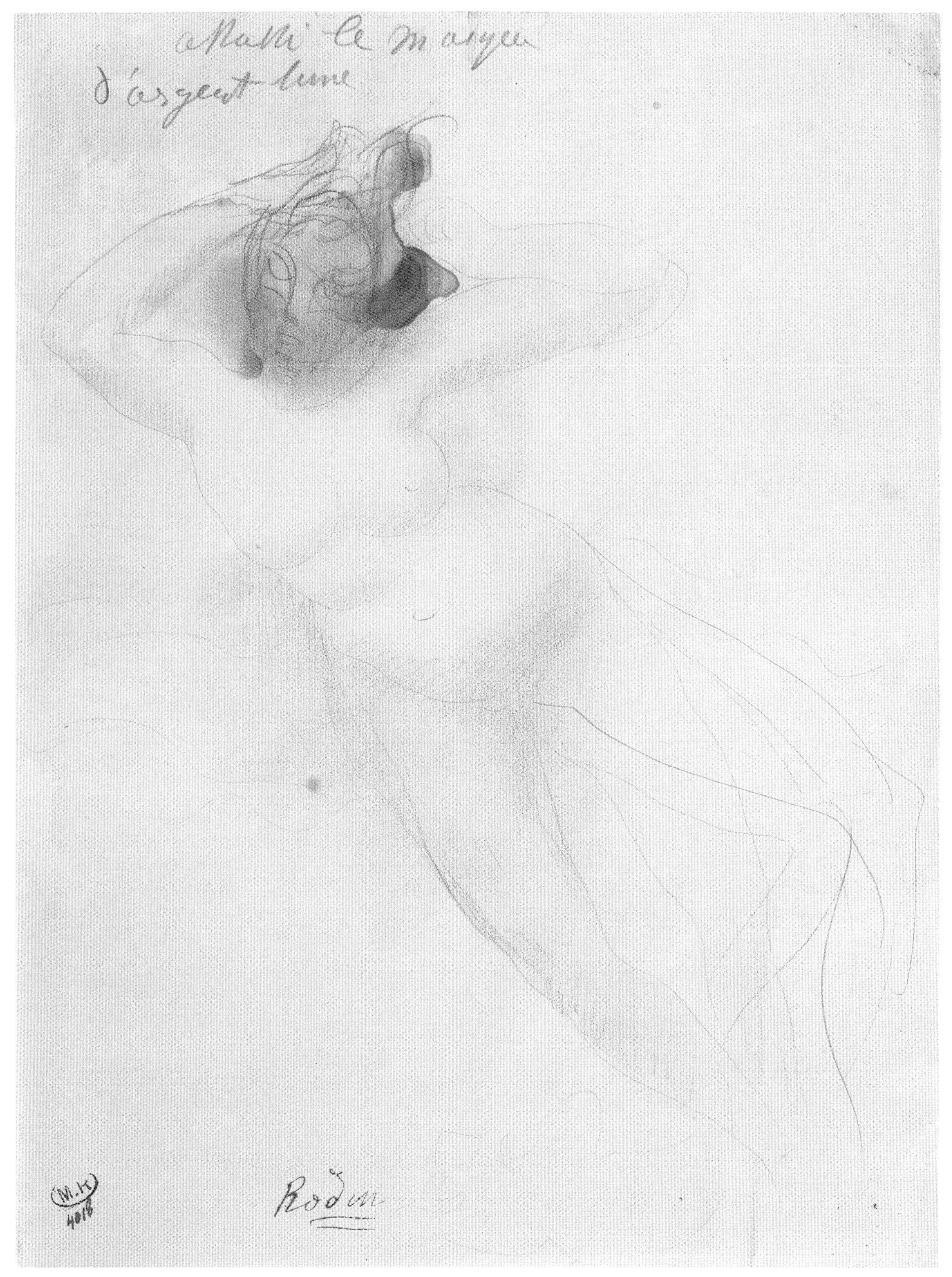
Rodin

Symbole philosophique

37 Nu recroquevillé
Mine de plomb et aquarelle sur papier crème.
H.0,326; L.0,250.
Signé et dédicacé à la mine de plomb en bas à droite: *en hommage à madame de Goloubew A Rodin*

Historique:
Ancienne collection Goloubeff; Vente collection Goloubeff, Paris, Hôtel Drouot, 12 décembre 1935 [cat. n° 13]; Vente Paris, Hôtel Drouot, 20 novembre 1991 [cat. n° 52H];
Galerie Jan Krugier, Genève.

Rodin tend volontiers à l'universel et un nu recroquevillé dans un ovale d'aquarelle le renvoie au principe fondamental de la cellule, de la monade telle que la conçoit le philosophe Leibniz, au monde clos, indivisible et sans fenêtre.
L'artiste imagine la monade comme une femme enfermée dans une bulle, dans un œuf. Elle se replie sur elle-même au travers de quatre dessins (cat. n°s 37-38-39-40)
Mais conjointement, chez les pythagoriciens, la monade est un principe de création et Rodin y voit la femme offerte, symbole d'érotisme (cat. n°s 41-42). Dans la salle des Fêtes du *Gil Blas* en 1910, il voulut faire une suite de dessins sur la création de la femme.
Si les dessins érotiques datent d'après 1908, au moment de la liaison avec la duchesse de Choiseul, n'oublions pas qu'ils restèrent dans le secret des cartons, ce qui n'empêcha pas qu'on qualifia d'indécents ceux que Rodin acceptait d'exposer.
L'œuvre est offerte à Nathalie de Goloubeff dont Rodin fit le buste en 1906. Chanteuse de talent, maîtresse de d'Annunzio, elle fut l'épouse de l'archéologue et historien d'art d'Extrême-Orient Victor de Goloubeff. Rodin a écrit pour son ami, dans la revue *Ars Asiatica* qu'il a fondée en 1912, quelques commentaires sur des statues du dieu Çiva.
C'est sans doute entre ces deux dates qu'eut lieu le don.

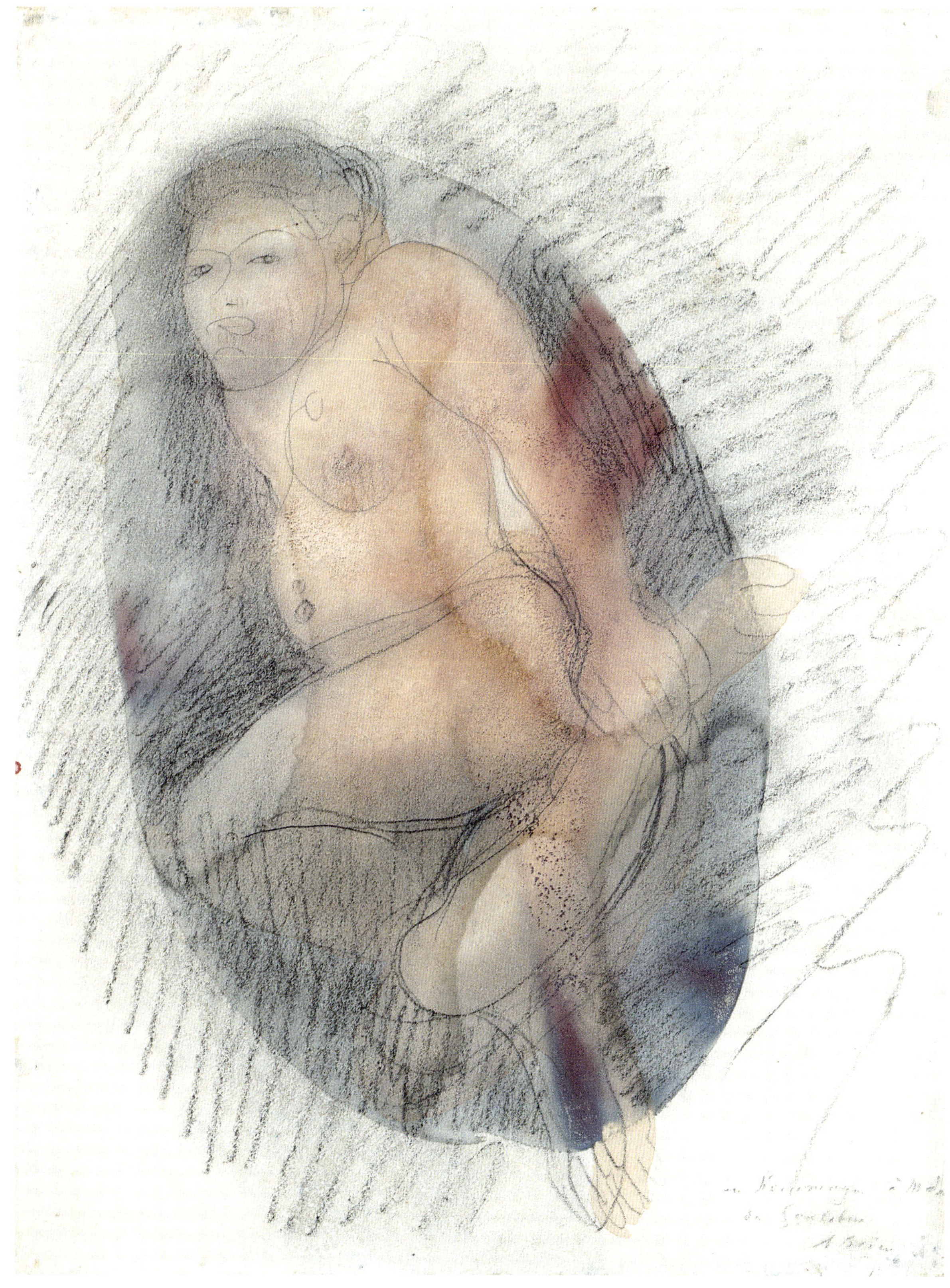

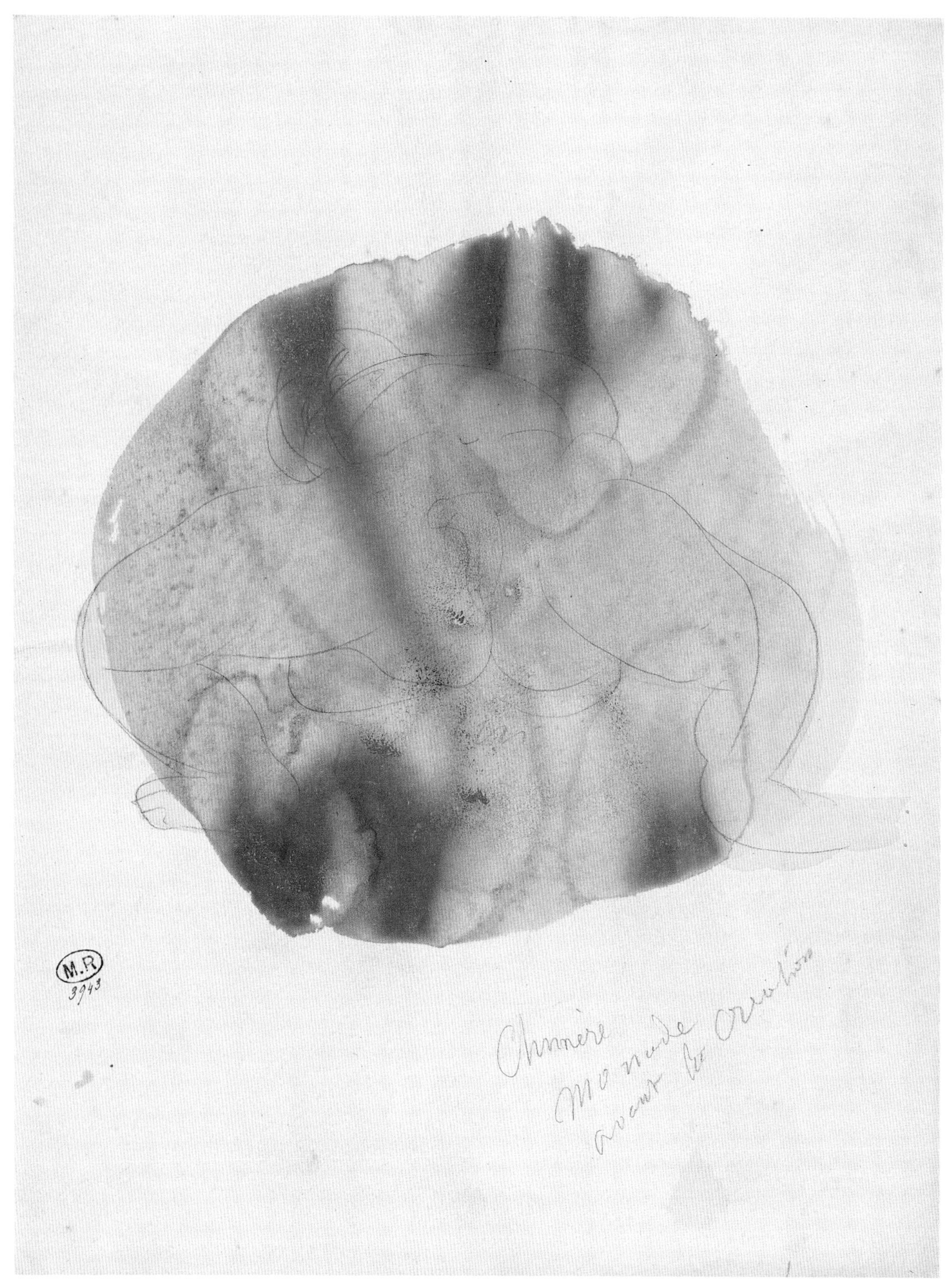
M.R
3943
Chimère
monade
avant la création

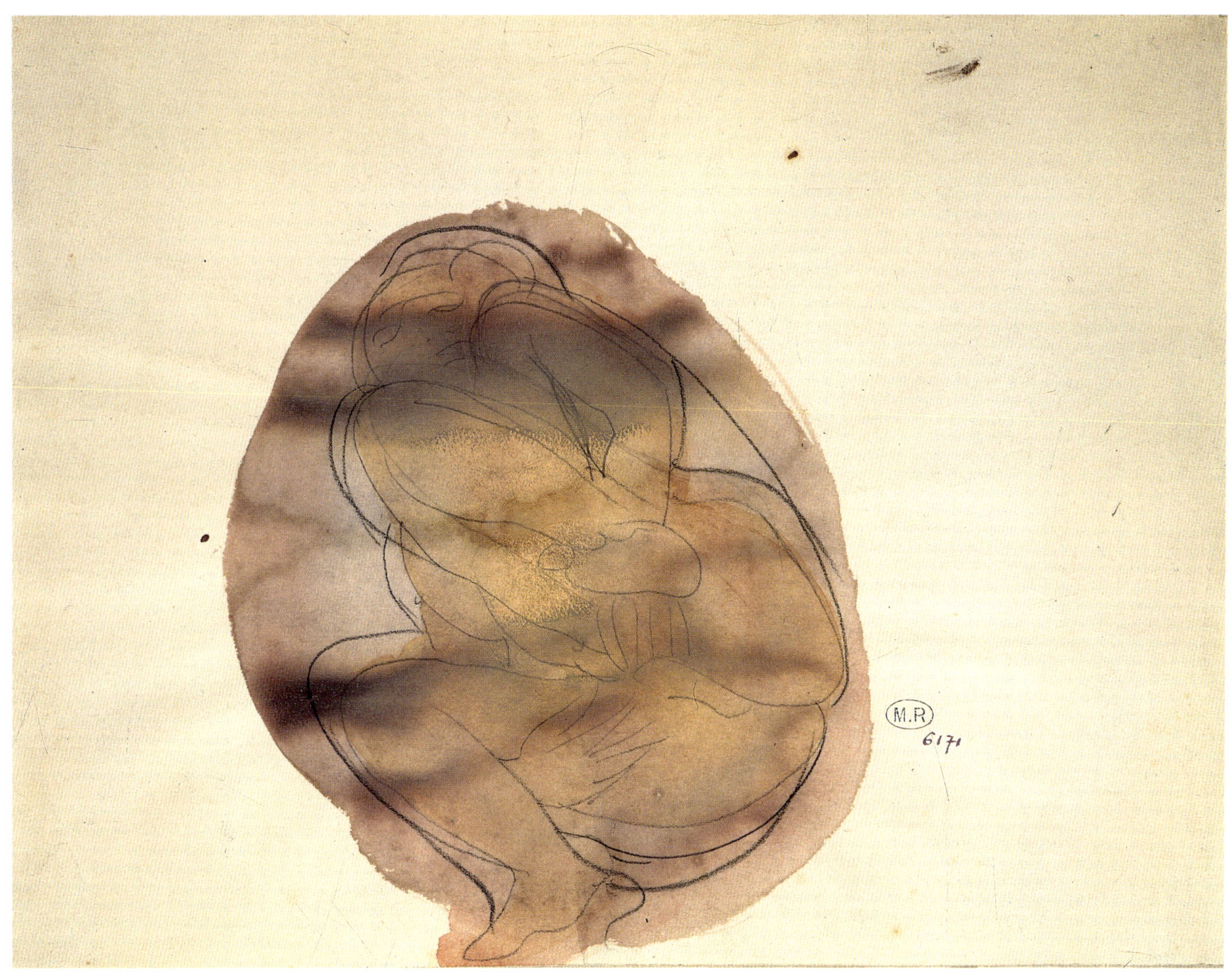

◁ **38** Chimère ou monade
Femme nue de face et jambes écartées
Mine de plomb, aquarelle et gouache sur papier crème.
H. 0,327; L. 0,252.
Annoté à la mine de plomb, en bas à droite: *Chimère - Monade - avant la création*.

Historique:
Donation à l'Etat, 1916. Inv. D. 3943;
Musée Rodin Paris.

Bibliographie:
– Judrin Claudie: *Inventaire des dessins*, Paris, Musée Rodin, 1984-1992 [repr. t. III]

Expositions:
– *Rodin, sculptures et aquarelles*, Albi, Musée Toulouse-Lautrec, 20 juin - 6 septembre 1987 [cat. n° 13 repr.]

39 Femme nue sur le dos, maintenant ses cuisses levées et écartées
Mine de plomb et aquarelle sur papier crème.
H. 0,251; L. 0,328.

Historique:
Donation à l'Etat, 1916. Inv. D. 6171;
Musée Rodin, Paris.

Bibliographie:
– Judrin Claudie: *Inventaire des dessins*, Paris, Musée Rodin, 1984-1992 [repr. t. V]
– Sollers Philippe, Kirili Alain: *Rodin, dessins érotiques*, Paris, Gallimard, 1987 [repr. p. 38]

40 Femme nue assise ramenant ses jambes repliées contre elle dite Psyché
entre 1898 et 1907?
Mine de plomb et aquarelle sur papier crème.
H. 0,327; L. 0,249.

Historique:
Cachet violet, en bas à droite: Rodin
Donation à l'Etat, 1916. Inv. D. 3879;
Musée Rodin, Paris.

Bibliographie:
– JUDRIN Claudie: *Inventaire des dessins*, Paris, Musée Rodin, 1984-1992 [repr. t. III]

Expositions:
– *Auguste Rodin*, Vienne, Kunstsalon Hugo Heller, 4 janvier (?) - fin janvier 1908 [hors cat.?]
– *Salon Jubilaire de la Libre Esthétique* (15e salon de la Libre Esthétique), Bruxelles, Musée Royal de Peinture, 1er mars - 5 avril 1908 [hors cat.]

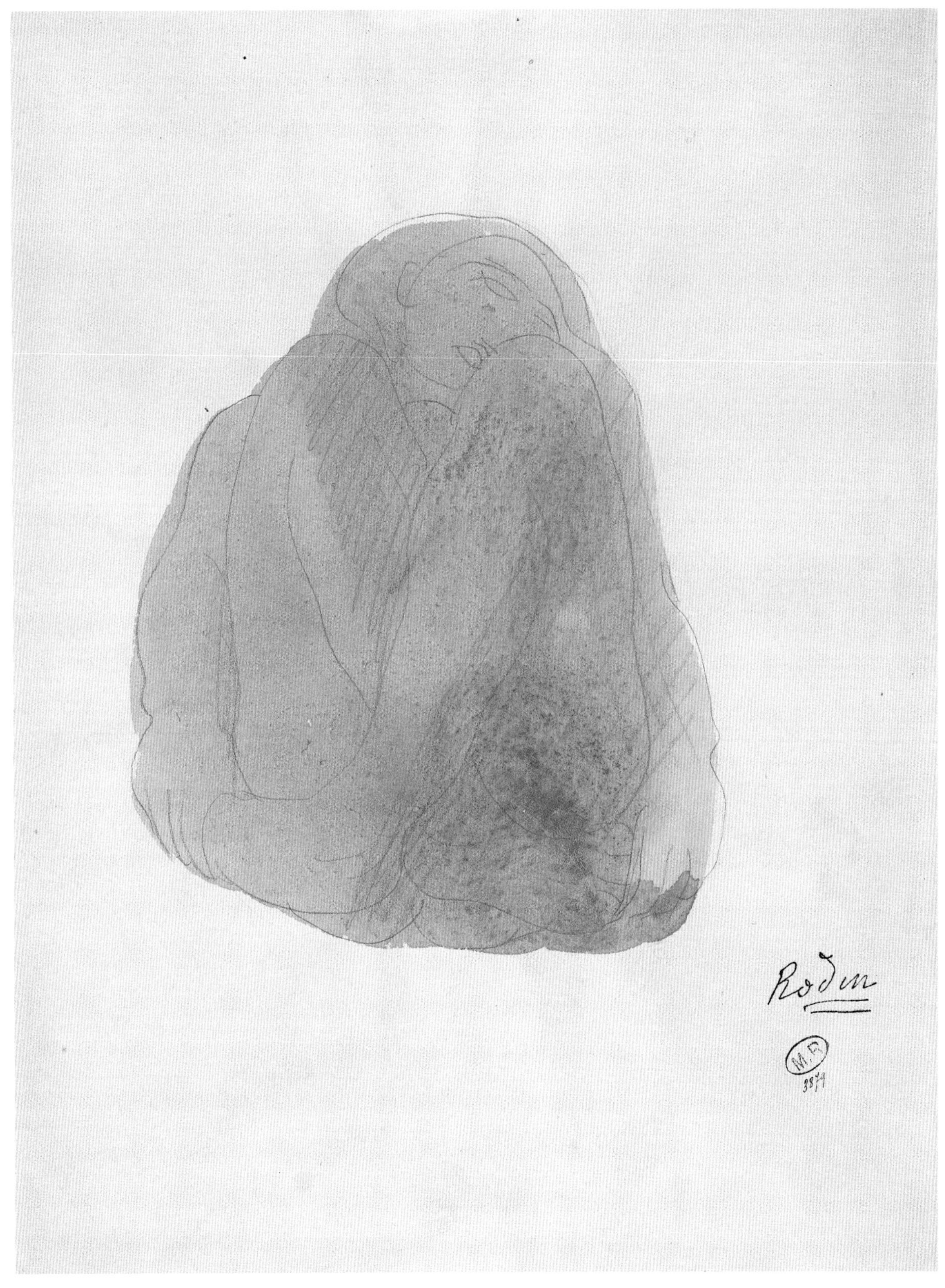
Rodin

41 Vénus sortant de l'onde
Femme nue allongée, de face, jambes écartées
Un voilier est visible en haut, à droite

Mine de plomb, estompe et aquarelle sur papier crème.
H. 0,325; L. 0,252.
Annoté à la mine de plomb, en haut et à l'envers: *monade - bas*; en bas: *Vénus sortant de l'onde* et sur la droite: *Luxure - pieuvre*.

Historique:
Donation à l'Etat, 1916. Inv. D. 6167;
Musée Rodin, Paris.

Bibliographie:
– Judrin Claudie: *Inventaire des dessins*, Paris, Musée Rodin, 1984-1992 [repr. t. V]

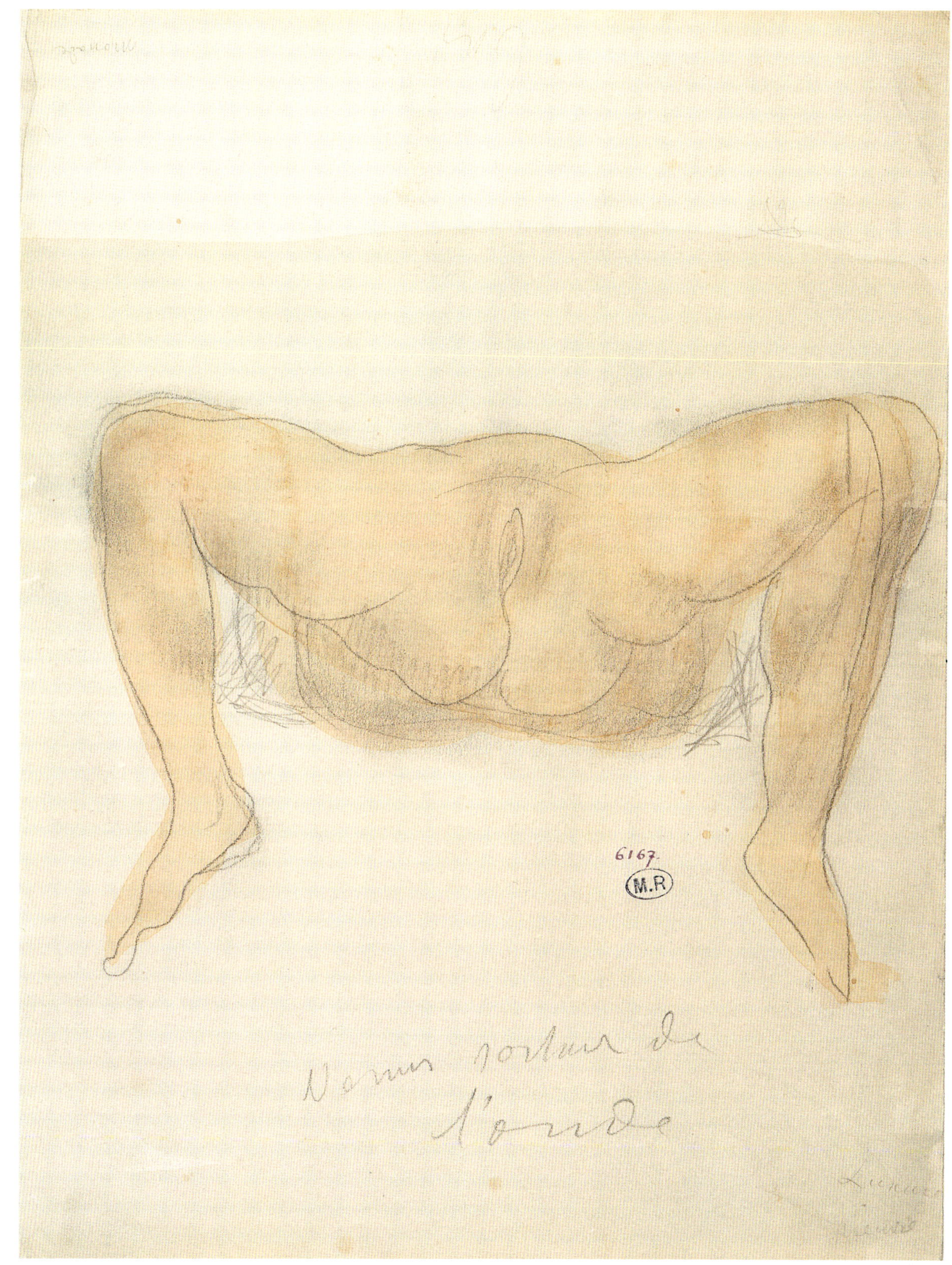
Venus sortant de
l'onde
6167
M.R

42 Chaos

Femme nue allongée aux jambes écartées, coupe et fleur

Mine de plomb et aquarelle sur papier crème.
H. 0,327; L. 0,250.
Annoté à la mine de plomb en bas, à droite: *monade - araignée*, et en haut à gauche et à l'envers: *bas - chaos - coupe*.

Historique:
Donation à l'Etat, 1916. Inv. D. 4194;
Musée Rodin, Paris.

Bibliographie:
– JUDRIN Claudie: *Inventaire des dessins*, Paris, Musée Rodin, 1984-1992 [repr. t. III]

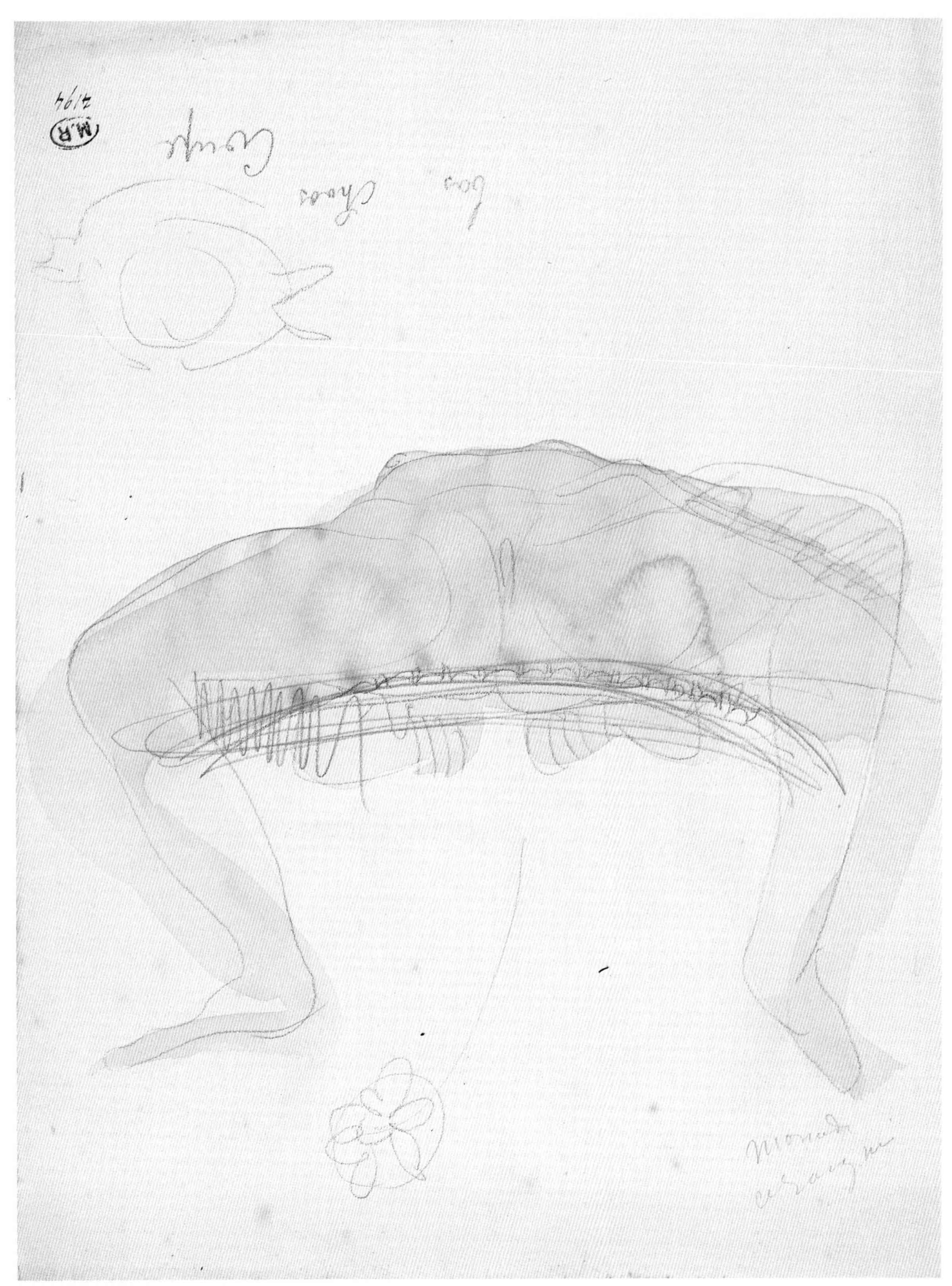

Couples

Les couples enlacés inspirés par Dante dans les années 1880 n'ont pas de sexe et l'on démêle difficilement Paolo Malatesta et Françoise de Rimini de Dante en pâmoison dans les bras de Virgile. Le dessinateur est moins précoce sur le chapitre de l'audace que le sculpteur du *Baiser*. Pendant longtemps, on discerne mal s'il s'agit d'un homme et d'une femme ou d'une femme tenant de grands enfants telle Médée, ou d'un homme serrant de jeunes corps, tel Ugolin avant son funeste repas. Avec Baudelaire, et l'illustration des *Fleurs du Mal* commandée par le collectionneur Paul Gallimard, Rodin aborde les couples saphiques. Une plume, encore timide, évoque les *Femmes damnées* dans un coin de page. De 1888, date de la remise de l'exemplaire de Baudelaire, à 1897, moment de la publication de l'Album «Fenaille-Goupil», Rodin précise le sexe de ses modèles, dans un format modeste et dans une palette plus claire. Dans l'intervalle, en 1894, Pierre Louÿs publie ses *Chansons de Bilitis*, et nous pensons que le tournant dans l'inspiration de Rodin n'y est pas étranger. L'équivoque entre les sexes s'efface et, fasciné qu'il est du corps de la femme, il en met volontiers deux. N'oublions pas que la poétesse Renée Vivien fut modèle du sculpteur. En osant franchement dessiner une femme, il affiche des couples de femmes. On en retrouve dans la deuxième édition du *Jardin des Supplices* d'Octave Mirbeau qu'il illustre après avoir signé, le 10 février 1899, un contrat avec l'éditeur des plus grands, Ambroise Vollard.

Rodin couvre des pages d'albums de couples tracés à la mine de plomb. Il en rehausse d'aquarelle pour les exposer à Bruxelles, Rotterdam, Amsterdam et La Haye en 1899. Il commence seulement en 1907 chez Bernheim à donner des titres, parfois provocants: *Sapho*, *faunesses*, *temple à l'Amour*, *l'enlacement*, *possession glorieuse*, *les amies, la caresse*, *Ménade*, *Eros*, *Satyre féminin*, *Bacchante*, *lutte amoureuse*, *embrassement*, *la volupté...* Les annotations portées de sa main ne correspondent pas en général aux dénominations des catalogues alors que des numéros peuvent nous permettre des reconnaissances. Le dessin de la collection suisse a plusieurs inscriptions peu lisibles: *Flammarion? Nelaton*? Le libraire Ernest Flammarion et le peintre Etienne Moreau-Nélaton ont bien rencontré Rodin, mais en quoi cela regarde-t-il ce dessin, il est impossible de le dire. Le mot de *roches* ou *rocher* parle davantage à notre imagination car la découpe en masse des corps enlacés évoque un rocher et c'est un symbole familier au dessinateur. L'attitude du couple est sinueuse et de mouvements contrariés comme Rodin aime à les faire, depuis qu'il a retenu la leçon de Michel-Ange. Le sentiment en est renforcé par la souplesse de l'estompe cassée par de vigoureux coups de crayon placés à la fin par-dessus l'aquarelle pour mieux asseoir la scène. Le moindre dessin de Rodin est rythmé et harmonieux, et ces couples sans visage et sans nom donnent une impression de sérénité qui gagne à mesure que l'homme avance dans la vie et que l'œuvre se déploie.

43 Deux femmes enlacées

Mine de plomb, estompe, aquarelle et gouache sur papier crème.

H. 0,323; L. 0,250.

Annoté à la mine de plomb, en bas, à gauche: *Flammarion? - Nelaton? ...?*; en bas à droite: *Roches - Roches*

Signé à la mine de plomb, en bas, à gauche: A. Rodin

Historique:

Galerie Beyeler, Bâle; Collection Martha Widmer, Winterthur; Collection Eugen Ziegler, Winterthur;

Hoir du Dr. med. et h.c. Eugen Ziegler-Riggenbach, Winterthur († 1986)

Expositions:

– *Das gloriose Jahrzehnt: Französische Kunst 1910-1920 aus Winterthurer Besitz*, Winterthur, Kunstmuseum, 22 janvier - 1er avril 1991 [repr. p. 173]

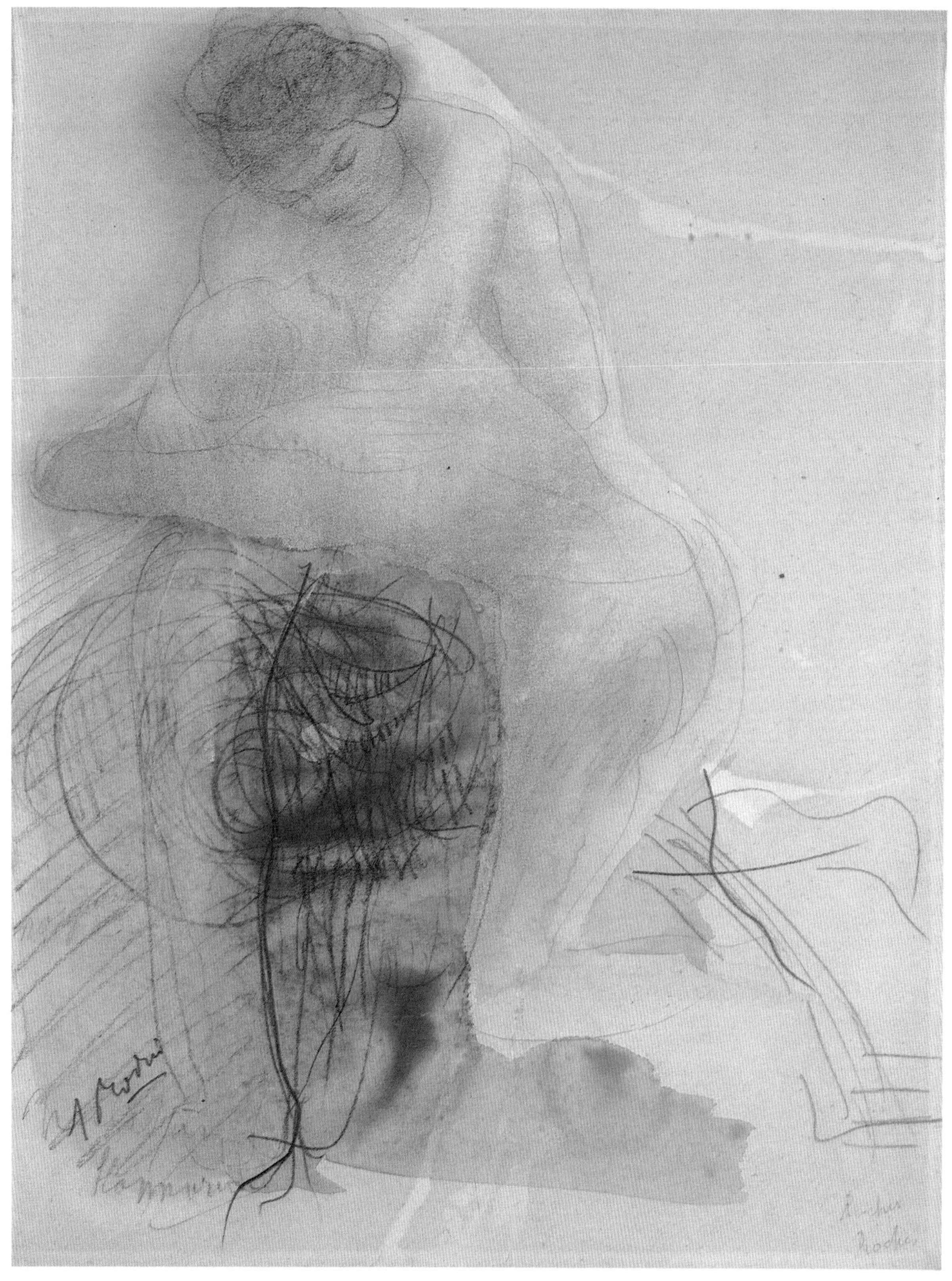

44 Couple saphique assis
Mine de plomb, aquarelle et gouache sur papier crème.
H. 0,324; L. 0,249.
Signé à la mine de plomb, en bas à droite: Aug. Rodin.

Historique:
Donation à l'Etat, 1916. Inv. D. 5028;
Musée Rodin, Paris.

Bibliographie:
– Judrin Claudie: *Auguste Rodin, Dessins et aquarelles,* Paris, Hervas, 1982 [repr. pl. 34]
– Judrin Claudie: *Inventaire des dessins*, Paris, Musée Rodin, 1984-1992 [repr. t. IV]

Expositions:
– *Rodin*, Martigny, Fondation Pierre Gianadda, 12 mai - 7 octobre 1984 [cat. n° 155 repr.]
– *Auguste Rodin - Disegni e aquarelli dell'età matura*, Turin, Cercle des Artistes, 12 février - 29 mars 1987; Rome, Galerie du Centre Culturel Français, 7 avril - 9 mai 1987 [cat. n° 75 repr.]

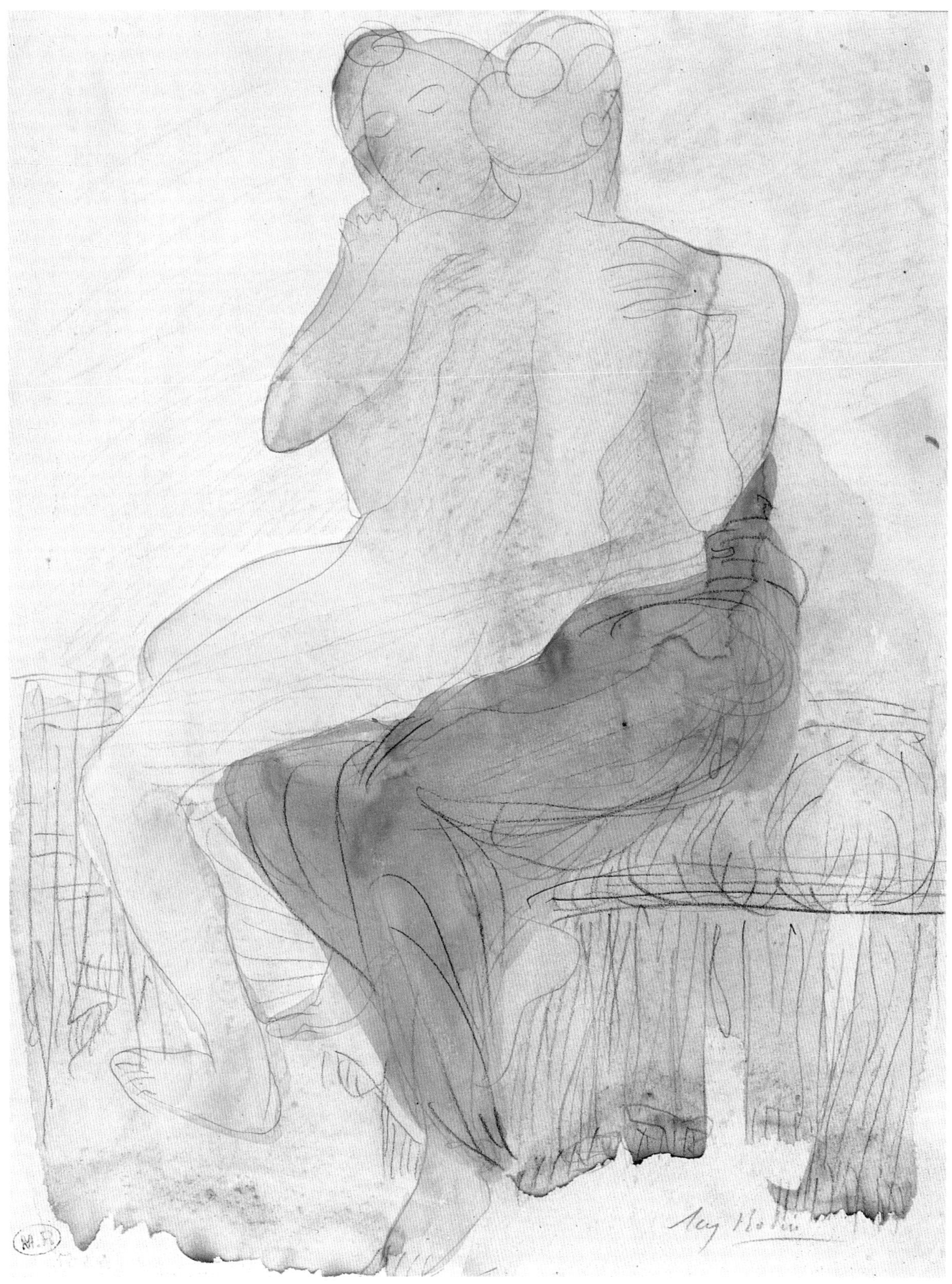

Un portrait

Si l'on excepte les croquis à la plume et au crayon inspirés par Victor Hugo en 1883, les admirables fusains dessinés dix ans plus tard d'après la journaliste Séverine, les portraits du roi du Cambodge Sisowath en juillet 1906, les aquarelles de Nourye Rohozinska sont parmi les plus nombreuses et les plus accomplies que Rodin ait faites.

Le choix du modèle est rarement indifférent et Rodin est alors en plein exotisme. Lorsqu'il s'agit d'une femme, le charme n'y est pas étranger et Rodin trouve à Nourye une beauté «originale».

La rencontre eut lieu avant juin 1906, lors d'une invitation chez Juliette Adam à Gif-sur-Yvette. Nourye y revoit Pierre Loti en même temps qu'elle fait la connaissance de Rodin et de Maurice Barrès.

Petite-fille du marquis Blosset de Châteauneuf, fille d'une Géorgienne et d'un diplomate en poste à Istanbul, haut fonctionnaire de la Sublime Porte, elle a vécu avec sa sœur Zennour sous le règne du sultan Abdul Hamid. A l'instigation d'une journaliste française qui se fait passer pour turque et dont le nom véritable est Marc Hélys, elles jouent à trois celles qui bravent les interdits qui frappent les femmes turques, en allant raconter leurs «malheurs» à l'auteur d'*Aziyadé*, au capitaine de frégate, commandant *Le Vautour*, à Loti de retour sur le Bosphore.

Le fruit de ces récits fabriqués fut le roman à succès des *Désenchantées*, en 1906 où Djénane-Leyla est Marc Hélys, Zeyneb est Zeynour et Mélek notre Nourye. La crédulité de Loti fut-elle entière? La supercherie ne fut, semble-t-il, révélée qu'en 1923, à la mort de l'écrivain, au moment où Marc Hélys publia *Le secret des Désenchantées*. Entre-temps, les deux sœurs poursuivies par les Turcs s'évadent par la Serbie et rejoignent à Paris Loti qui craignit même d'être pris pour leur complice.

La vie aventureuse de la comtesse ne manqua pas de séduire en Rodin l'homme et le dessinateur. Elle semble poser avant le 23 septembre 1906, puisqu'elle écrit alors qu'elle vient de recevoir ses portraits (cat. n° 59). Elle n'est d'ailleurs pas avare de lettres: une soixantaine. Cultivée, elle désire faire des visites au Louvre en compagnie de Rodin, se montre d'une amitié confiante, lui parle de ses parents, de sa sœur, de ses maux, de ses états d'âme, lui recommande son amie Mlle Ellison (cat. n° 60), lui rappelle la promesse de cadeaux: des dessins, une petite main en bronze que Rodin remplace par une tête; elle le tient au courant de ses publications au *Figaro* du 4 mai 1907, qu'elle signe N. Neyr-el-Nissa, où elle raconte sa venue chez Rodin, lui annonce son mariage en 1908 avec le comte polonais Ladislas de Rohozinska.

Rodin lui répond sur le même ton d'affection. Il lui ouvre volontiers son cœur et nous révèle un côté attachant de ses réflexions plus qu'il ne le fait souvent à des modèles plus connus: *«Vous avez bien voulu m'écrire et me dire que vous avez eu à mon atelier un plaisir de poésie et votre grâce, Mademoiselle, s'exprime si noblement à mon égard que j'en suis profondément touché, je pense aussi que c'est une récompense et je l'ambitionnais. Je rêve peu et mes sculptures sortent toutes de la nature et mon travail, comme celui de l'abeille garde la saveur des modèles. Les femmes me donnent certainement leur grâce car de moi-même je suis plutôt lourd. Quant aux hommes, ils me donnent de leur dureté et de leur orgueil...»*[1] (Lettre du 28 juin 1906.)

Une autre fois, le 12 septembre 1906, il lui déclare: *«... Je ne vous dirai point combien votre modestie et votre franchise que j'observe me donnent d'émotion et combien un artiste peut gagner auprès de vous. Vous êtes une inconsciente petite Providence et votre sœur sera une de vos belles réussites. Comme mes sculptures sont bien quand vous les admirez et combien je suis heureux qu'une d'elles aillent près de vous. Venez avant de partir pour la Suisse...»* Rodin se fait même humble devant son modèle: *«Je vous ai envoyé les dessins bien nuls, trop éloignés de votre originale beauté, mais la seule qualité -(c'est que j'ai pensé au modèle) que j'y trouve.»*

Il remarque qu'elle a *«défié la fortune en partant de Constantinople et qu'elle l'a vaincu par sa vertu et son fier courage»*. Il lui avoue qu'il a *«pris, vieux, le goût de l'Orient et qu'il ne disparaîtra pas sans des renouvellements... inspirateurs»*. Les portraits de la jeune circassienne en sont une preuve éclatante.

[1] Ces extraits de lettres dont on ignore la localisation nous ont été aimablement communiqués par Olivier de Rohozinski

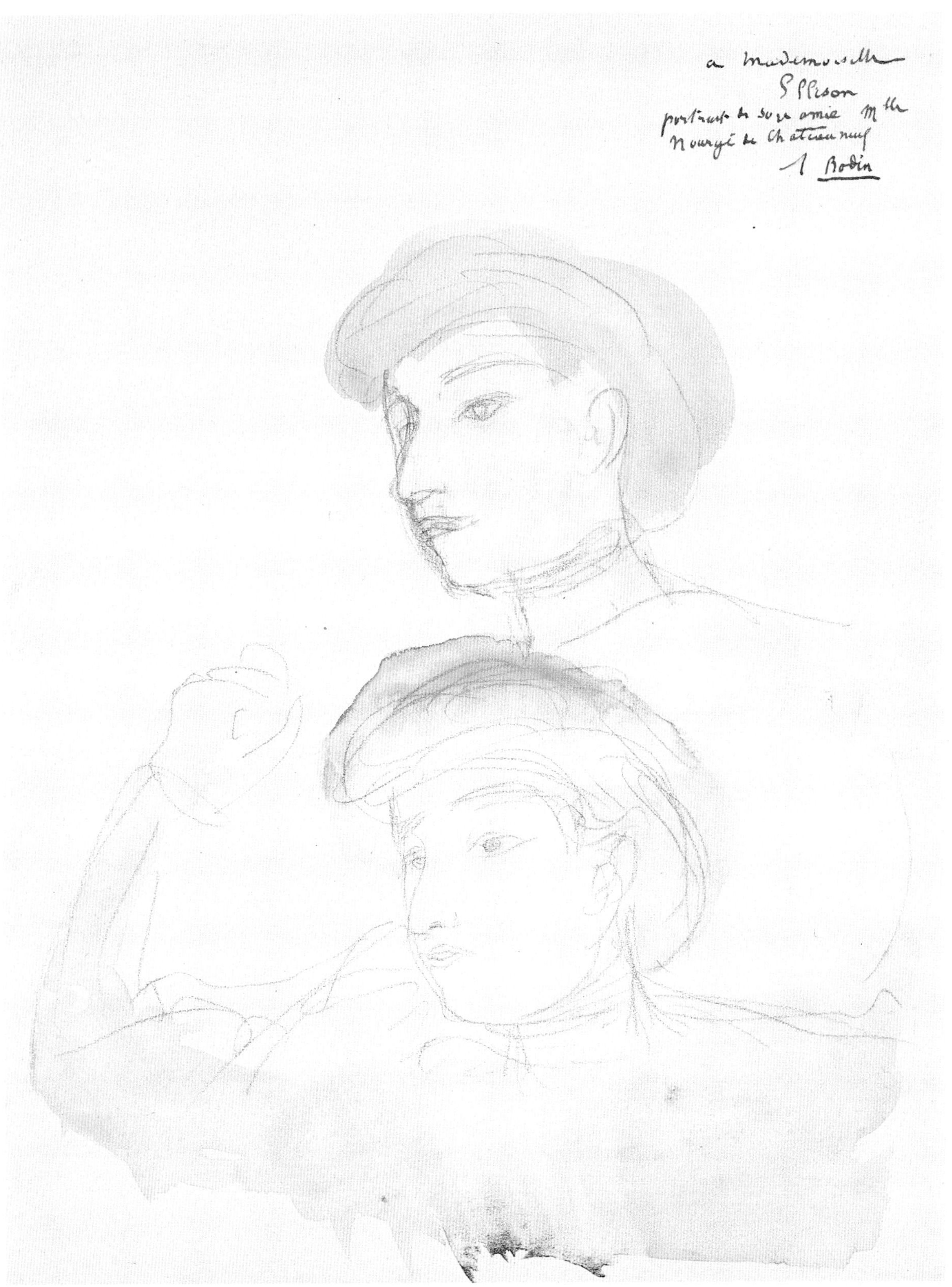

60 **FORBIDDEN JOY**

To me this opportunity given to young talent of actually seeing a master at work was such a happy idea, I made the remark to M. Rodin.

" If only those who succeed," he said, " be it in the difficult accomplishment of their daily task, or in the pursuit of some glorious end, had the courage to speak of their continual efforts, their struggles, and their suffering, what a glorious lesson in energy it would be for those who were striving for a place amongst the workers.

" Those who have arrived should say to those who are starting : At each corner, there is suffering ; at each turning some fresh struggle begins, and there is sorrow all the time. We who have conquered have passed by that road, you can go no other way.

" But when once they have got to their destination, the successful men are silent. And they who are still on the way get tired of the daily toil, knowing not that they who have arrived, have had the very same experience."

Many beautiful works attracted our attention that afternoon, the most striking being Mary Magdalene, in repentant anguish at the feet of her Master, Jesus ; the Prodigal Son with his hands clasped in useless regret towards a wasted

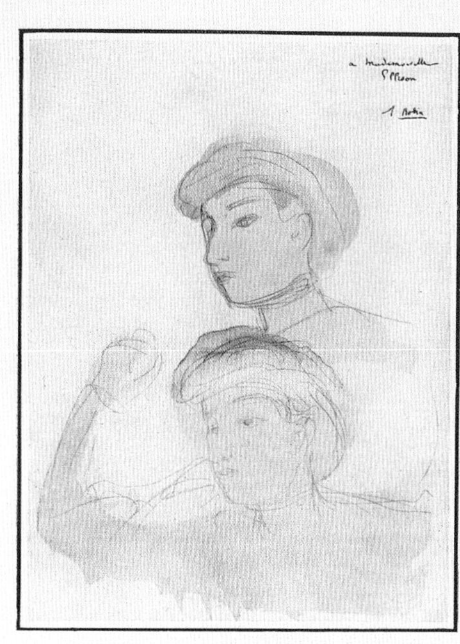

LES DÉSENCHANTÉES
From a sketch by Auguste Rodin.

◁ **45** Portrait de la comtesse Nourye Rohozinska née Blosset de Châteauneuf (1885-1965)
1906
Mine de plomb et aquarelle sur papier crème.
H. 0,325; L. 0,252.
Signé et dédicacé à la plume et encre brune en haut à droite: *A Mademoiselle Ellison, portrait de son amie Mlle Nouryé de Chateauneuf A Rodin*

Historique:
Collection Grâce Ellison; Collection Prof. Alfred Caspari; Vente n°169 collection Caspari, Munich, Karl & Faber, 29 octobre 1985 [cat. n° 129];
Collection particulière, Suisse.

Bibliographie:
– HANOUM Zeyneb: *A Turkish woman's european impressions par Zeyneb Hanoum, héroine of the Pierre Loti's novel «les Désenchantées»*; Londres, Seeley, 1913, introduction de Grâce Ellison

L'attitude du bras relevé devait être familière à Nourye pour que Rodin la dessinât par trois fois (cat. n°s 47-48).
Ce double portrait fut publié à Londres en 1913 avec un cache sur la dédicace à Nourye de Châteauneuf. Zeyneb-Zennour, la sœur de Nourye, en était l'auteur et tenait à une certaine discrétion à l'égard de la famille et de Loti qui vivait encore. L'amie, Grâce Ellison, à qui Rodin a offert le dessin, en a écrit la préface. Elle avait fait la connaissance des *Désenchantées* dans leur propriété de Fontainebleau.

46 Zeyneb Hanoum
A Turkish woman's european impressions par Zeyneb Hanoum, heroine of the Pierre Loti's novel «les Désenchantées»
Londres, Seeley, 1913.
publié et préfacé par Grace Ellison
Relié en percaline rouge avec un fer doré représentant une femme voilée en buste

Historique:
Maison de Pierre Loti, Rochefort.

47 Deux portraits tête-bêche de la comtesse Nourye Rohozinska née Blosset de Châteauneuf (1885-1965)
1906
Mine de plomb, aquarelle et gouache sur papier beige collé sur carton.
H. 0,316; L. 0,246.
Annoté à la mine de plomb en haut: *haut*.

Historique:
Collection Rohozinska; Collection M. Tronche, directeur du Salon de l'Escalier (Comédie des Champs-Elysées); Acquis le 21 juin 1930 de M. Paul Plaquevent; Inv. D. 6896;
Musée Rodin, Paris.

Bibliographie:
– Judrin Claudie: *Inventaire des dessins*, Paris, Musée Rodin, 1984-1992 [repr. t. V]

Expositions:
– *Quelques acquisitions*, Paris, Musée Rodin, décembre 1979 - avril 1980 [cat. n° 28]
– *Rodin*, Shimonoseki, Shimonoseki City Art Museum, 24 mai - 22 juin 1986; Niigata, Niigata City Art Museum, 27 juin - 24 juillet 1986; Yokohama, Sago Museum of Art, 1er-27 août 1986 [cat. n° 3.28 repr.]
– *Exposition de dessins de Rodin*, Paris, Musée Rodin, 14 avril - 19 juillet 1992 [sans cat.]

Rodin a fait d'autres portraits tête-bêche de Cambodgiens de la troupe de ballet en juillet 1906. Il imite en cela les jeux de cartes ou retourne sa feuille, simplement, pour déplacer son modèle sur la page.

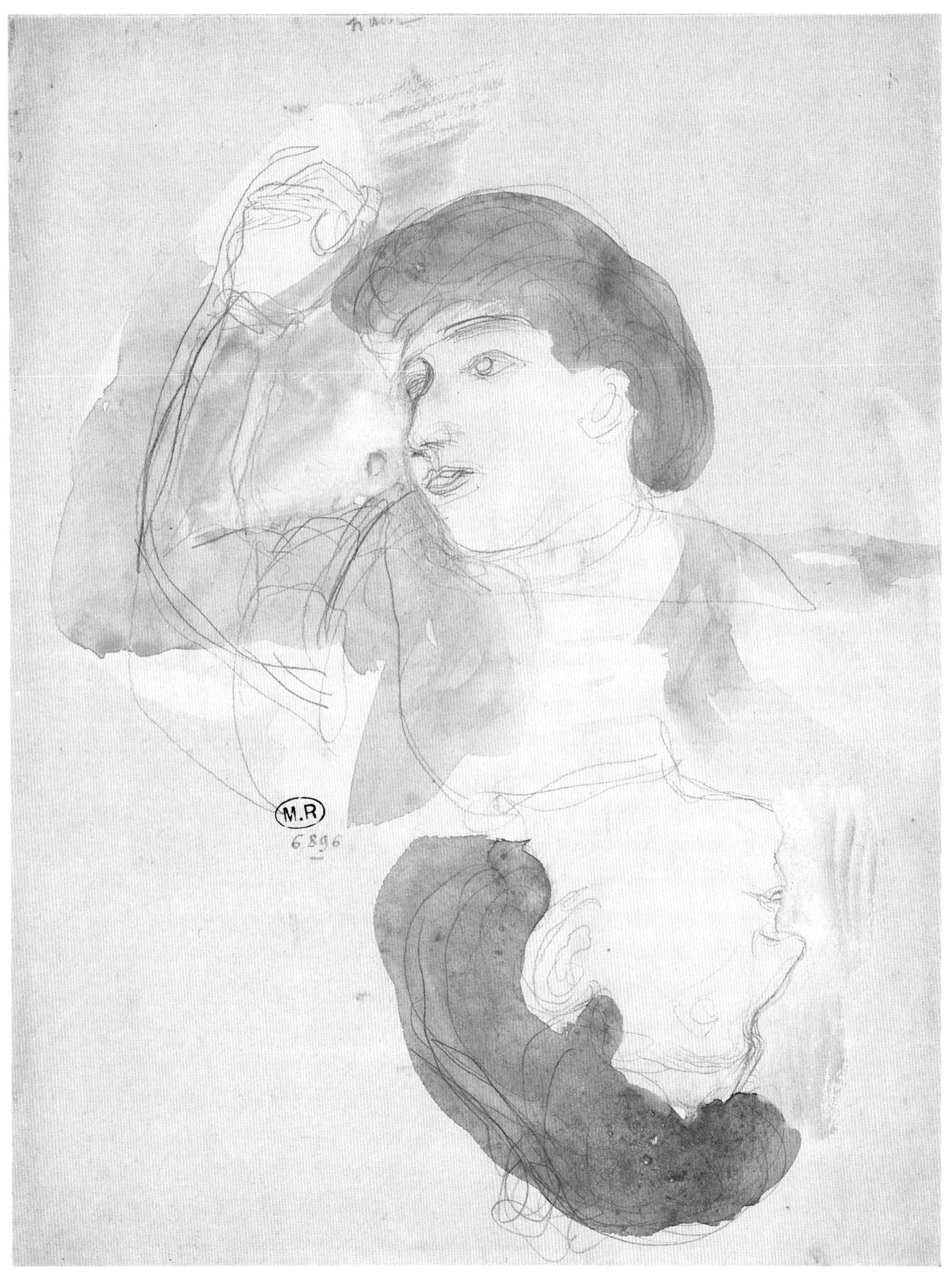

48 Portrait de la comtesse Nourye Rohozinska née Blosset de Châteauneuf (1885-1965)
1906
Mine de plomb et aquarelle sur papier crème.
H. 0,325; L. 0,250.
Au verso, à la mine de plomb, portrait.

Historique:
Donation à l'Etat, 1916. Inv. D. 3986;
Musée Rodin, Paris.

Bibliographie:
– Judrin Claudie: *Inventaire des dessins*, Paris, Musée Rodin, 1984-1992 [repr. t. III]

Expositions:
– *Rodin – Sculptures and Drawings*, New Delhi, National Gallery of Modern Art, 27 novembre - 15 janvier 1983 [cat. n° 159]

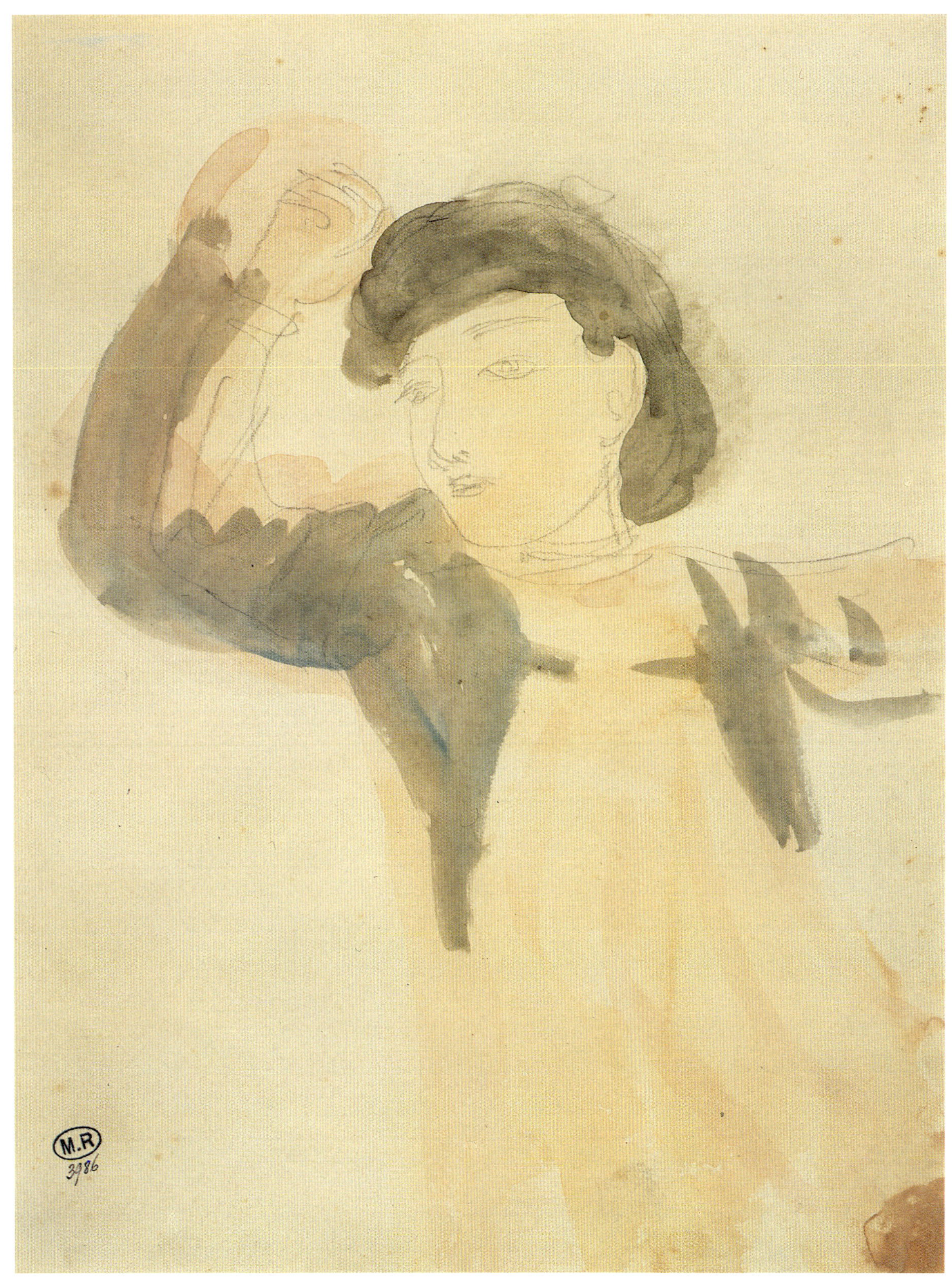
M.R
3986

49 Portrait de la comtesse Nourye Rohozinska née Blosset de Châteauneuf (1885-1965)
1906
Mine de plomb, aquarelle et gouache sur papier crème.
H. 0,320; L. 0,250.

Historique:
Donation à l'Etat, 1916. Inv. D. 3985;
Musée Rodin, Paris.

Bibliographie:
– JUDRIN Claudie: *Inventaire des dessins*, Paris, Musée Rodin, 1984-1992 [repr. t. III]

Expositions:
– *Auguste Rodin: sculptures et dessins*, Saintes, Musée des Beaux-Arts, 1er juillet - 15 septembre 1978; Bordeaux, Musée des Beaux-Arts, 27 octobre - 27 novembre 1978 [cat. n° 39]
– *Rodin*, Mexico, Museo del Palacio de Bellas Artes, 12 mai - 31 juillet 1982 [cat. n° 136 repr.]

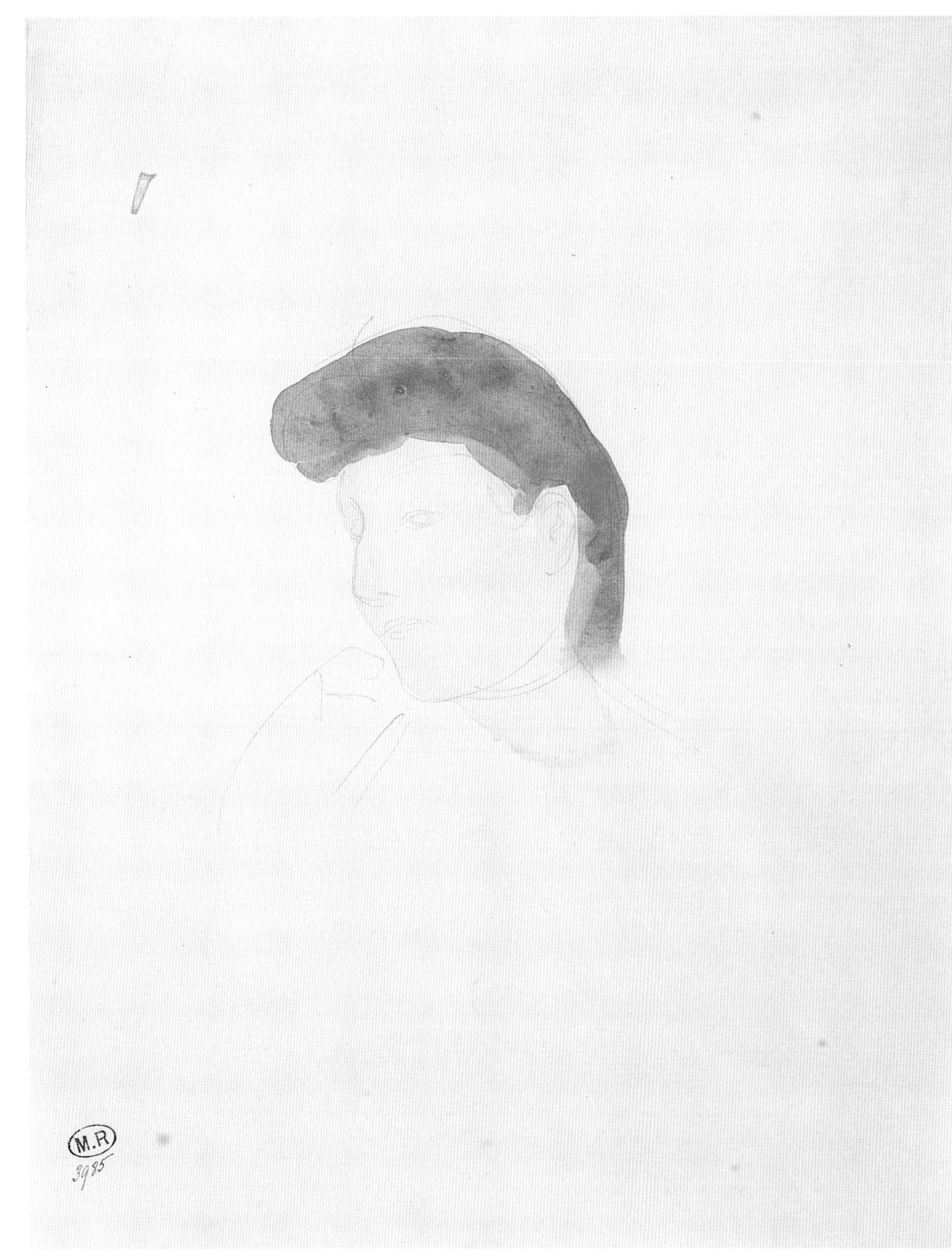

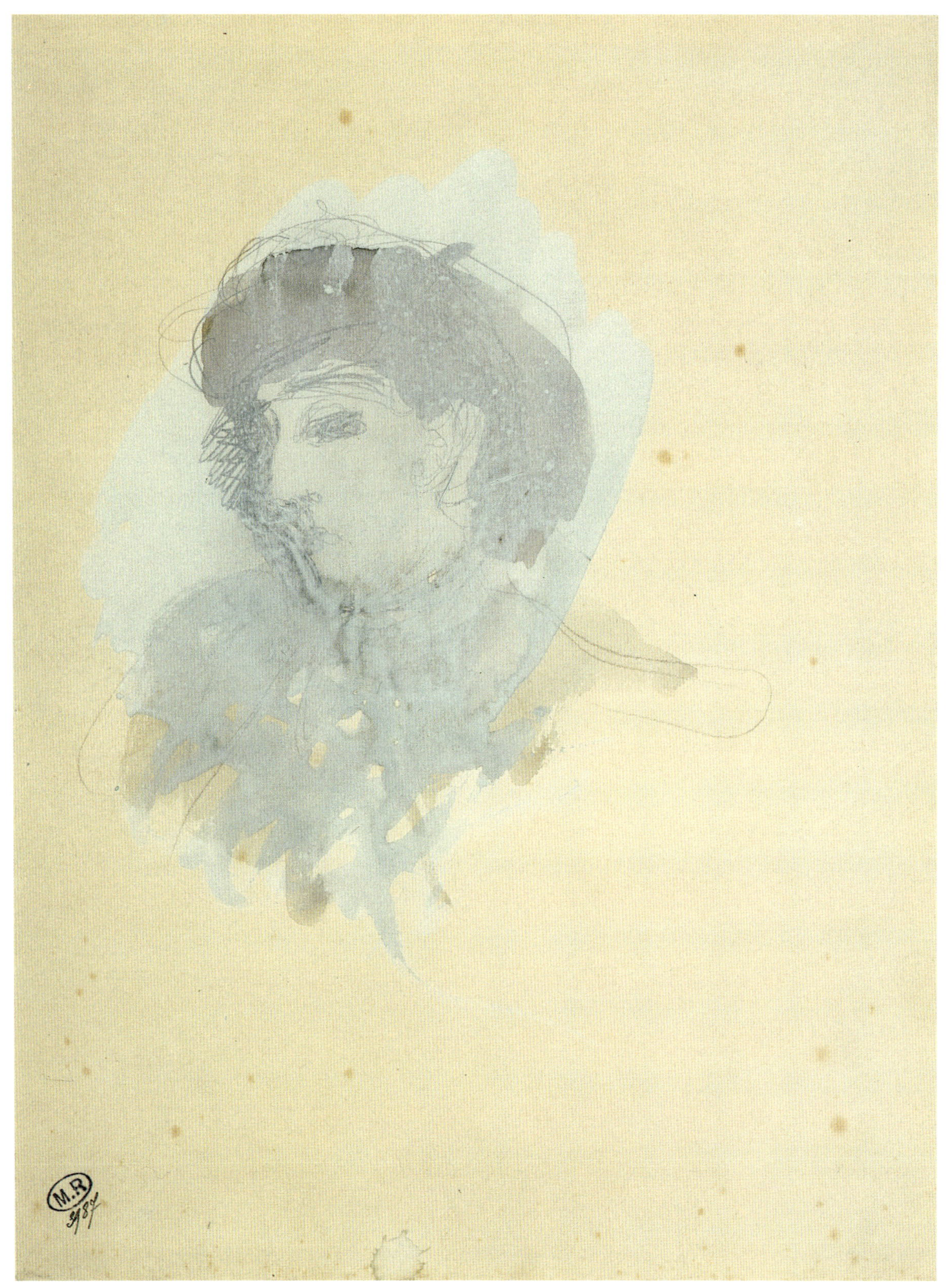

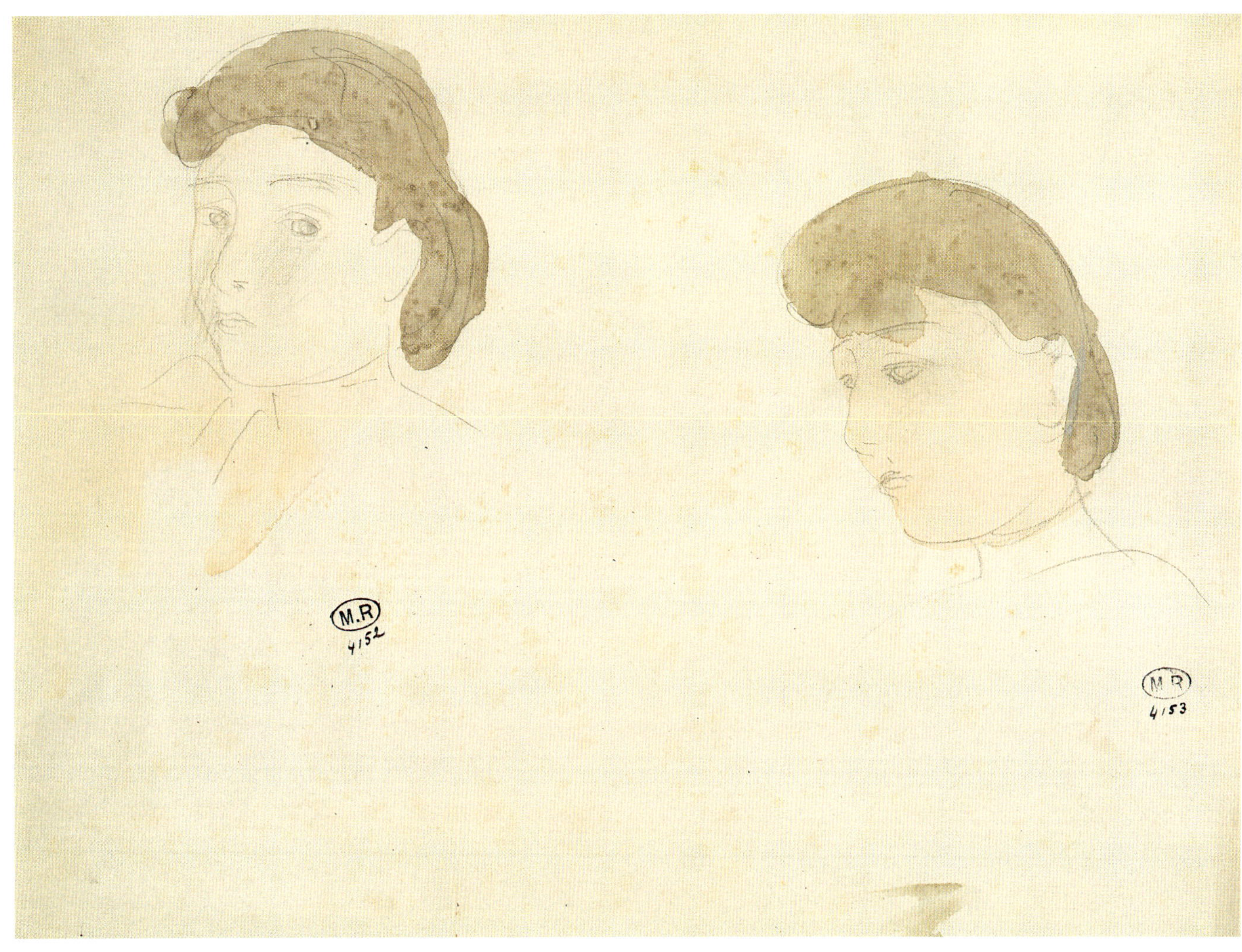

◁ **50** Portrait de la comtesse Nourye Rohozinska née Blosset de Châteauneuf (1885-1965)
1906
Mine de plomb, aquarelle et gouache sur papier crème.
H. 0,330; L. 0,252.

Historique:
Donation à l'Etat, 1916. Inv. D. 3987;
Musée Rodin, Paris.

Bibliographie:
– JUDRIN Claudie: *Inventaire des dessins*, Paris, Musée Rodin, 1984-1992 [repr. t. III]

Expositions:
– *Rodin, Sculptures et aquarelles*, Albi, Musée Toulouse-Lautrec, 20 juin - 6 septembre 1987 [cat. n° 6]

51 Deux portraits de la comtesse Nourye Rohozinska née Blosset de Châteauneuf (1885-1965)
1906
Mine de plomb, aquarelle et gouache sur papier crème.
H. 0,243; L. 0,323.

Historique:
Donation à l'Etat, 1916. Inv. D. 4152 et D. 4153;
Musée Rodin. Paris.

Bibliographie:
– JUDRIN Claudie: *Inventaire des dessins*, Paris, Musée Rodin, 1984-1992 [repr. t. III]

Expositions:
– *Hommage à Rodin*, Saint-Antoine-l'Abbaye, Musée Jean Vinay, Fondation Rey Pieferd, 1er avril - 30 juin 1980 [hors cat.]

52 Photographie de *L'AMOUR DE L'ART*
n° 7, novembre 1920, p. 253

Portrait de Madame R.[ohozinska]

Ce portrait, dont la localisation nous est inconnue est sans doute celui que Nourye jugeait le plus ressemblant et qu'elle envoie à sa mère le 23 septembre 1906, pensons-nous, et si l'on en croit la lettre qu'elle adresse à Rodin (cat. n° 59). Le profil y est plus franchement à gauche alors que les sept autres exposés sont davantage de trois quarts.

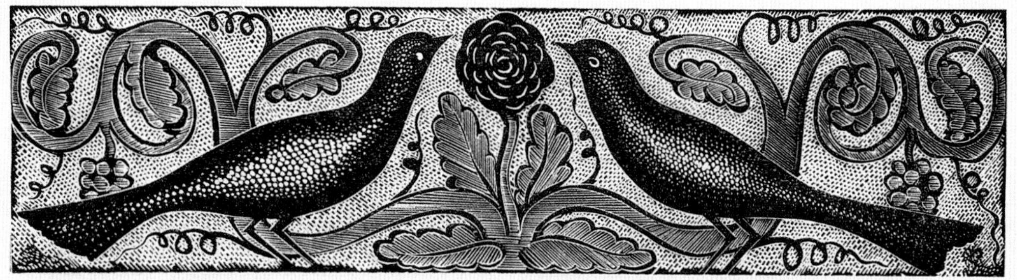

LA VIE MUSICALE

BEETHOVEN (SUITE ET FIN)

Beethoven, incompris de son temps, l'a-t-il moins été depuis qu'il a disparu ? Il semble qu'il n'y ait aucune raison pour que l'avenir voie plus clair dans le génie que le présent... C'est en tous cas une peine réelle et profonde pour celui qui cherche quotidiennement sa nourriture spirituelle chez l'auteur des Sonates, des Quatuors et des Symphonies que d'entendre les opinions méprisantes, les dédains, qu'un chacun assène ingénûment chaque jour au maître de Bonn. Les dernières sonates, les derniers quatuors, la Neuvième, c'est tout ce qu'il est permis, lorsqu'on est un musicien averti, d'admirer.

La raison de cet ostracisme est qu'on réserve une admiration pleine et entière à J.-S. Bach seulement, trouvant que la plastique beethovénienne est dûment inférieure à celle du célèbre cantor. Les arabesques sonores superposées s'enroulant et se déroulant avec une aisance surhumaine, sont sans doute admirables et prodigieuses, mais les qualités du Père céleste ne peuvent pas nous faire oublier celles de son Fils et il est plus près de nous et nous touche davantage. Et du reste reprocher à Beethoven de ne pas avoir atteint jusqu'à un sommet de même hauteur que S. Bach, c'est ne pas se rendre compte que dans les formes *instrumentales* tout ou presque était alors à créer... L'imagination dont a fait preuve Beethoven à cet égard a-t-elle été moindre que celle de Bach arrivant, pour ce qui regarde la polyphonie *vocale*, à la fin d'une évolution, il est sans doute difficile de le définir, et combien inutile !

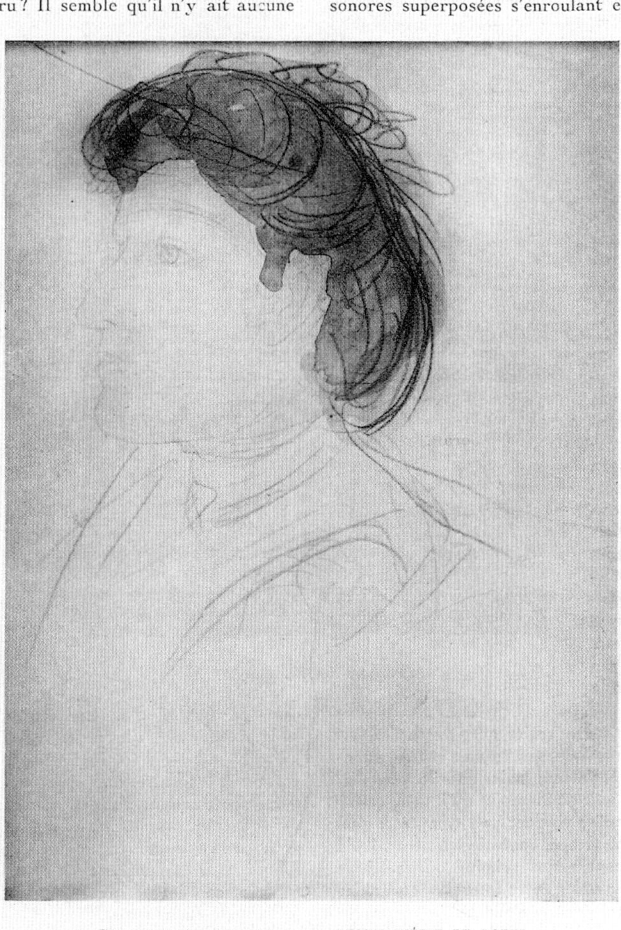

PORTRAIT DE MADAME R. — DESSIN INÉDIT DE RODIN

53 Portrait de la comtesse Nourye Rohozinska
née Blosset de Châteauneuf (1885-1965)
1906

Mine de plomb, aquarelle et gouache sur papier crème filigrané.
H. 0,325; L. 0,251.
Signé à la mine de plomb, en bas à droite: A Rodin.

Historique:
Donation à l'Etat, 1916. Inv. D. 3990;
Musée Rodin, Paris.

Bibliographie:
– Judrin Claudie: *Inventaire des dessins*, Paris, Musée Rodin, 1984-1992 [repr. t. III]

Expositions:
Exposition de dessins de Rodin; Paris, Musée Rodin, 21 décembre 1985 - 17 mars 1986 [sans cat.]

Rodin fut sensible au charme de la femme voilée. Le dessin précède selon toute vraisemblance la photographie que lui envoya Nourye en janvier 1907.

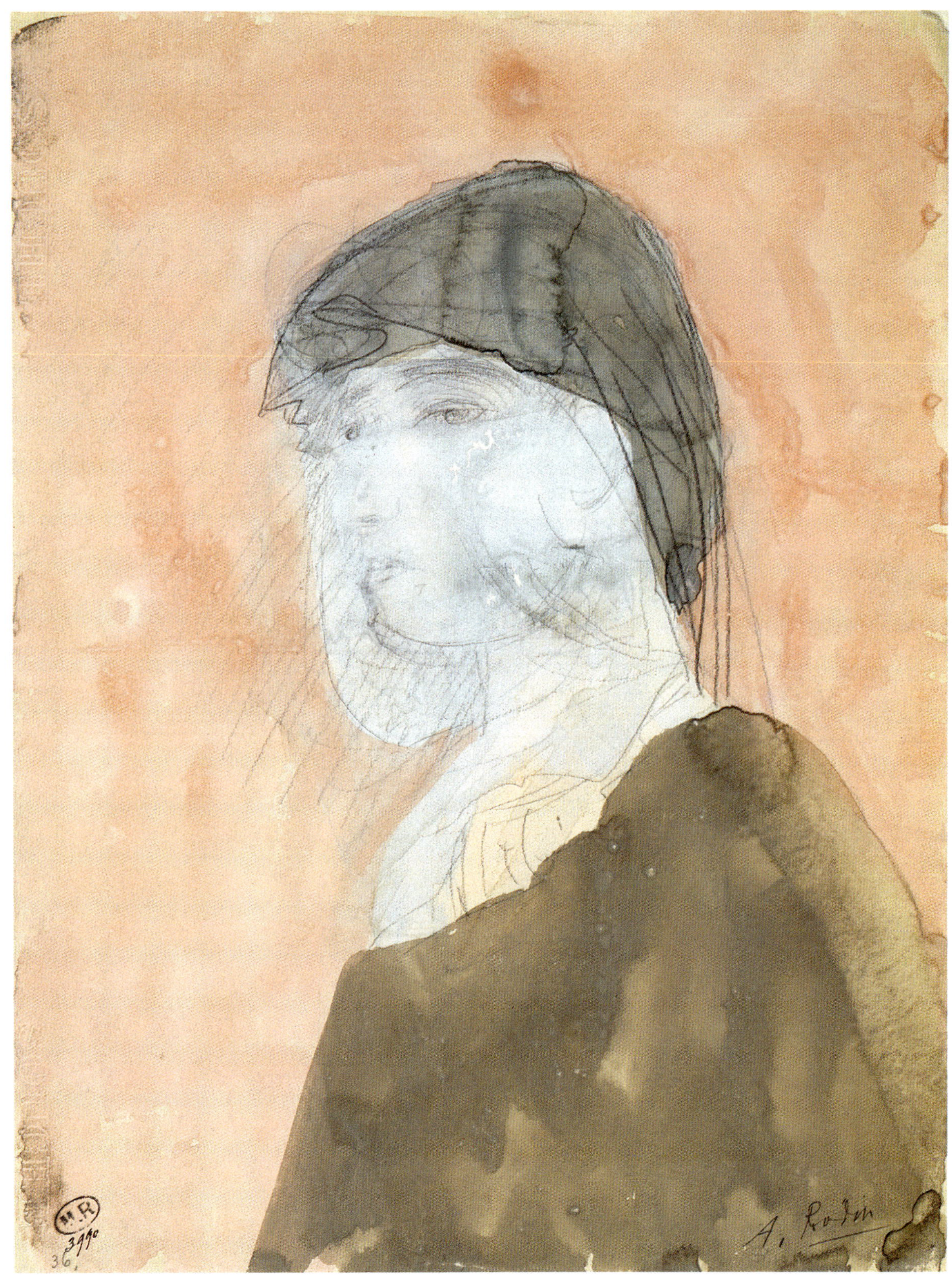

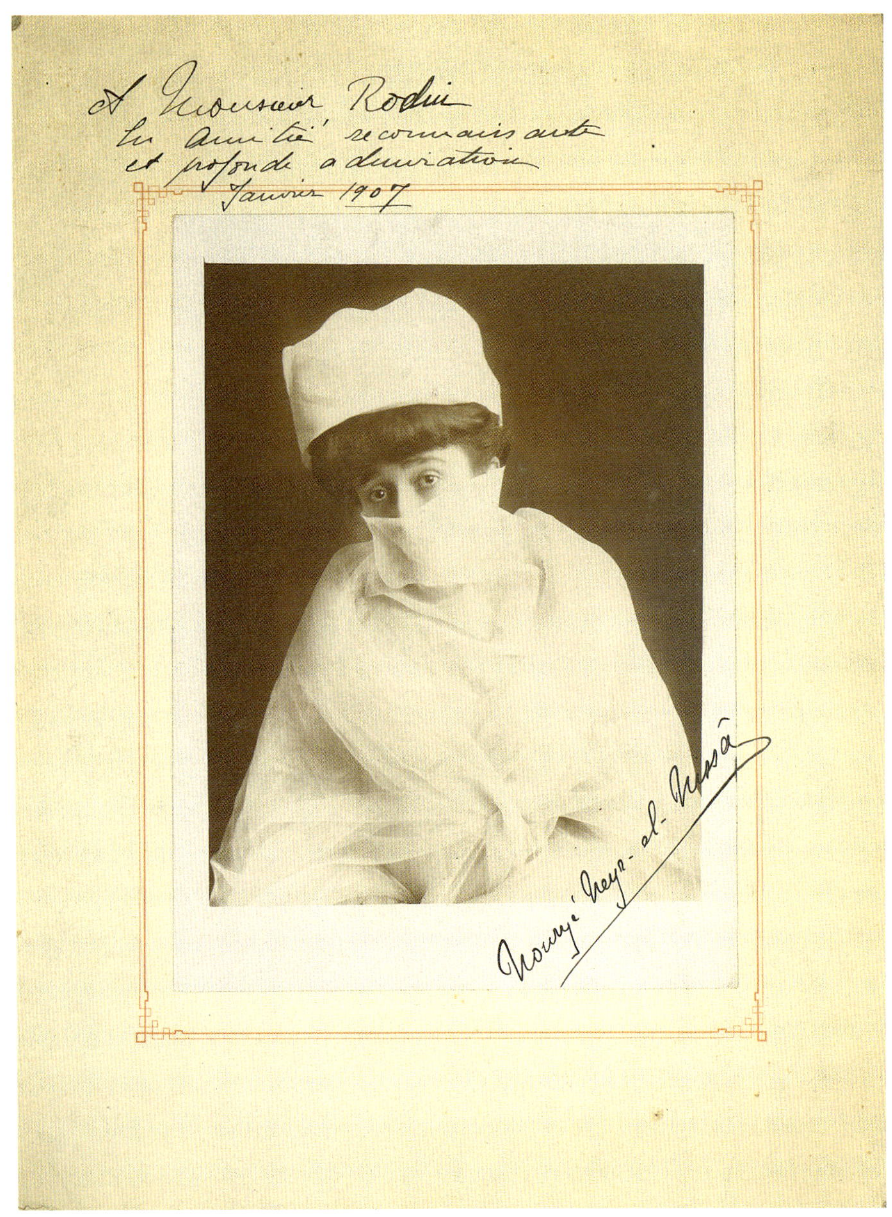

54 Anonyme

Portrait de Nourye Neyr-el-Nissa (1885-1965)
janvier 1907

Papier albuminé.
H. 0,226; L. 0,171.
Signé à l'encre noire en bas à droite: *Nouryé Neyr-el-Nissa*
Dédicacé à l'encre noire en haut à gauche: *A monsieur Rodin en amitié reconnaissante et profonde admiration. janvier 1907*

Historique:
Donation à l'Etat, 1916. Inv. Ph. 6483;
Musée Rodin, Paris.

C'est dans la tenue traditionnelle de circassienne que Nourye se fait photographier avec le bonnet blanc et le petit voile de dentelle que les femmes turques portaient à l'intérieur de leur demeure: le *yashmak*.

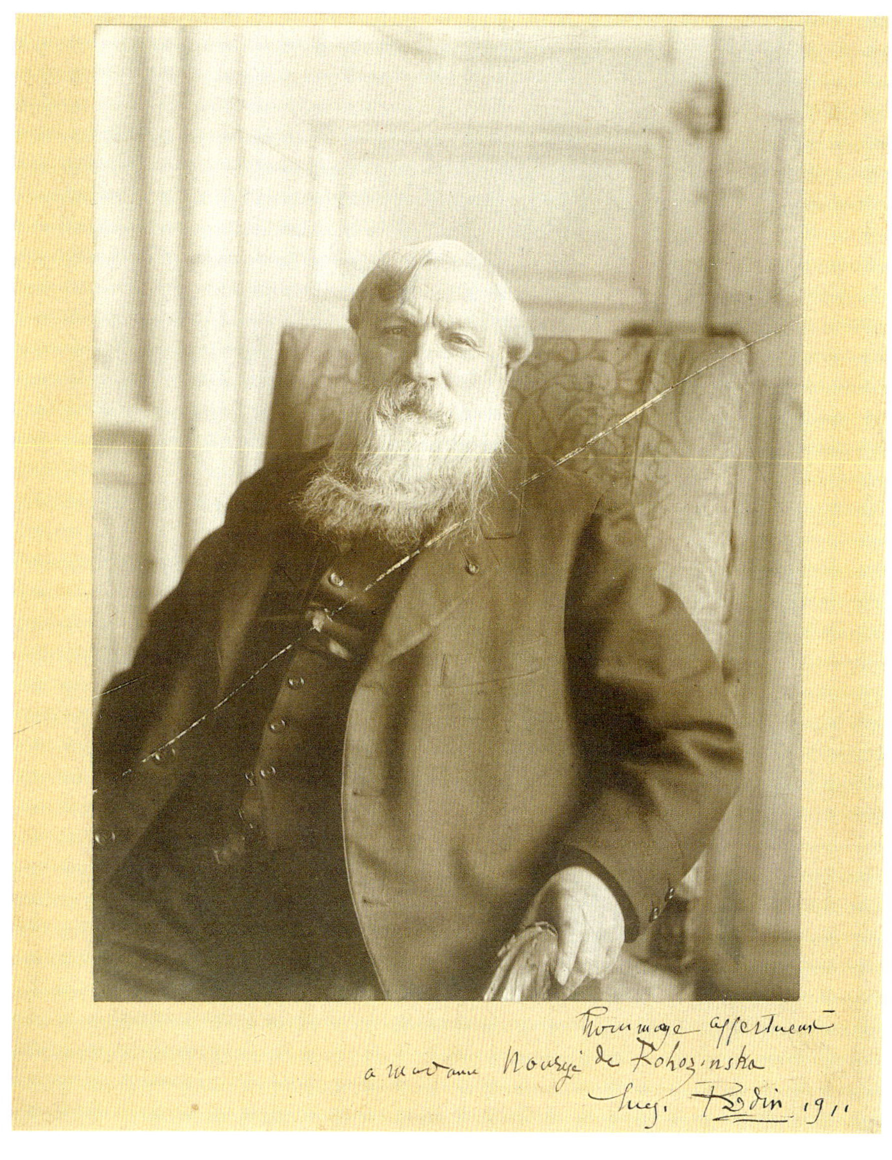

55 Anonyme

Portrait de Rodin
Epreuve argentique virée retouchée à la mine de plomb.
H. 0,248; L. 0,190.
Photographie dédicacée à la plume et encre brune: *Hommage affectueux à Madame Nourye de Rohozinska Aug. Rodin 1911*

Historique:
Collection particulière, France.

Alors qu'il fréquente la duchesse de Choiseul, Rodin pousse, semble-t-il, la coquetterie jusqu'à reprendre au crayon la mèche de ses cheveux, que d'ailleurs il frise.

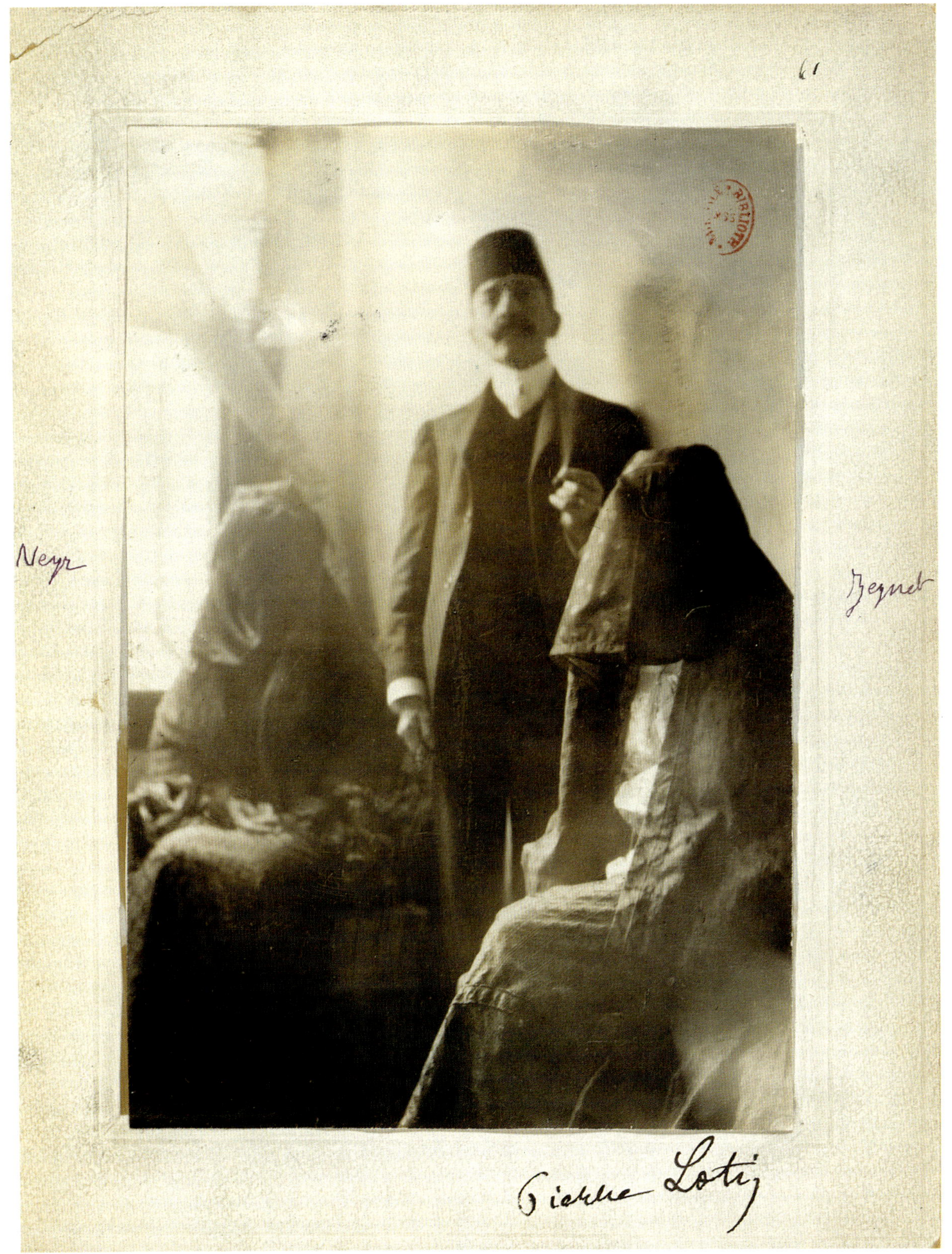
61
Neyr
Zeyneb
Pierre Loti

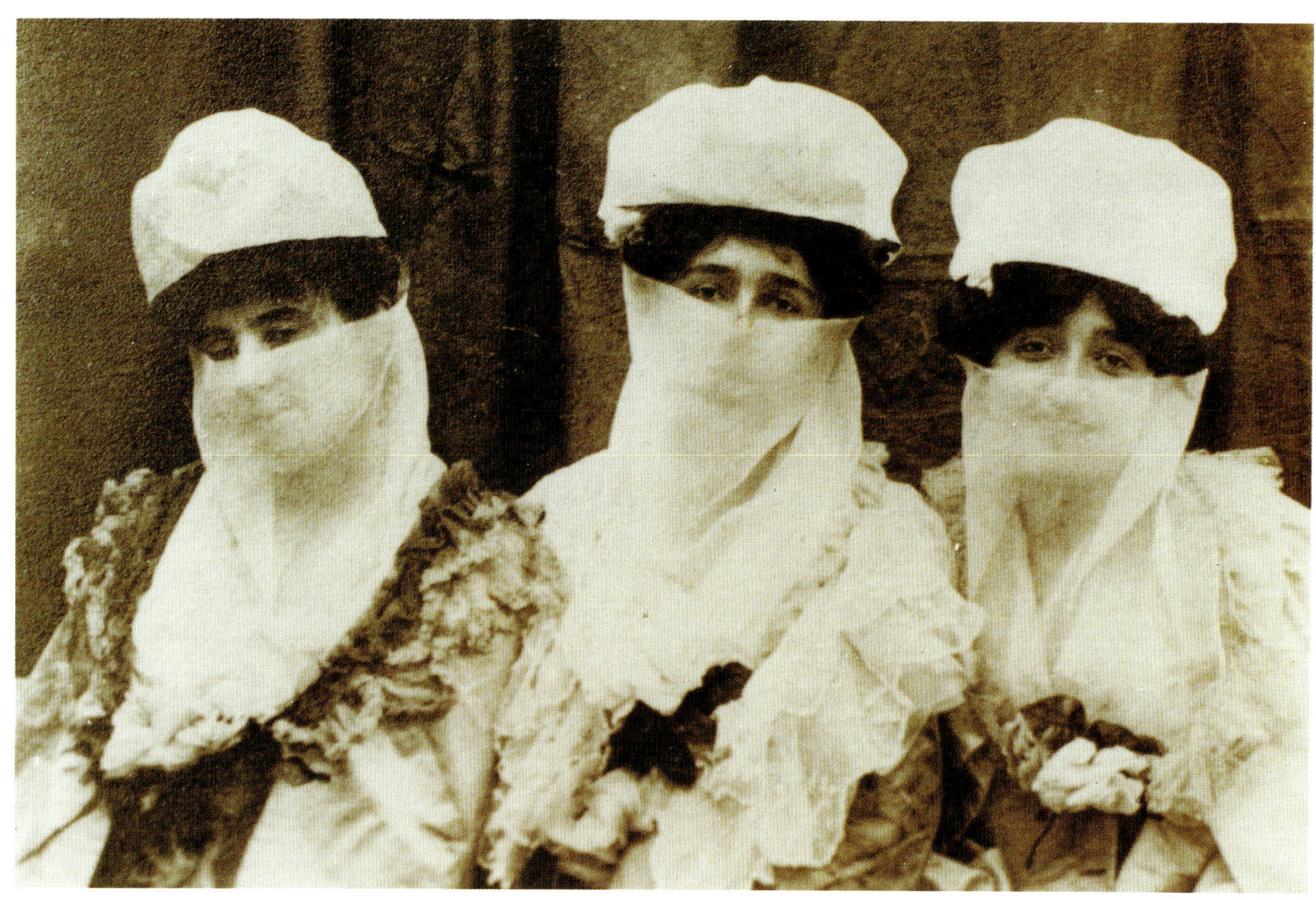

◁ **56** Djénane (Leyla) [Mme Marc Hélys]

Pierre Loti entre les deux Désenchantées:
Melek Nourye et Zeneb Zennour
Photographie montée sur carton.
H. 0,168; L. 0,116.
Annotée à la plume: *Neyr - zeyneb* et signée, en bas à droite, sur le carton: *Pierre Loti*.

Historique:
Bibliothèque Nationale, Paris.

C'est Leyla (Djénane) qui prend la photographie, alors que Nourye se tient à la droite de Pierre Loti et sa sœur Zennour à sa gauche. Elles portent toutes deux le *tcharchaf* noir et l'écrivain le fez. Loti appelait les trois femmes turques les trois fantômes noirs.

△
57 Anonyme?

Les Désenchantées
vers 1904-1905
Photographie.

Historique:
Maison de Pierre Loti, Rochefort, avec l'aimable autorisation de M. Pierre Pierre-Loti-Viaud.

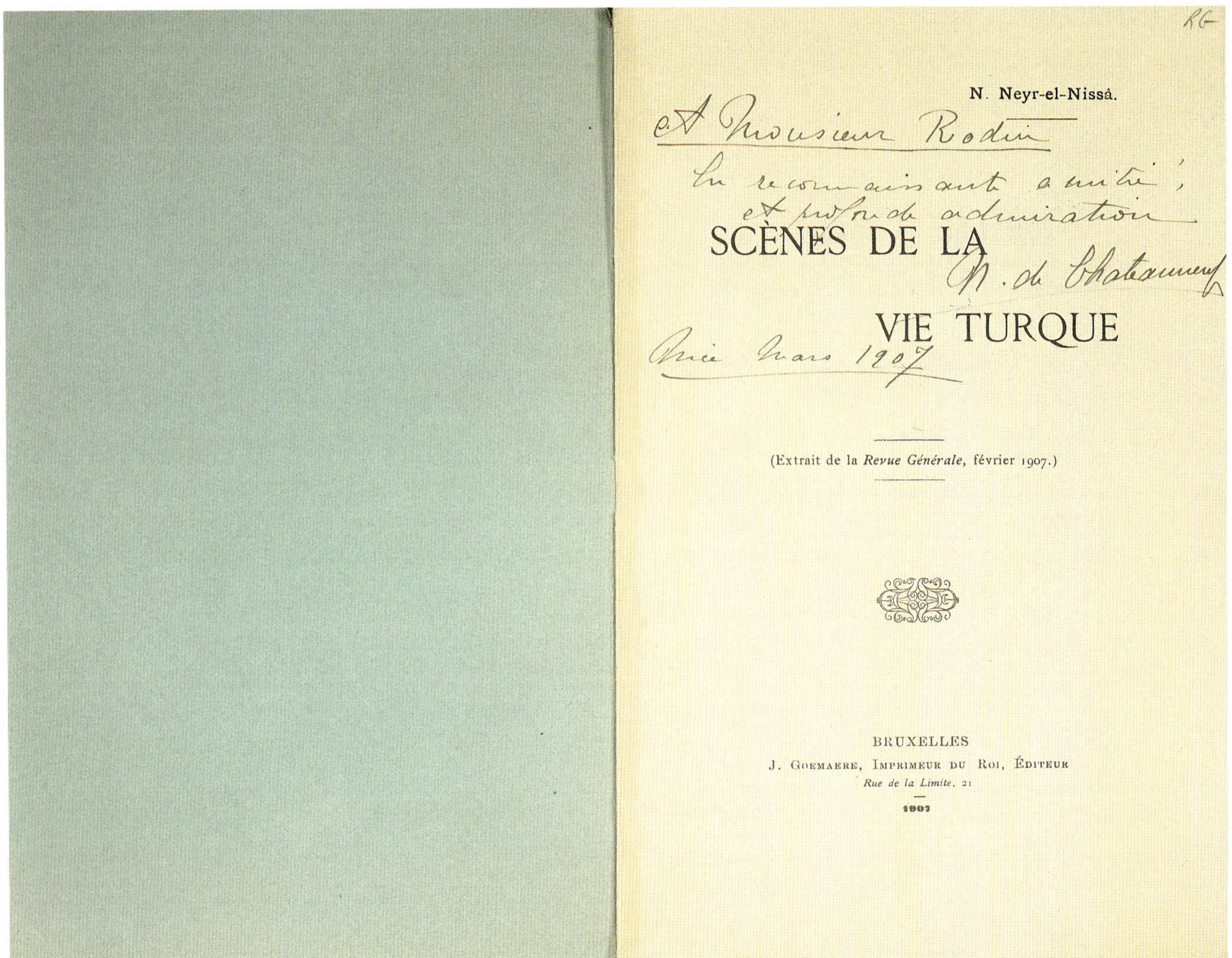
N. Neyr-el-Nissâ.

A Monsieur Rodin
en reconnaissante amitié;
et profonde admiration
N. de Chateauneuf
Nice Mars 1907

SCÈNES DE LA
VIE TURQUE

(Extrait de la *Revue Générale*, février 1907.)

BRUXELLES
J. GOEMAERE, IMPRIMEUR DU ROI, ÉDITEUR
Rue de la Limite, 21
1907

58 N. Neyr-el-Nissa
SCÈNES DE LA VIE TURQUE
(extrait de la *Revue Générale*, février 1907); Ed. J. Goemaere, Imprimeur du Roi, Editeur, Bruxelles, 1907.

Dédicacé: ***A Monsieur Rodin*** */ en reconnaissante amitié / et profonde admiration./ N. de Chateauneuf /* ***Nice Mars 1907***

Historique:
Donation à l'Etat, 1916. Inv. n° 7694;
Musée Rodin, Paris.

De l'hôtel splendide à Menton où il séjourne entre le 13 mars et fin avril 1907, Rodin écrit à Nourye qui signe de son nom de plume, N. Neyr el Nissa, qu'il vient de lire ses trois nouvelles. «*Tout est bien et la première est de toute beauté. Vous êtes un instrument de grande force... vous êtes tout en fleur, branche, tige et feuilles fraîches.*»

59 L.A.S. De Nourye de Châteauneuf à Rodin
23 septembre [1906]

Septembre 23
Cher Monsieur et Ami
Je viens de recevoir les cadres – mes portraits. je suis comme un enfant à qui l'on vient de donner une chose longtemps désirée. Ma joie est exhubérante. mes joies sont exhubérantes. et ma sœur m'appelle – d'un «pays de soleil» – c'est à dire du Midi! – Non je ne suis pas du Midi, mais j'ai beaucoup d'enthousiasme, des élans, et une vitalité trop bruyante que malgré mon vif désir je ne parviens pas à dissimuler. Merci profondément pour ces portraits. vous savez ce que j'ai fait? Celui qui me ressemble beaucoup je l'ai envoyé à ma mère. Elle sera heureuse malgré tout, voyez-vous. et comme je sais qu'elle doit souffrir, cette souffrance la purifie a mes yeux. J'oublie le mal qu'inconsciemment elle nous a fait. Les larmes conferrent une sainteté et elle l'a maintenant comme mon père aussi. tous les deux ont pleuré, sur leurs enfants morts – nous – ils n'ont pas pensé que c'est eux-mêmes qui les ont tués. – Mais de très loin ces enfants ont pardonné. comme il faut pardonner ds la vie et leurs âmes s'apaisent à tous ds le bercement des jours.
Excusez ce long bavardage et croyez moi votre petite amie toute fière et reconnaissante.
Nourye de Chateauneuf

Historique:
Donation à l'Etat, 1916. Inv. Ma. 501; Musée Rodin, Paris.

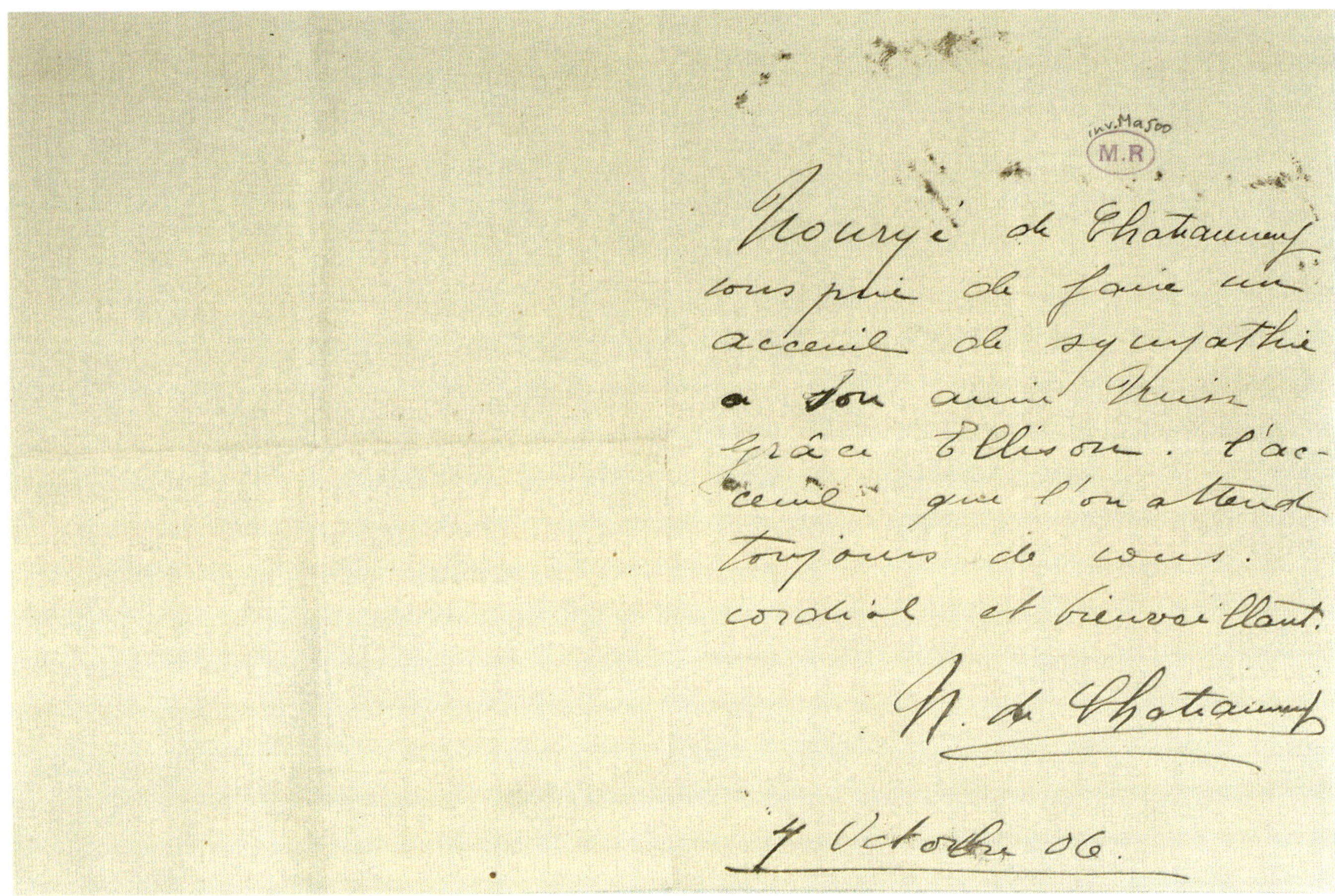

Nourye de Chateauneuf
vous prie de faire un
acceuil de sympathie
à son amie Miss
Grâce Ellison. l'ac-
ceuil que l'on attend
toujours de vous.
cordial et bienveillant.

N. de Chateauneuf

4 Octobre 06.

60 L.A.S. De Nourye de Châteauneuf à Rodin
4 octobre 1906

Nourye de Chateauneuf vous prie de faire un acceuil de sympathie à son amie Miss Grâce Ellison. l'acceuil que l'on attend toujours de vous. cordial et bienveillant.
N. de Chateauneuf
4 octobre 06

Historique:
Donation à l'Etat, 1916. Inv. Ma. 500;
Musée Rodin, Paris.

Un projet de monument

La période noire, sombre, romantique de Rodin recèle bien des mystères. Vers 1880, son imagination se répand avec profusion de dessin en dessin, sans que la source en soit forcément *La Divine Comédie* de Dante. Son humeur tragique le conduit à privilégier les scènes à multiples personnages alors que plus tard chaque corps sera un monde en soi et pour soi. Rodin a le sens du spectacle et il met en relief un événement qu'il songe parfois à sculpter. Peut-être s'agit-il d'un projet de monument?

Depuis sa parution en 1897 dans l'«album Goupil», ce dessin (cat. n° 61) a pour titre: *Les funérailles*[1]. C'est ainsi qu'on lit sa description dans la vente de la collection d'Octave Mirbeau, grand amateur de dessins «noirs», puisqu'on en dénombre seize. «Sur une construction basse, en maçonnerie et présentant sur sa façade comme des portes de foyer, une figure nue est étendue, la tête reposant à droite de la composition. Du même côté, une silhouette d'homme assis; en face, un homme debout portant le turban hindou. Il semble que l'on soit dans l'intérieur de quelque pagode où va s'accomplir une cérémonie funéraire.»
Rien ne manque à la mise en scène de ce drame. L'éclairage exceptionnel est rendu par des touches de gouache, telles des chandelles suspendues à des lustres qui renvoient une lumière blafarde sur le gisant et des têtes éplorées. La composition est conforme aux innombrables mises au tombeau du Moyen Age et de la Renaissance où des personnages donnent une assise au premier plan tandis que se pressent à l'arrière plusieurs silhouettes affligées.
Nous mettons en regard de ces *Funérailles* une étude (cat. n° 63) qu'en fit au Louvre Rodin d'après le bas-relief de Germain Pilon; œuvre hybride puisque à la fois interprétée et faite de mémoire. Le couple sur la droite est un ajout de Rodin. Comme tous les artistes quand ils s'inspirent d'illustres prédécesseurs, Rodin adapte à son goût. Il s'en est expliqué à propos des Michel-Ange dont il écrit à sa compagne Rose Beuret en 1876 qu'il fait des croquis à Florence le soir, chez lui, non pas d'après les œuvres, mais d'après l'imaginaire qu'il s'en construit (cat. n° 1).
Il n'est pas rare de rencontrer sous son crayon des assemblées d'hommes assis autour d'une table évoquant Minos siégeant au milieu des Enfers, ou encore le comte Guidon dont le diable et saint François se disputent l'âme, mais le thème est ici tout autre et Rodin nous le désigne, puisqu'on lit en marge nettement: *La mort de Marceau* et d'une écriture très pâle: *aglae* (?)

Les annotations sont toujours à prendre en considération, même si leur sens nous échappe parfois. On les retrouve, tardivement vers 1904, dans le coin d'une feuille de papier destinée à une étude pour un autre monument (cat. n° 64). Le général français, mort en Allemagne en 1796, fut inhumé au Panthéon en 1889. Rodin connaissait la peinture qu'en avait faite son ami Jean-Paul Laurens au Salon de 1877; on y voit *L'Etat-major autrichien devant le corps de Marceau*. Le sujet était d'actualité et il a pu dessiner en y pensant sur-le-champ ou *a posteriori* puisqu'il s'agit d'un collage fait de sa main et d'une inscription portée sur le support.
Un *Tombeau de Murat au Panthéon* fut publié aussi dans l'«album Goupil» (cat. n° 65). Bien que maréchal d'Empire, Murat ne fut pas inhumé au Panthéon. Rodin songea encore à faire un bas-relief pour un tombeau de Jules César (D. 2021 v.). Eut-il un instant le projet de glorifier d'illustres chefs de guerre qu'il eût placés dans une porte qui n'eût pas été celle de l'Enfer? Y a-t-il un lien entre ces dessins? Un important fusain (cat. n° 66), témoin des origines de la *Porte de l'Enfer*, montre huit panneaux fourmillant de personnages qui ressemblent fort à des pleurants[2].
Nous serions, avec ce dessin des *Funérailles*, à la naissance d'un projet abandonné de la Porte. Au dessin (cat. n° 67) annoté de la main de Rodin: *bas relief - porte - panneau extrêmement bien comme plan*, semble répondre une composition identique, rythmée par des colonnes dont Rodin souligne à l'encre le chapiteau dans *Les Funérailles* comme pour cloisonner davantage les compartiments auxquels il a renoncé. Il y a lieu de rechercher la genèse de la *Porte de l'Enfer*, œuvre restée inachevée peut-on dire, puisqu'elle n'eut pas sa place à sa destination première dans un musée des Arts décoratifs qui devait être construit à l'endroit de l'actuel musée d'Orsay.

[1] Rodin sculpta en 1900 un groupe en pierre intitulé *Les premières funérailles* ou *Le Purgatoire*.
[2] Kirk Varnedoe conjecture que Rodin s'est inspiré de la *Porte* de Charles Percier placée en 1811 sous la tribune dans la salle des Cariatides du Louvre, plutôt que du baptistère de Ghiberti à Florence. Percier avait encastré les huit bas-reliefs d'Andrea Riccio (1480-1532) provenant du tombeau de Marc Antoine della Torre dans l'église San Fermo de Vérone. Les thèmes de mort, de funérailles, de descente aux Enfers du professeur de médecine italien se rapprochent de l'inspiration de Rodin, la présence d'une multitude de personnages également, mais la connaissance qu'il a pu en avoir est bien incertaine puisque les panneaux de Riccio ont été ôtés en 1850 de la *Porte* de la salle des Cariatides. Rodin a-t-il pu voir l'aquarelle de Percier qui en est le projet et qui est entré au Louvre en 1854?

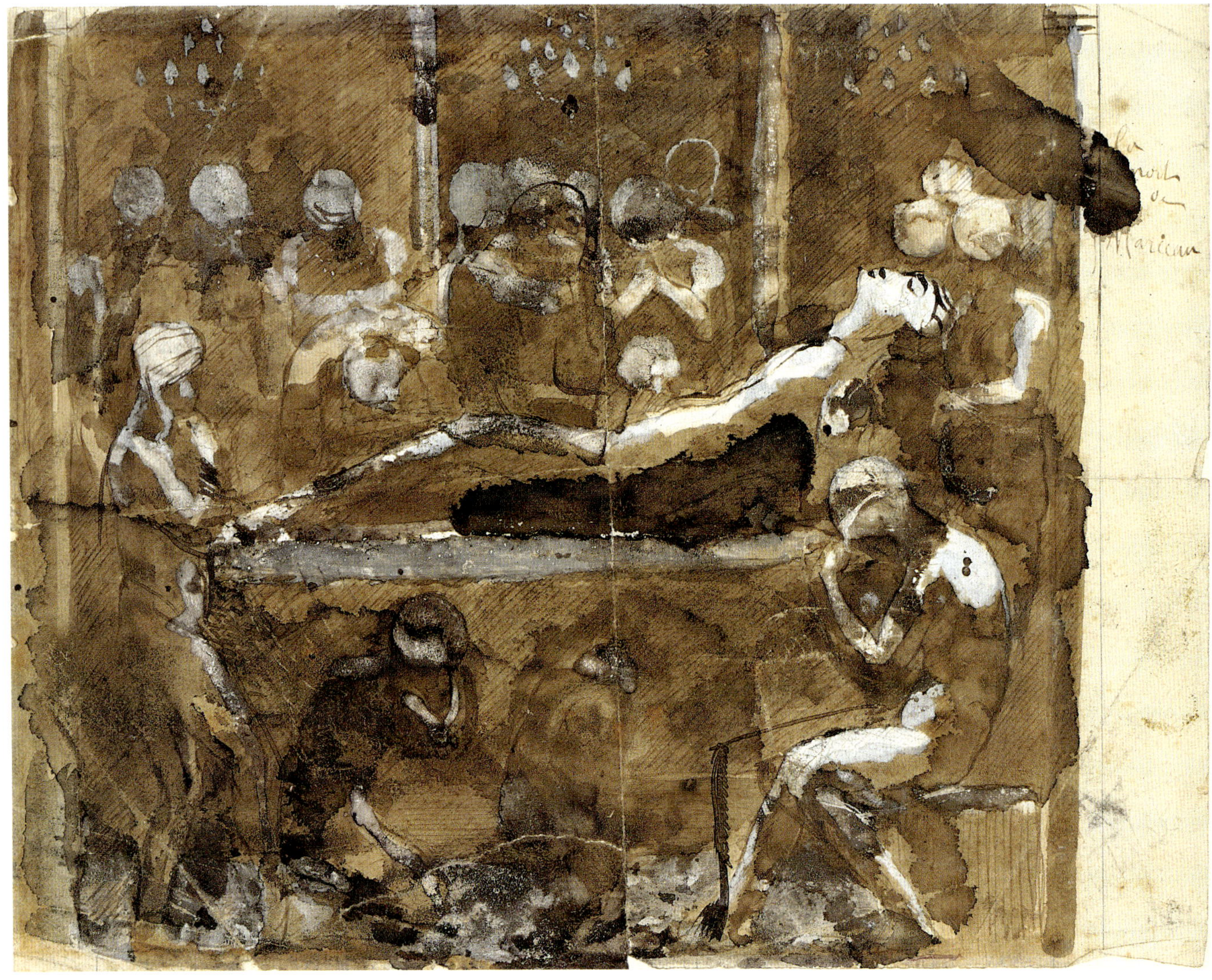

61 Les funérailles
vers 1880
Mine de plomb, plume et lavis d'encre brune, gouache sur papier crème réglé collé sur carton.
H. 0,148; L. 0,188.
Annoté à la plume et encre brune dans la marge, en haut à droite: *La mort de Marceau*, à la mine de plomb, en bas à droite:? *(aglae?)*

Historique:
Collection Octave Mirbeau; Vente collection Mirbeau, Paris, Galerie Durand-Ruel, 24 février 1919 [cat. n° 37 repr. sous le titre *les funérailles*]; Collection Bollag, Zurich; Collection Gotthard Jedlicka, Zurich; Acquis par le Musée Rodin en décembre 1993, avec la participation de la Fondation Pierre Gianadda. Inv. D. 7782;
Musée Rodin, Paris.

Bibliographie:

– *Les dessins d' Auguste Rodin*, préface d'Octave Mirbeau, Paris, Boussod, Manzi, Joyant, 1897, dit «album Goupil» [pl.103 sous le titre *Les funérailles*]
– Varnedoe Kirk: *Early Drawings by Auguste Rodin,* in *The Burlington Magazine*, n° 853, vol. CXVI, avril 1974 [repr. d'après l'«album Goupil», 1897]

62 *LES DESSINS D'AUGUSTE RODIN*
129 planches comprenant 142 dessins reproduits en fac-similé par la maison Goupil
Paris, Boussod, Manzi, Joyant, 1897.
Préface d'Octave Mirbeau
in-fol., en ff. sous portefeuille illustré d'une pyrogravure.
Tiré à 125 exemplaires
Exemplaire n° 71; Mention au crayon: *Hommage de Lemaître*

Historique:
Collection Zullig-Lemaître; Don à M. Meylan vers 1970 par Mme Zullig-Lemaître;
Collection Alexandre Meylan, Genève.

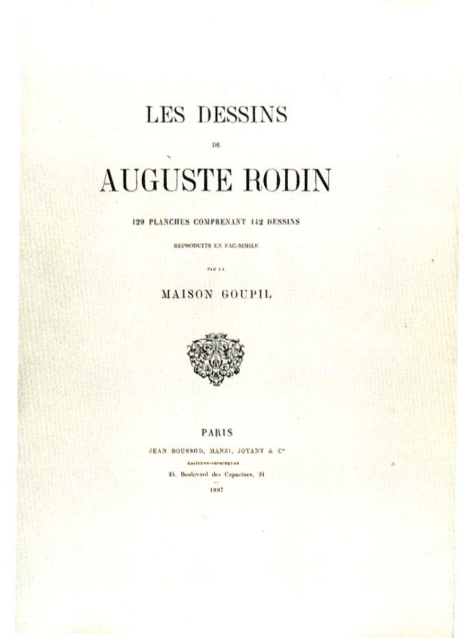

LES DESSINS
DE
AUGUSTE RODIN
129 PLANCHES COMPRENANT 142 DESSINS
REPRODUITS EN FAC-SIMILE
PAR LA
MAISON GOUPIL

PARIS
JEAN BOUSSOD, MANZI, JOYANT & Cie
24, Boulevard des Capucines, 24
1897

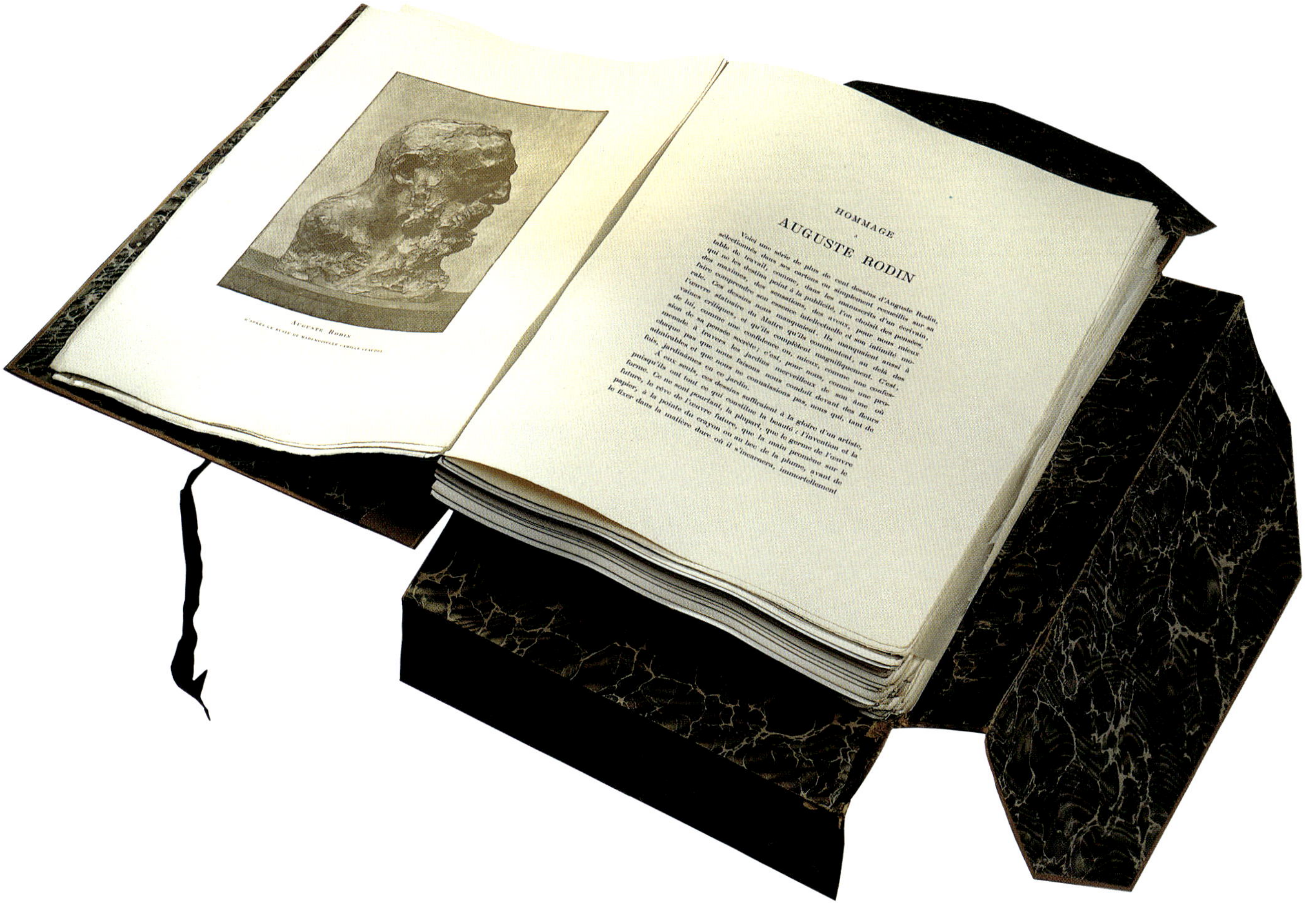

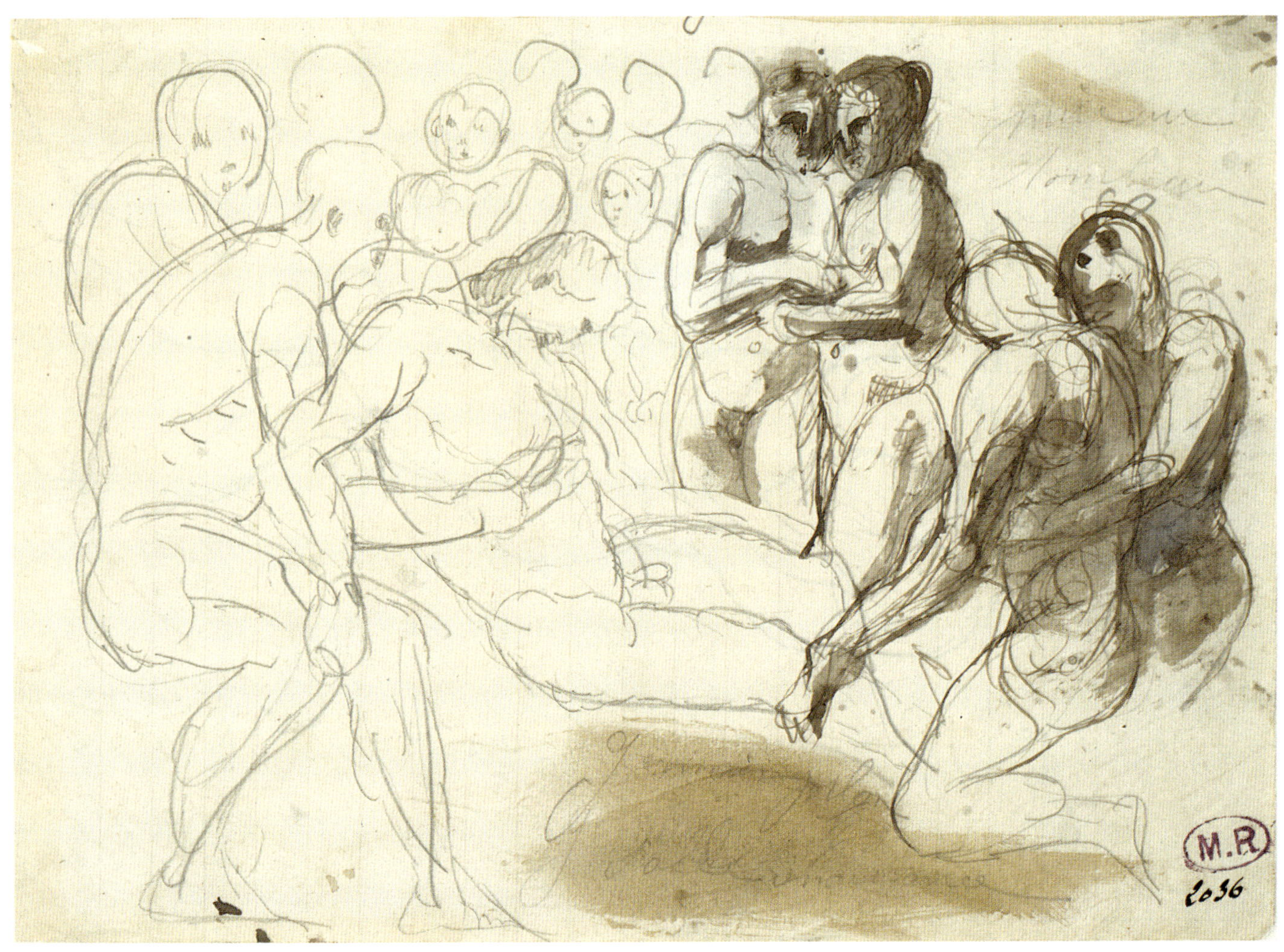

63 Copie d'après *la Mise au Tombeau* de Germain Pilon du musée du Louvre

Mine de plomb, plume et lavis brun sur papier crème réglé.
H. 0,137; L. 0,193.
Annoté à la mine de plomb, en haut à droite: *Mise au tombeau; en bas: Germain Pilon - Salle renaissance*.
Au verso, à la mine de plomb, personnage nu marchant vers la droite.
Annoté à la mine de plomb, sur la droite: *Polux - une face... Salle a...*

Historique:
Donation à l'Etat, 1916. Inv. D. 2036;
Musée Rodin, Paris.

Bibliographie:

– Varnedoe J. Kirk T.: *Die Zeichnungen Rodins, 1854-1880*, in cat. exposition *Auguste Rodin, Zeichnungen und Aquarelle*, Münster/Munich 1984 [fig. n° 9 p. 50].
– Lampert Catherine: *The early years and the drawings from Dante*, in *Rodin: sculpture and drawings*, London, Arts Council, 1986 [fig. n° 18 p. 10]
– Le Pichon Yann: *Rodin: La Porte de l'Enfer*, Paris, Pont Royal, 1988 [repr. p. 27]
– Judrin Claudie: *Inventaire des dessins*, Paris, Musée Rodin, 1984-1992 [repr. t. II]

Expositions:
– *Rodin rediscovered*, Washington, National Gallery of Art, 28 juin - octobre 1981 [cat. n° 226 repr.]

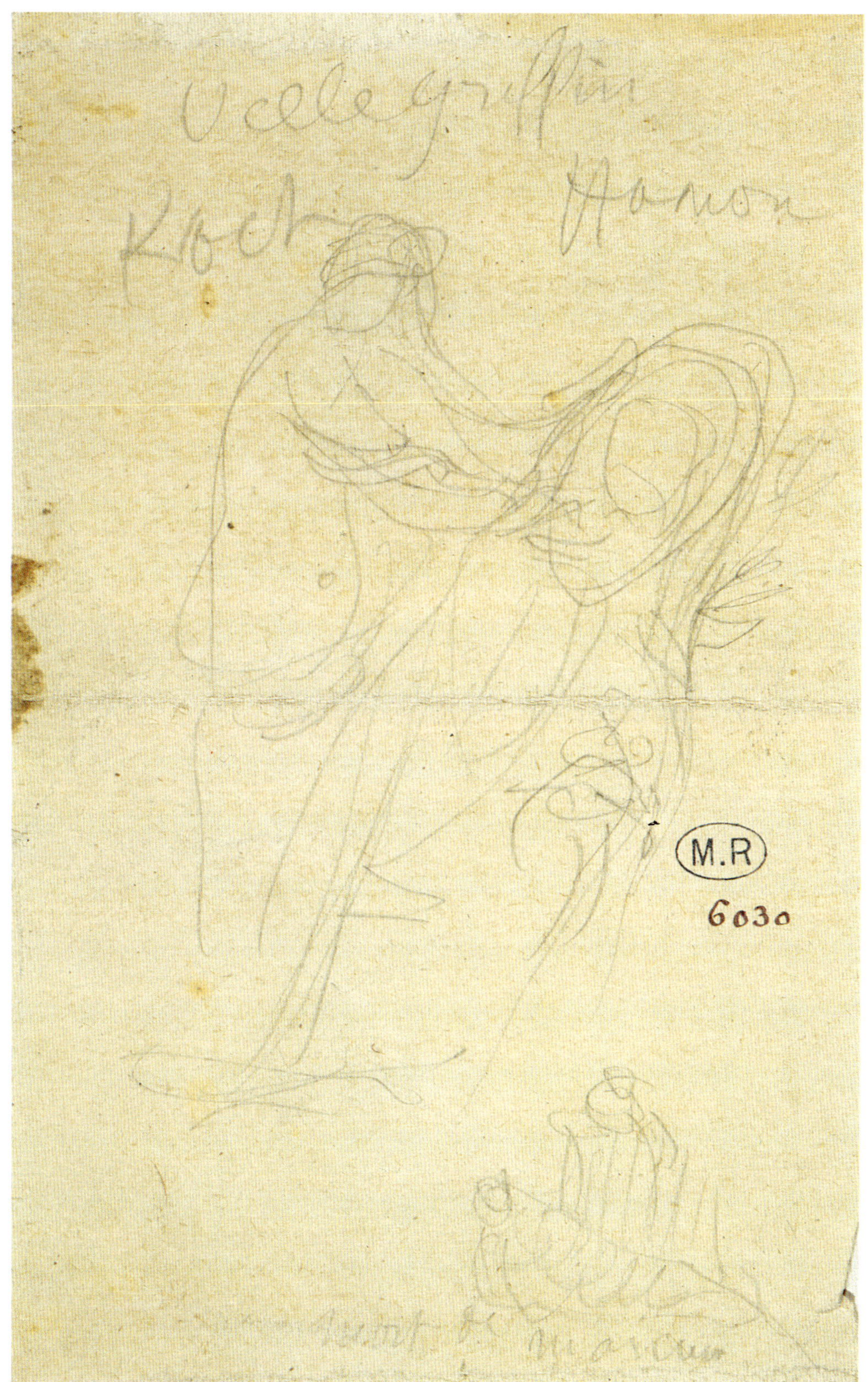

64 Etude pour le monument à Whistler et pour un monument à la mort de Marceau
vers 1904
Mine de plomb sur carton beige.
H. 0,190; L. 0,129.
Annoté à la mine de plomb, en haut: *Viele Griffin - Koch - Hamon*, en bas: *Mort de Marceau?*
Au verso, annoté à la mine de plomb: *écrire à Vauxelles - 11 Mercredi sur soir (?) mettre le buste en avant - despiau - Thiebaud Barbedienne (barré) et chercher les notes Koch - buste de Victor Hugo - Auguste*

Historique:
Donation à l'Etat, 1916.
Inv. D. 6030;
Musée Rodin, Paris.

Bibliographie:
– Judrin Claudie: *Inventaire des dessins*, Paris, Musée Rodin, 1984-1992 [repr. t. V]

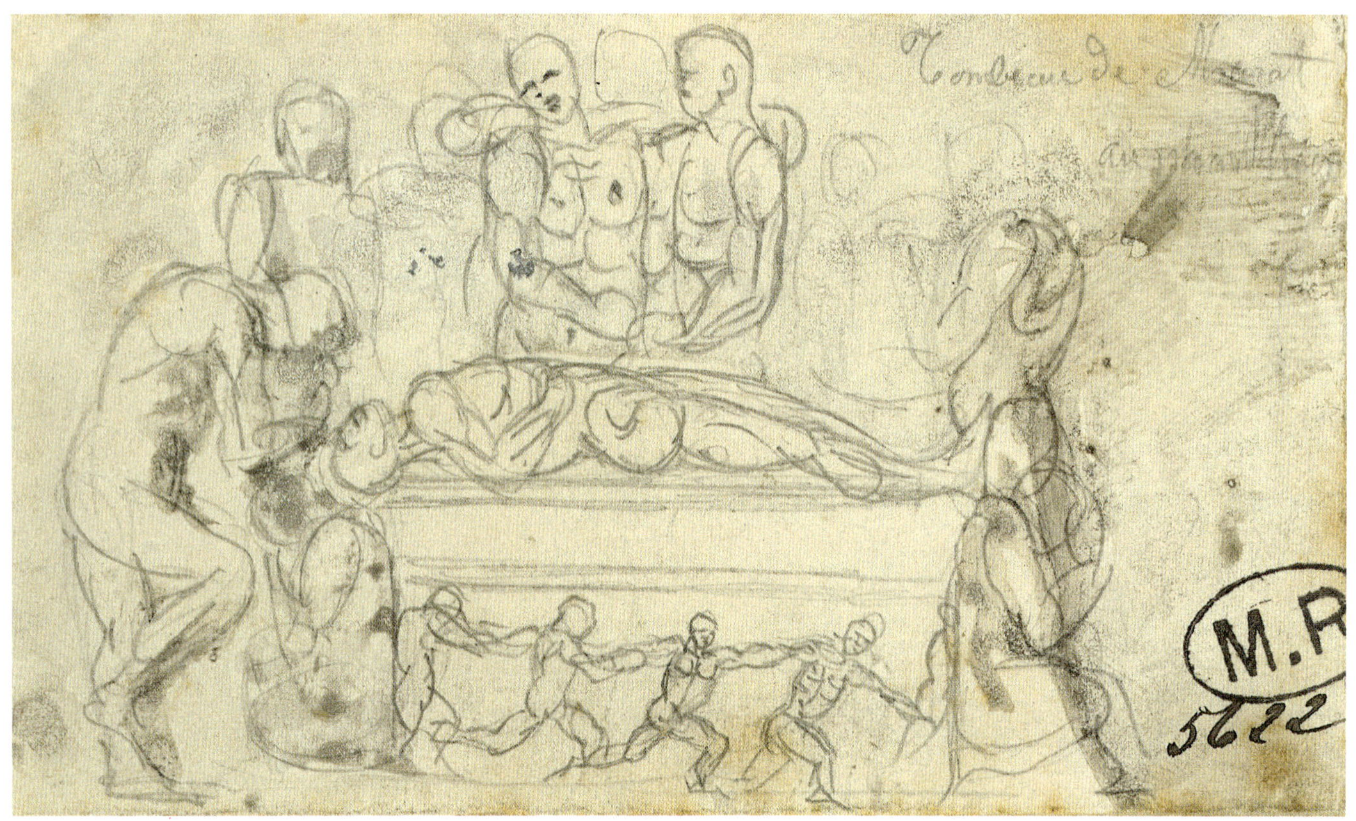

65 Tombeau de Murat au Panthéon
vers 1880
Mine de plomb et lavis d'encre grise sur papier crème.
H. 0,050; L. 0,084.
Annoté à la mine de plomb, en haut, à droite: *Tombeau de Murat au panthéon*
Au verso, à la mine de plomb, homme nu.

Historique:
Collection Fenaille; Inv. D. 5622;
Musée Rodin, Paris.

Bibliographie:
– *Les dessins d'Auguste Rodin*, préface d'Octave Mirbeau, Paris, Boussod, Manzi, Joyant, 1897, dit «album Goupil» [pl. 122 sous le titre *un tombeau*]
– Judrin Claudie: *Inventaire des dessins*, Paris, Musée Rodin, 1984-1992 [repr. t. IV]

66 Photographie du dessin: Projet de porte à huit panneaux ▷
vers 1880
Fusain, lavis gris et gouache sur papier beige.
H. 0,557; L. 0,447.
Annoté à la plume et encre brune, en haut, à droite: *traverse saillantes*
Au verso, au fusain, un homme debout derrière un homme assis, un bras, deux visages. Chiffres à la plume, en bas à gauche.

Historique:
Donation à l'Etat, 1916. Inv. D. 1969 et 1968 au verso;
Musée Rodin, Paris.

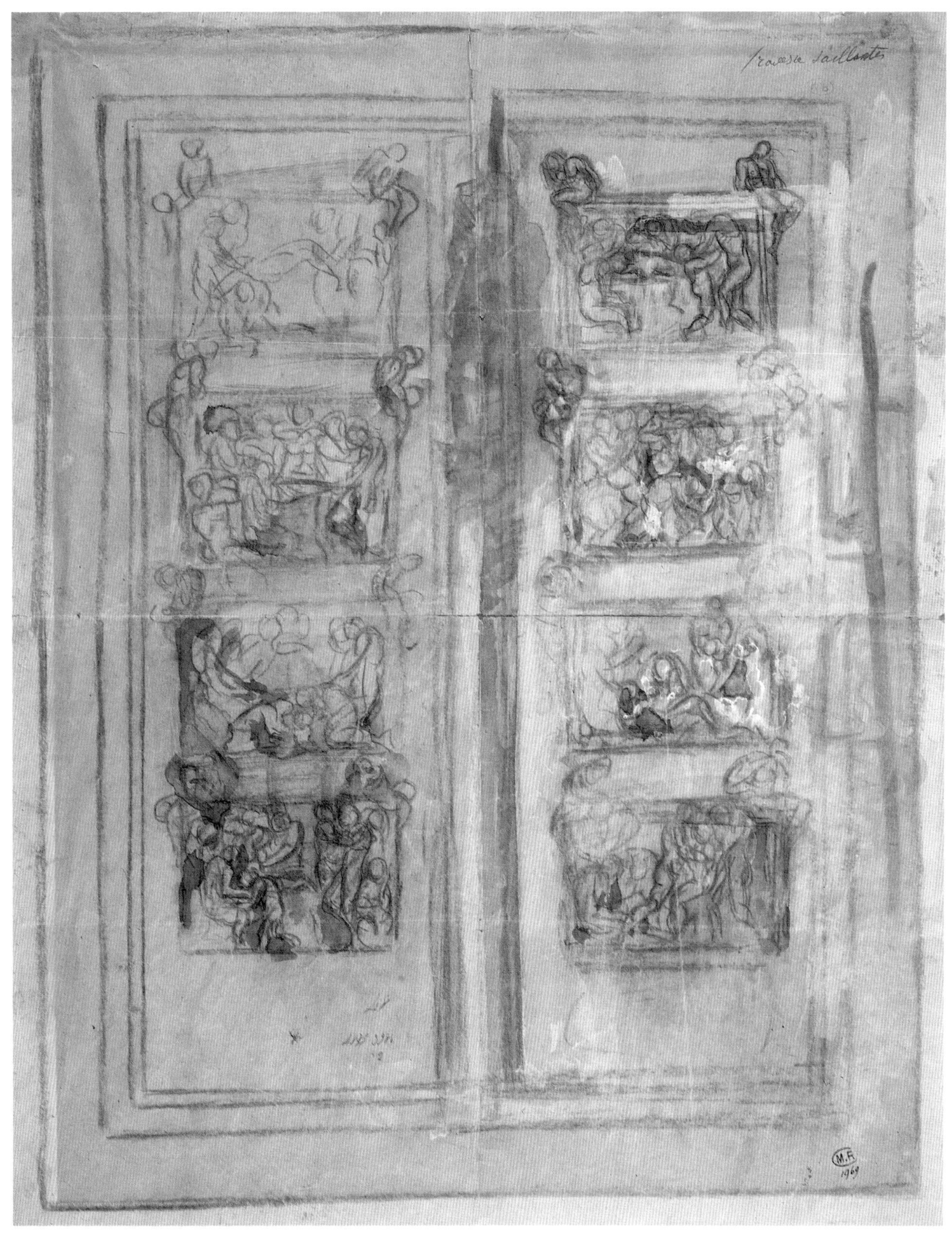

67 Bas-relief
vers 1880
Mine de plomb sur papier crème.
H. 0,132; L. 0,134.
Annoté à la mine de plomb, en haut: *bas-relief porte panneau extrêmement bien comme plan.*
Au verso, à la mine de plomb, architecture pour un tombeau?

Historique:
Donation à l'Etat, 1916. Inv. D. 1927;
Musée Rodin, Paris.

Bibliographie:
– Judrin Claudie: *Inventaire des dessins*, Paris, Musée Rodin, 1984-1992 [repr. t. II]

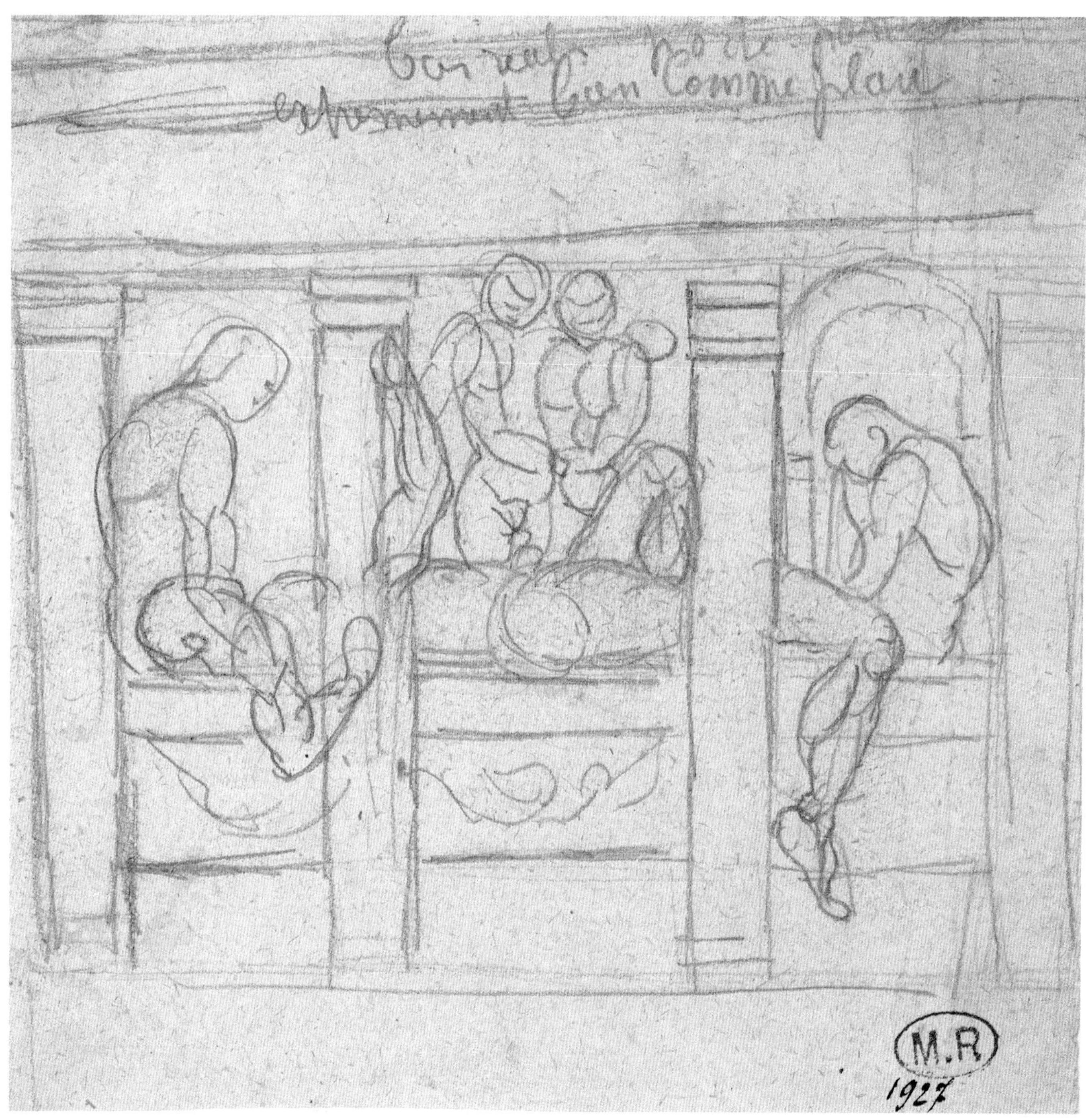

La danse cambodgienne

La danse et l'Extrême-Orient marquèrent la vieillesse de Rodin. Au tournant du siècle, les grandes expositions universelles ou coloniales eurent un rôle d'éveil. D'abord initié en 1889 par les danses javanaises dont il parle à Edmond de Goncourt, c'est l'aspect antique et ondulant des gestes[1] qui frappe Rodin. Il juge la danse de ballet en France trop sautillante et trop brisée, et l'arrivée de la troupe du roi cambodgien Sisowath à l'Exposition coloniale de Marseille en 1906 ouvre son regard à l'exotisme. Pour un Occidental, cette danse de tradition est pleine de nouveauté et d'enseignement. Rodin est sous le charme quand il voit leur spectacle au théâtre de verdure du Pré-Catelan à Paris le 10 juillet 1906. Il va jusqu'à les suivre à Marseille: «*Je les ai contemplées en extase... Quel vide elles m'ont laissé ! Quand elles partirent, je fus dans l'ombre et le froid, je crus qu'elles emportaient la beauté du monde... Je les suivis à Marseille; je les aurais suivies jusqu'au Caire !*»[2] Il obtient des séances de pose dans les jardins de la villa des Glycines qu'on leur assigne comme résidence. Des photographies de l'Italien-Marseillais Emile San Remo en témoignent. Le dessinateur cherche à tout prix à amadouer ses jeunes modèles en leur achetant des chats articulés et des lapins sauteurs. A court de papier, un dimanche, il s'en procure chez un épicier et l'helléniste Mario Meunier, qui fut un temps son secrétaire, s'émerveille de la couleur grise de certaines feuilles qui rappellent de vieilles soies du Japon[3]. On remarque la diversité des supports que Rodin utilise pour dessiner les Cambodgiennes comme s'il n'avait pas prévu d'en faire autant. La conséquence de ce coup de foudre fut une centaine d'aquarelles plus séduisantes les unes que les autres. La maîtrise de la main de Rodin est à son point de perfection. Il saisit la pérennité des gestes ancestraux, leur noblesse, leur lenteur sacrée, leur souplesse serpentine. Son crayon trace les lignes du corps et du vêtement. Une gouache beige rend la couleur de la peau tandis que l'aquarelle aux teintes raffinées rend la soie du costume. Il lui arrive de jouer avec la réserve du papier pour le traitement des cheveux comme on le voit sur le dessin du musée de Bâle (cat. n° 68). Le lavis vient en deçà ou au-delà du trait pour mieux traduire la liberté du mouvement.

Une vingtaine de Cambodgiennes, à notre connaissance, portent en légende l'annotation: «Cambodgienne pour servir de gloire» apposée de la main du secrétaire d'alors, René Chéruy. A l'exposition de la Galerie Bernheim en 1907, le sous-secrétaire d'Etat des Beaux-Arts, Dujardin-Beaumetz, charge Rodin d'orner de fresques une salle du musée du Luxembourg installé dans l'ancien séminaire de Saint-Sulpice, sans emploi depuis la loi sur les congrégations. Il imagine sa *Porte de l'Enfer* toujours sans affectation, dans une chapelle, entourée d'une fresque du *Paradis* et fait réaliser des essais par des artistes tels Charlier ou Jeanne Bardey. Les Cambodgiennes devaient avoir leur place dans le *Paradis* et il arrive que Rodin mentionne le mot de *fresque* en marge de certaines d'entre elles. Le projet, comme tant d'autres dans la vie de Rodin, fut sans suite mais le tint en haleine jusqu'en 1912.

En attendant, il expose ses Cambodgiennes, en France d'abord chez Bernheim où elles sont admirées par le poète autrichien Rainer Maria Rilke qui décrit son enthousiasme à sa femme Clara Westhof dans une lettre pleine de talent[4], puis à l'étranger, la même année à Budapest, à Prague, à Vienne, à Bruxelles, à Leipzig. Une photographie ancienne de trois centimètres de hauteur nous permet d'affirmer que Rodin prête l'aquarelle du musée de Bâle au Kunstverein de Leipzig en 1908. Il mesure très tôt le degré de ravissement de ces aquarelles auprès du public, et les faussaires s'emparèrent très vite de ce thème pour commettre leurs méfaits, qu'il s'agisse d'Odilon Roche ou d'Ernest Durig... De même qu'ils excellent à faire croire que Rodin fit des aquarelles d'après les danseuses américaines Isadora Duncan ou Loïe Füller. C'est d'ailleurs par le truchement de cette dernière qui patronnait des troupes exotiques qu'il connut la danseuse japonaise Hanako qui se produisit à Marseille, à l'Exposition coloniale en même temps que les Cambodgiennes. Tout ouvert qu'il est à la danse moderne, témoin les mouvements qu'il sculpta vers 1911 et son attrait pour le ballet de Nijinsky en 1912, il admire néanmoins les gestes immémoriaux de la légende du Ramayana qui lui font dire: «*Pour moi, je sens bien qu'à les regarder, ma vision s'est élargie; j'ai vu plus haut et plus loin; enfin j'ai appris.*»[5]

[1] Goncourt Edmond de: *Journal*, jeudi 23 juillet 1891.

[2] Vauxcelles Louis: Préface au catalogue de l'exposition de *dessins de Rodin*, Paris, galerie Devambez, 19 octobre - 5 novembre 1908.

[3] Meunier Mario: *Les souvenirs de Rodin sur Marseille*, in *Petit Provençal*, 2 mai 1912.

[4] Rilke Rainer Maria: *Correspondance – Œuvres III*, Paris, 1976, p. 109. Lettre du 15 octobre 1907.

[5] Georges Bourdon, in *Le Figaro*, 1er août 1906.

68 Cambodgienne pour servir de gloire ou danseuse cambodgienne
juillet 1906
Mine de plomb, aquarelle et gouache sur papier crème.
H. 0,319; L. 0,247.
Annoté et signé à la mine de plomb, en bas à droite: *Marseille*, 1908 Aug Rodin / mention d'une autre main: Cambodgienne pour servir de gloire

Historique:
Vente n° 180, Berlin, Max Perl, 18-19 mai 1933 [cat. n° 1262];
Inv. 1933.70;
Öffentliche Kunstsammlung, Kupferstichkabinett, Bâle.

Expositions:
Leipzig, septembre - 12 octobre 1908 [cat. n° 68 sous le titre *Cambodgienne*]

La date que Rodin a notée de manière exceptionnelle est inexacte quant au moment de son exécution. Il faudrait lire 1906 et non 1908. La date, pas plus d'ailleurs que la signature, n'était portée sur une photographie ancienne de l'exposition de Leipzig, alors que le secrétaire Chéruy avait déjà inscrit: *Cambodgienne pour servir de gloire*. C'est après coup que Rodin a écrit: *Marseille* et *1908*. On peut supposer que l'acheteur de Leipzig qui paya 250 francs la Cambodgienne demanda à Rodin de spécifier ces détails qui font valoir le dessin.

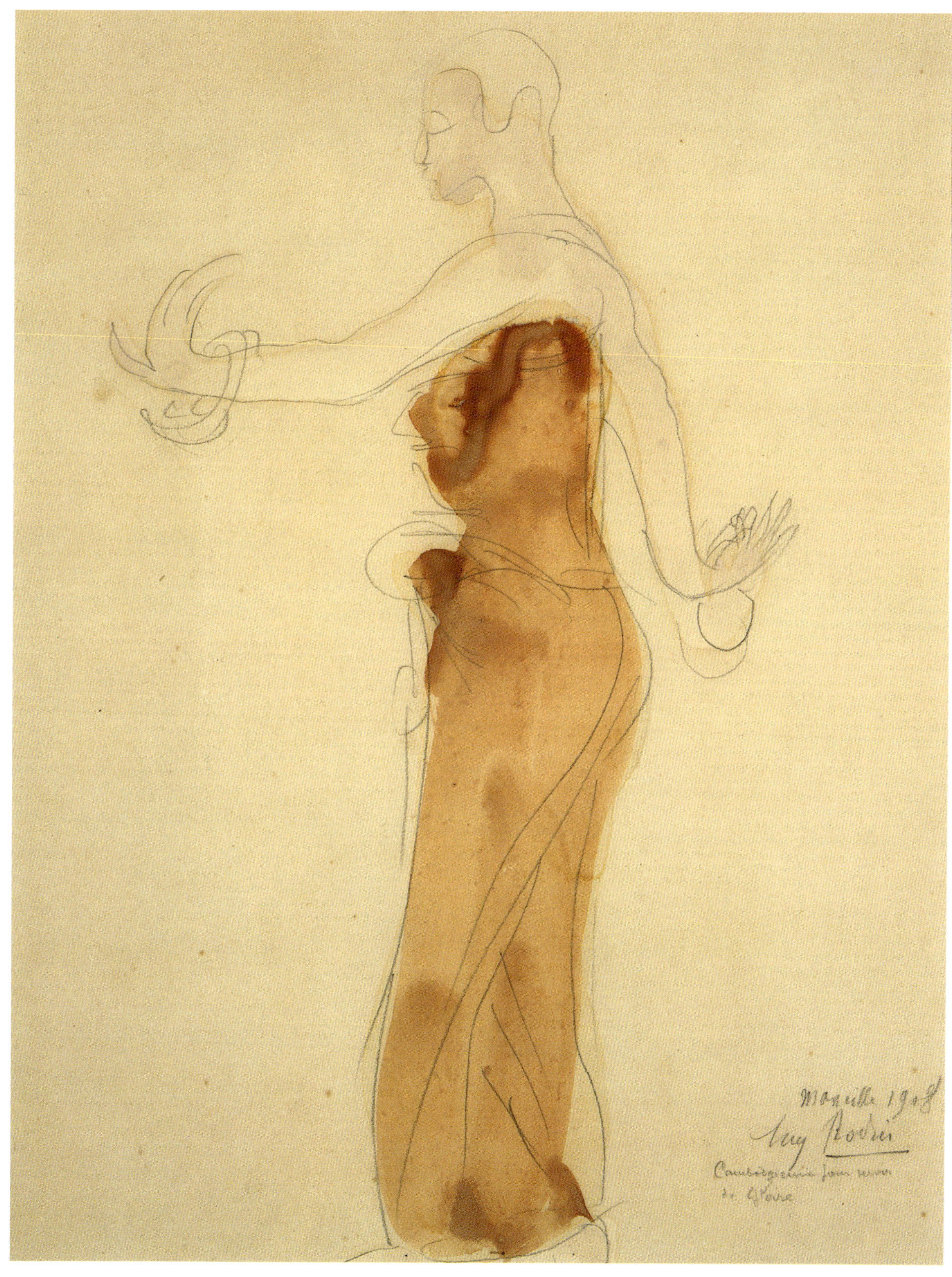

69 Danseuse cambodgienne de profil
juillet 1906
Mine de plomb, crayon bleu et rehauts de gouache sur papier beige.
H. 0,332; L. 0,242.

Historique:
Donation à l'Etat, 1916. Inv. D. 4432;
Musée Rodin, Paris.

Bibliographie:
– JUDRIN Claudie: *Inventaire des dessins*, Paris, Musée Rodin, 1984-1992 [repr. t. III]

Expositions:
– *Rodin*, Tokyo, Seibu Museum of Art, 25 juillet - 25 août 1976; Kumamoto Musée départemental, 29 août - 26 septembre 1976; Hiroshima, Musée départemental, 12 - 24 octobre 1976; Kitakyushu, Musée municipal, 28 octobre - 21 novembre 1976; Morioka, Musée départemental de Iwate, 27 novembre - 20 décembre 1976; Kobe, Musée d'Art Moderne de Hyogo, 5-30 janvier 1977 [cat. n° 132 repr.]
– *Auguste Rodin – Zeichnungen und Aquarelle*, Münster, Westfälisches Landesmuseum für Kunst und Kulturgeschichte, 25 novembre 1984 - 20 janvier 1985; Munich, Museum Villa Stuck, 7 février - 7 avril 1985 [cat. n° 165 repr.]

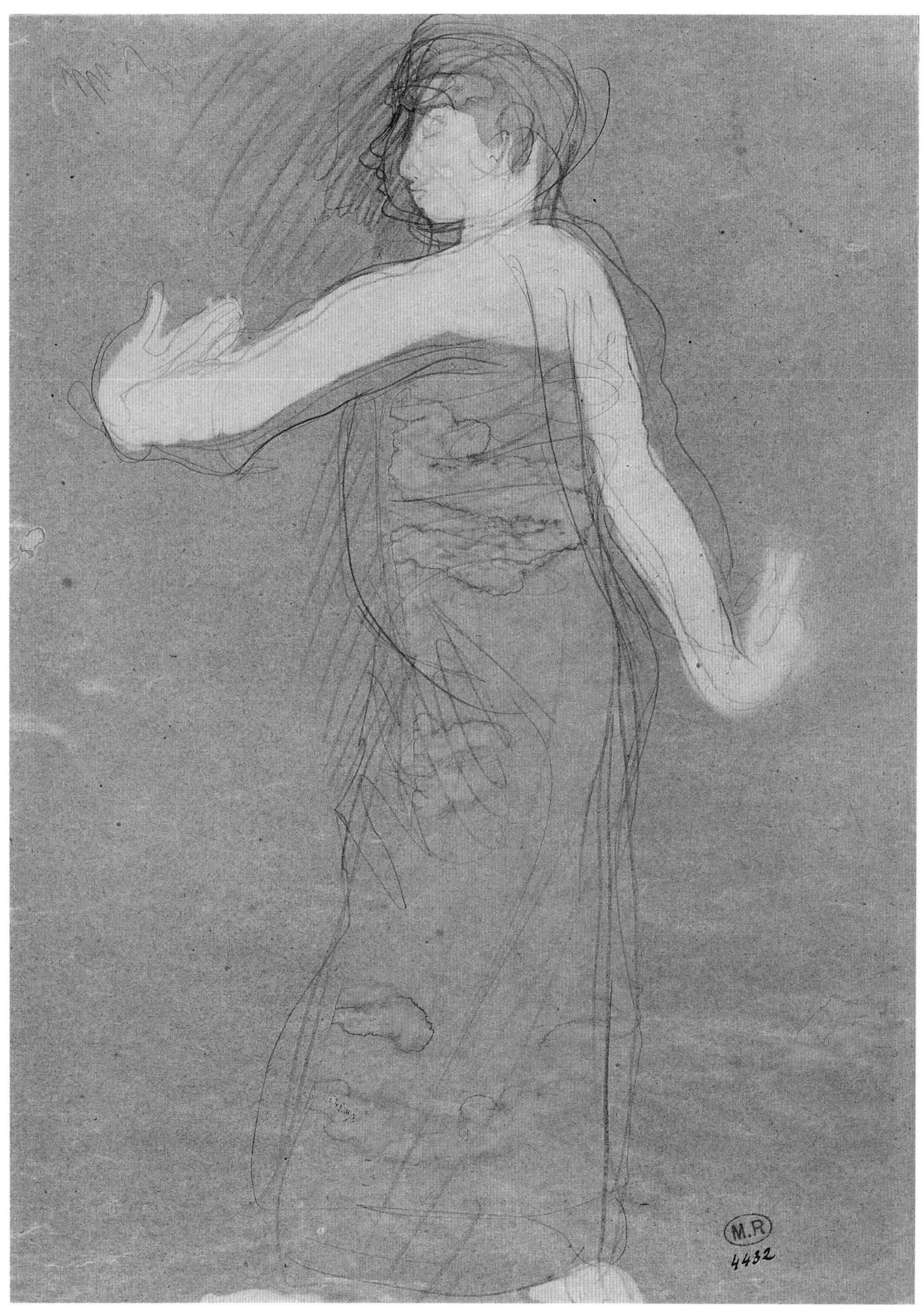
M.R
4432

70 Danseuse cambodgienne de profil vers la gauche
juillet 1906
Mine de plomb, aquarelle et gouache sur papier beige glacé.
H. 0,337; L. 0,239.

Historique:
Donation à l'Etat, 1916. Inv. D. 4441;
Musée Rodin, Paris.

Bibliographie:
– JUDRIN Claudie: *Inventaire des dessins*, Paris, Musée Rodin, 1984-1992 [repr. t. III]

Expositions:
– *Auguste Rodin*, Stockholm, Millesgarden, 7 juin - 4 septembre 1988 [cat. n° 41]

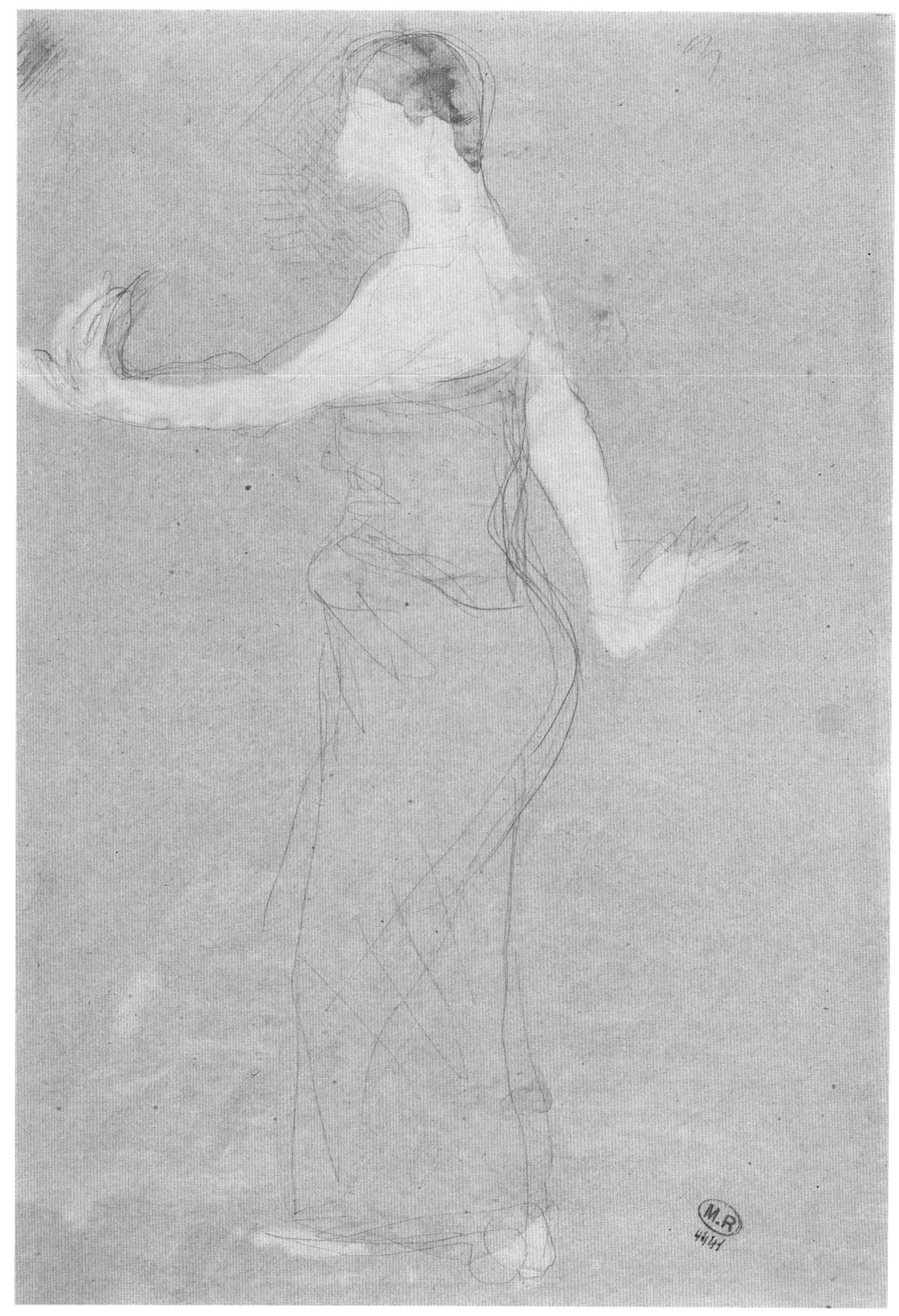

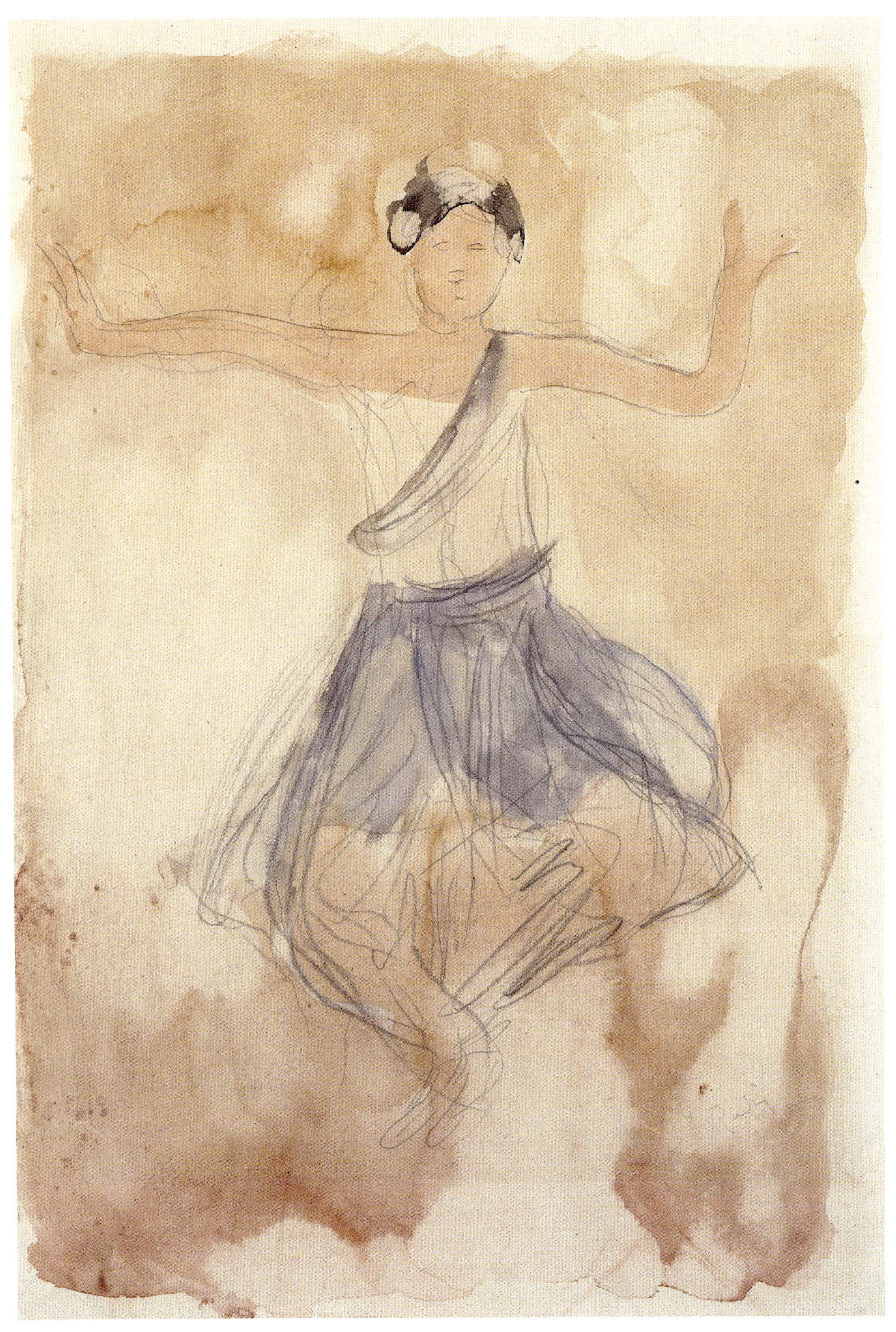

71 Cambodgienne
Mine de plomb et aquarelle sur papier collé en plein.
H. 0,338; L. 0,230.
Signé en bas à droite: Rodin

Historique:
Collection Louis-Eugène Fabre; Collection Alfred Valloton, Paris; Collection Lionel Prejger, Paris; Galerie Jan Krugier, Genève.

Nous avons rapproché deux Cambodgiennes du même modèle dans une pose identique mais de couleurs différentes. Il est possible que Rodin, dans sa hâte à dessiner les danseuses, ait remis à plus tard le soin du lavis.

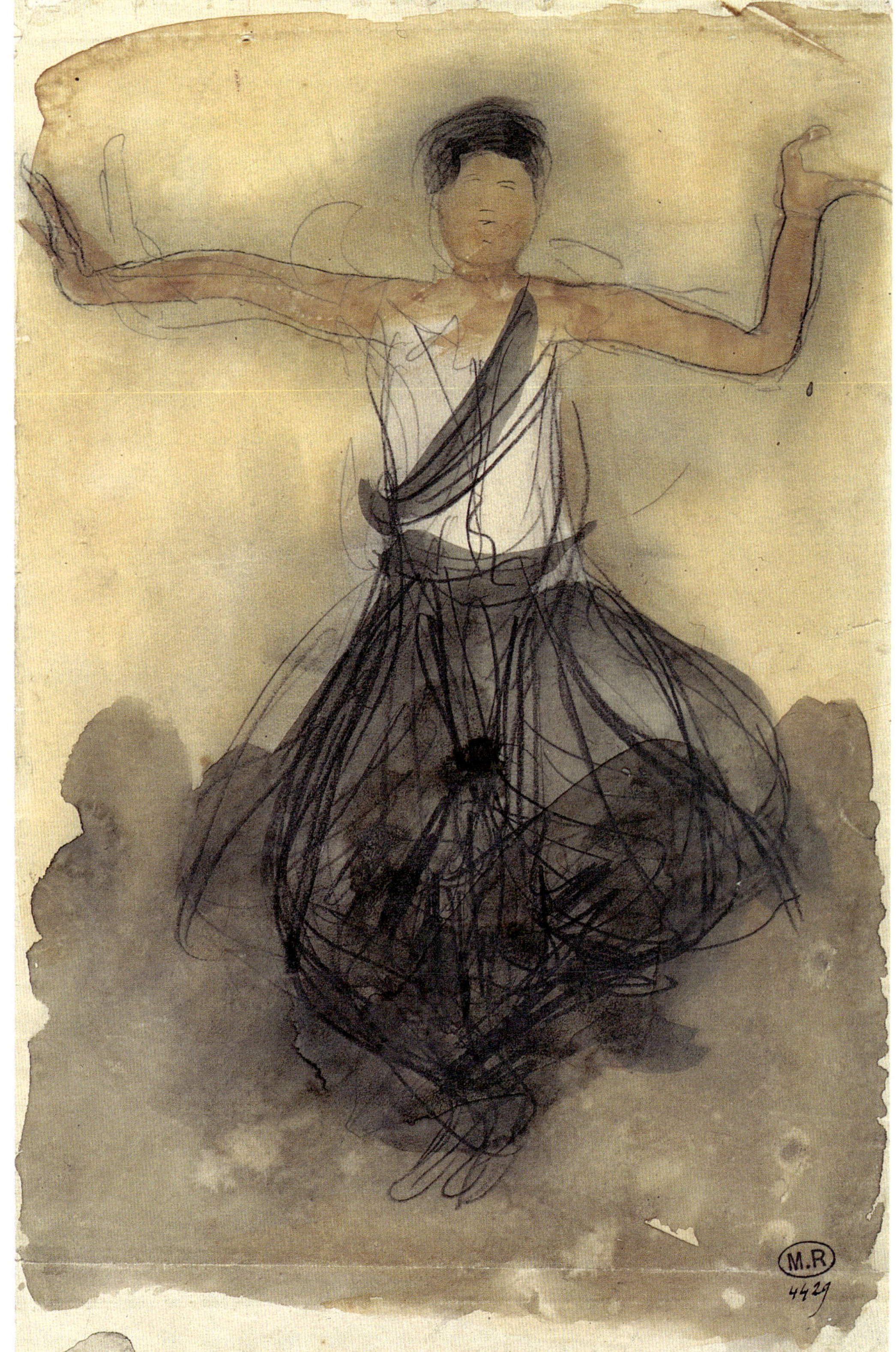

72 Danseuse cambodgienne de face
juillet 1906
Mine de plomb, aquarelle et rehauts de crayon noir gras sur papier crème.
H. 0,300; L. 0,200.

Historique:
Donation à l'Etat, 1916.
Inv. D. 4429;
Musée Rodin, Paris.

Bibliographie:
– Aubert Marcel: *Quatorze aquarelles de Rodin*, Paris, R. Kieffer, 1933
– La Varende Jean de: *Rodin*, Paris, Rombaldi, 1944 [repr. p.136]
– Judrin Claudie: *Inventaire des dessins*, Paris, Musée Rodin, 1984-1992 [repr. t. III]

Expositions:
– *Rodin et l'Extrême-Orient*, Paris, Musée Rodin, 4 avril - 2 juillet 1979 [cat. n° 107]
– *Auguste Rodin – Zeichnungen und Aquarelle*, Münster, Westfälisches Landesmuseum für Kunst und Kulturgeschichte, 25 novembre 1984 - 20 janvier 1985; Münich, Museum Villa Stuck, 7 février - 7 avril 1985 [cat. n° 164]

73 Danseuse au voile bleu
Elle tient une couronne au bout de la main.
juillet 1906
Mine de plomb, aquarelle sur papier crème.
H. 0,322; L. 0,250.
Signé à la mine de plomb en bas à gauche: Aug Rodin

Historique:
Collection Jacques Zoubaloff; Vente collection Zoubaloff, Paris, Galerie Georges Petit, 17 juin 1927 [cat. n° 92]; Collection Dr. Herbert Gross, Zurich; Vente Zurich, Germann Auktionshaus, 3 décembre 1993 [cat. n° 70];
Collection particulière, Suisse.

Expositions:
– Lucerne, *20. Nationale Kunstaustellung* (20e Exposition Nationale d'Art), 1941 [cat. n° 1182]

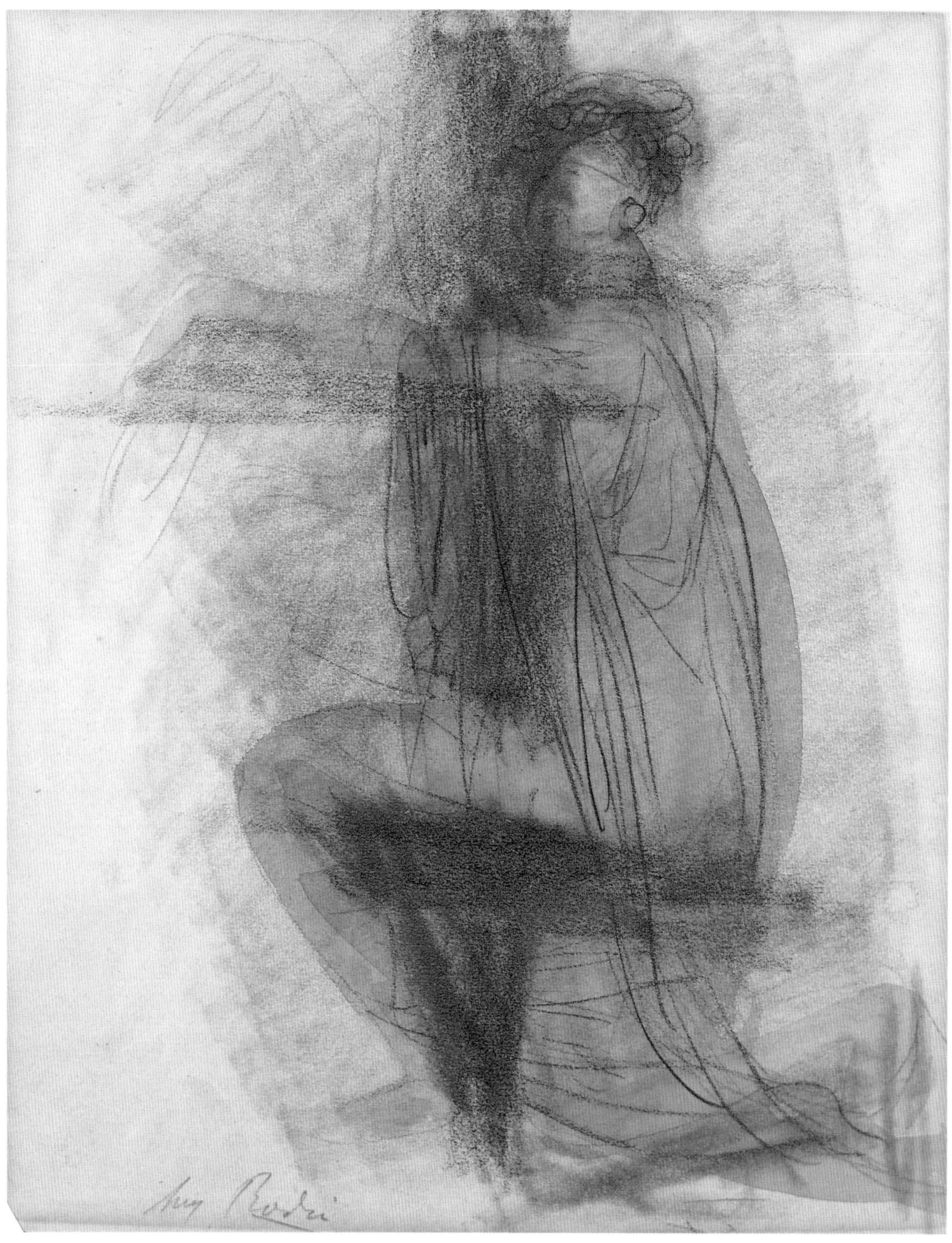

74 Danseuse cambodgienne de profil vers la gauche
juillet 1906
Mine de plomb, aquarelle, gouache et crayon gras estompé sur papier crème.
H. 0,316; L. 0,245.

Historique:
Donation à l'Etat, 1916. Inv. D. 4489;
Musée Rodin, Paris.

Bibliographie:
– Judrin Claudie: *Inventaire des dessins*, Paris, Musée Rodin, 1984-1992 [repr. t. III]

Expositions:
– *Rodin, dessins et aquarelles*, Innsbruck, Institut français, octobre 1951 [cat. n° 92]; Vienne, Institut français, novembre - 11 décembre 1951 [cat. n° 96]
– *Rodin*, Montevideo, Museo nacional de Artes Plásticas, 1er-30 juin 1971 [cat. n° 81]; Bogotá, Museo de Arte Moderno, 22 juillet - 22 août 1971 [cat. n° 82]; Caracas, Museo de Bellas Artes, 10 septembre - 23 octobre 1971 [cat. n° 27]; Mexico, Museo de Arte Moderno, 1er juin - 26 décembre 1971 [cat. n° 82]

Remarquons les étapes du dessin; après un relevé rapide au trait, Rodin met sa couleur et, enfin, il lui arrive de redonner de vigoureux coups de crayon sur l'aquarelle pour en accroître la présence.

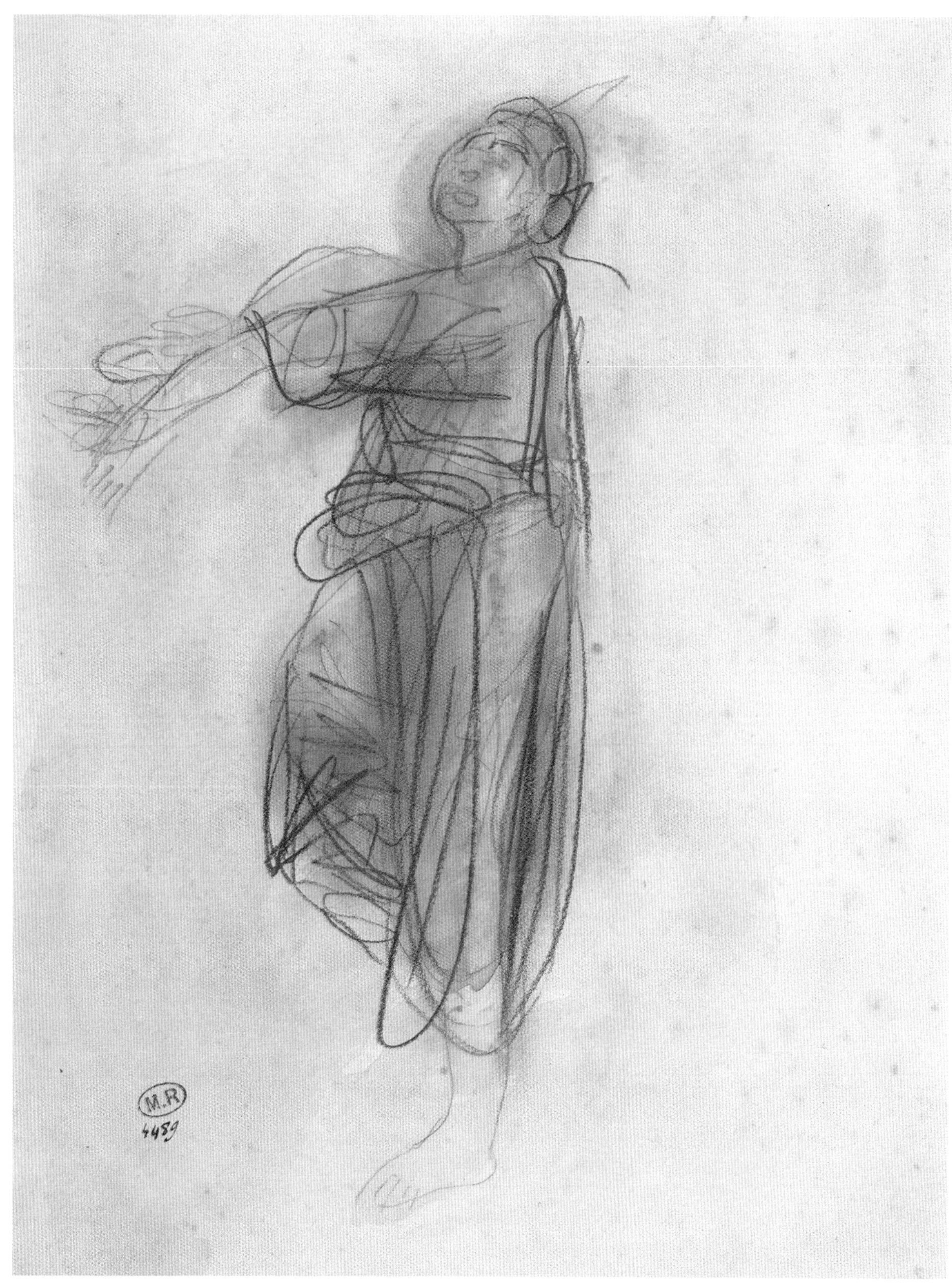
M.R
4489

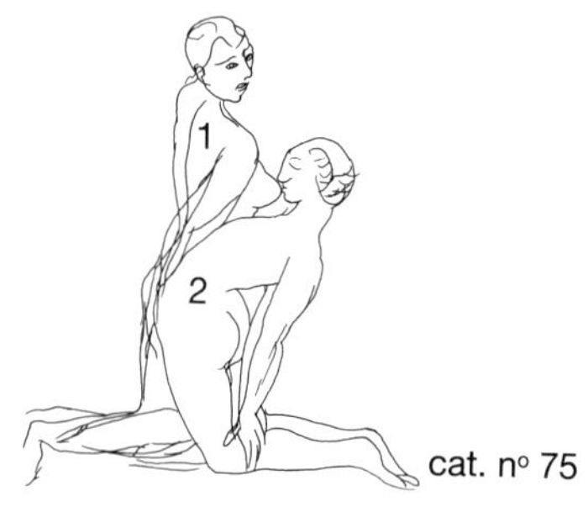

cat. n° 75

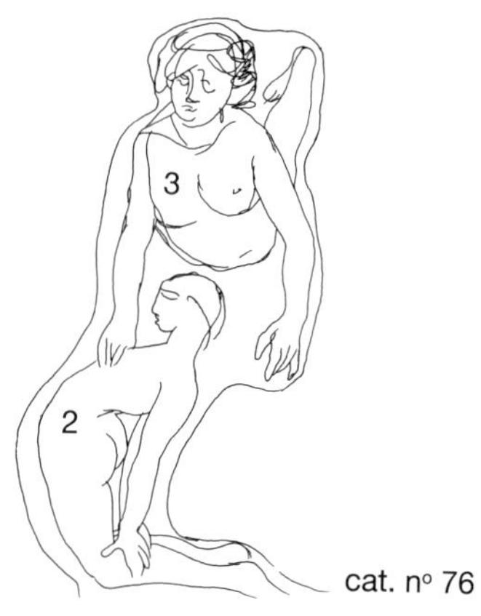

cat. n° 76

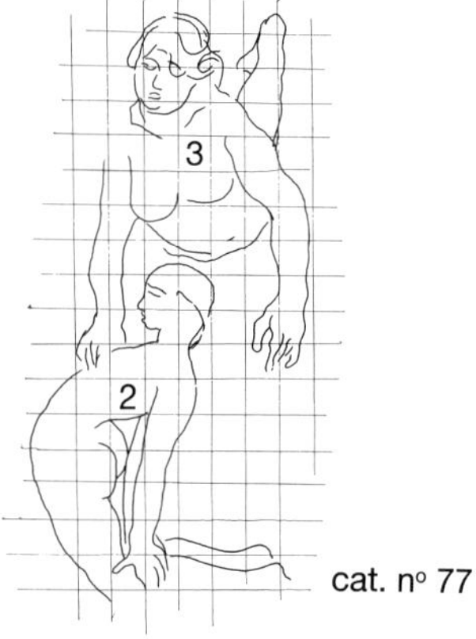

cat. n° 77

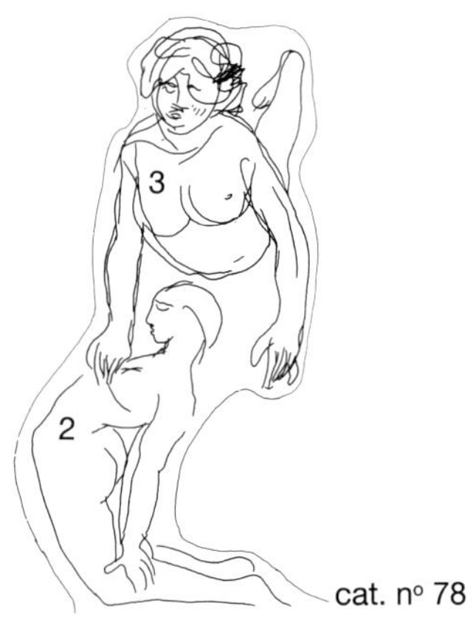

cat. n° 78

Découpages et assemblages

Chaque dessin, tout relié qu'il est à ce qui précède et à ce qui suit, est une œuvre à part. Malheureusement, les hasards de l'histoire en rompent la trame, et il est rare de reconstituer les maillons de la chaîne. La confrontation entre la collection du Musée Rodin et les dessins qui n'en font pas partie instruit infiniment le regard sans en épuiser les énigmes. Nous souhaitons du moins en commencer la démonstration.

Sur des milliers de dessins, la marge des analogies est étroite. Nous sommes là devant la partie la plus secrète des recherches de Rodin.

Dès sa jeunesse, il découpe ses dessins et les assemble. Plus tard, le sculpteur en fera de même avec ses plâtres. Les deux procédés, à y regarder de près, ne vont guère l'un sans l'autre et relèvent dans leur exercice plus de l'invention que de la méthode. Paul Valéry compare la façon de travailler d'un artiste à celle d'un fumeur qui, en ce temps-là, préparait la cigarette en la faisant et en la défaisant jusqu'au moment où elle se trouvait faite. Rodin pousse la curiosité jusqu'à confronter plusieurs feuillets entre eux. Lors des premiers séjours en Belgique et en Italie, entre 1871 et 1877, il utilise les ciseaux et taille dans des pages de carnets pour faire des collages sur de grandes feuilles dans un ordre qui lui est propre et qui conserve ses mystères.

Il s'est livré à ce jeu avec une certaine fascination comme on invente en marchant. Ainsi, après la mise en place du collage, il en poursuit le dessin sur son support. Il s'agit alors d'un arrangement qui est fait d'agrégats, de combinaisons, d'échafaudages et enfin d'un merveilleux ajustement.

Dans les années 1880, guidé par Dante, il continue à découper, non plus des groupes, des scènes, mais, pour la première fois, des silhouettes comme la *Médée* (cat. n° 26), et les exemples deviennent nombreux.

Il est important de noter qu'il élargit ainsi sa liberté de manœuvre car le sculpteur fait alors de son dessin une œuvre à trois dimensions ou presque, car nous voyons bien qu'il l'applique sur un support et qu'il met de la couleur autour afin de l'agrandir. Le sentiment de relief est présent, mais pour un œil exercé.

La dernière étape existe pour quelques visages ou silhouettes de damnés qu'il dispose comme il l'entend sur un papier, mais un peu plus tard, entre 1900 et 1910..., il découpe une petite centaine d'aquarelles aux couleurs claires et les

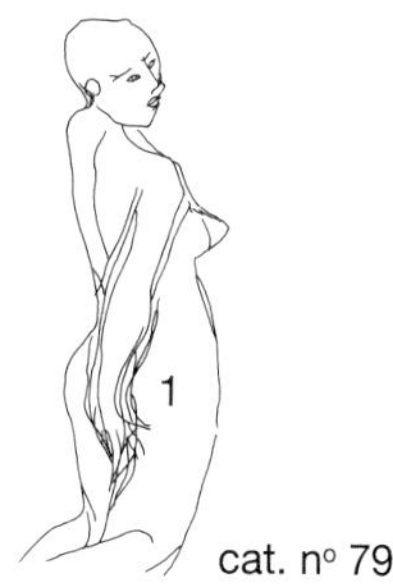

cat. nº 79

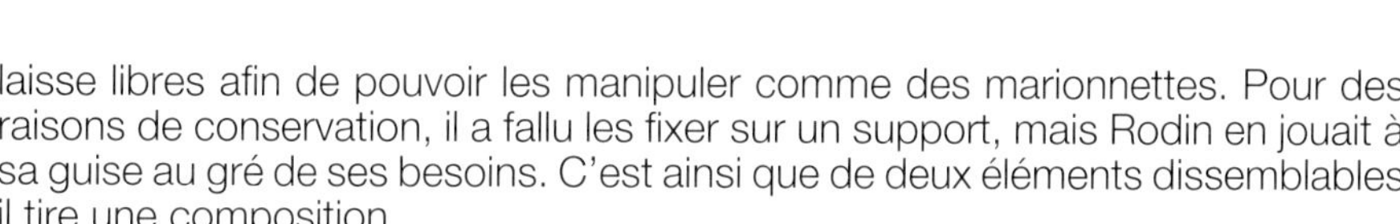

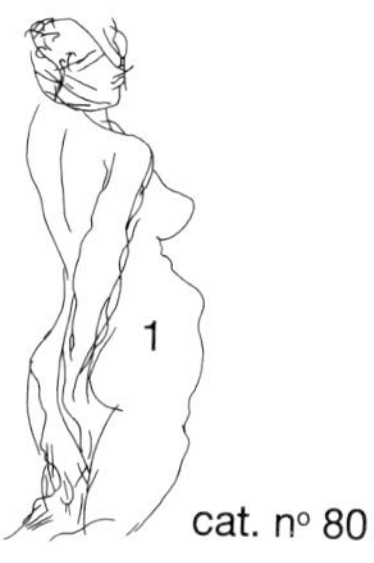

cat. nº 80

laisse libres afin de pouvoir les manipuler comme des marionnettes. Pour des raisons de conservation, il a fallu les fixer sur un support, mais Rodin en jouait à sa guise au gré de ses besoins. C'est ainsi que de deux éléments dissemblables il tire une composition.

Pour y parvenir, Rodin doit passer par le calque et écoutons ce que nous dit Clément-Janin dans *Les Maîtres-Artistes* du 15 octobre 1903: *«C'est en calquant son œuvre qu'il la rectifie. Sa grande préoccupation à ce moment est de conserver et même d'amplifier l'impression de vie qu'il a obtenue par le croquis direct. S'il faut l'en croire, son secret pour mettre la forme dans l'atmosphère serait de l'élargir, de lui donner 5/4 au lieu de 4. Le ton qu'il ajoute, cette coulée de terre de Sienne qui déborde la ligne, semble capricieuse ou négligée et a, en réalité pour effet de corser cet élargissement, comme aussi de relier les contours.»*

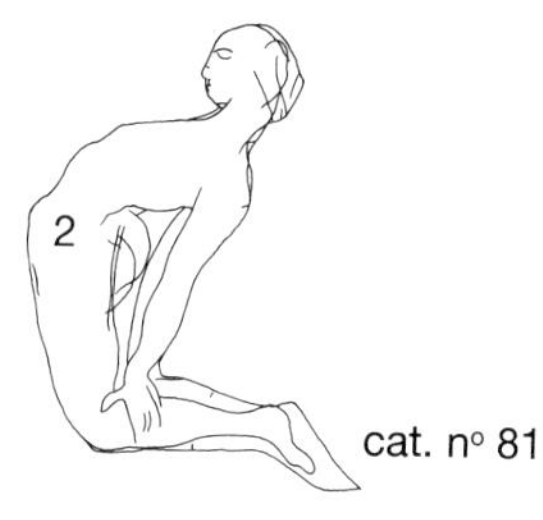

cat. nº 81

Les deux nus agenouillés de la collection Gianadda sont le point de départ d'une étrange déclinaison qui va nous donner un autre regard sur le dessinateur même si tout ne s'explique pas. Rodin ne nous remet jamais la clé de l'énigme, mais il nous dit où la trouver.

Quand une attitude lui plaît, après l'avoir vivement dessinée, Rodin semble en faire un calque et sans doute que nombre de calques témoins de sa démarche ont disparu pour cause de fragilité ou de suppression. Nous avons ici la chance d'en avoir retrouvé qui correspondent à un (2) de nos deux nus (1 et 2), que nous numérotons pour plus de clarté. Sur le calque (cat. nº 77), il est associé à un troisième personnage (3) sur lequel nous n'avons pas poussé la recherche, car il nous renverrait peut-être à un quatrième (cat. nº 82) qui nous mènerait à un cinquième. Le calque nous conduit à un découpage par une sorte de jeu de ricochet et d'assemblage dont on maîtrise mal le commencement et la fin. Le principe en est fascinant et ouvre des perspectives que Rodin est loin d'avoir exploitées dans leur nouveauté. Il n'eut pas le temps de s'en expliquer et sans doute nous laisse-t-il ainsi le plaisir de la découverte. Les temps n'étaient pas mûrs pour comprendre l'audace des découpages et assemblages de Rodin qui les garda dans le secret de ses tiroirs. Les papiers collés des cubistes et plus tard de Matisse sauront séduire le public à leur heure qui est très tardive.

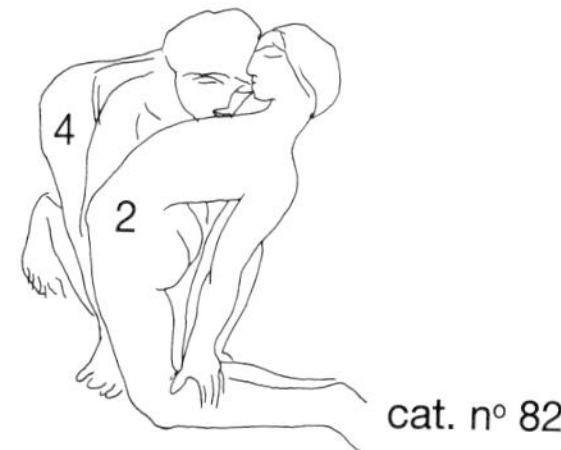

cat. nº 82

75 Deux nus agenouillés
vers 1900?
Mine de plomb et aquarelle sur papier crème.
H. 0,440; L. 0,318.
Signé deux fois à la mine de plomb en haut à droite: A. Rodin - Aug Rodin

Historique:
Collection Jules Chavasse († 1919); Collection Hans R. Hahnloser, Winterthur; Vente Berne, Galerie Kornfeld, 25 et 26 juin 1992 [cat. n° 637 repr.];
Collection Fondation Pierre Gianadda, Martigny, Suisse.

Expositions:
– *Europäische Meisterwerke aus Schweizer Sammlungen*, Munich, Staatliche Graphische Sammlung München, 8 août - 19 octobre 1969 [cat. n° 113 repr.]

Photographié par Eugène Druet vers 1900, le dessin est repéré à Meudon, dans la maison de la Goulette, annexe de la Villa des Brillants, qu'il avait acquise, semble-t-il, en février 1903. Nous pensons le reconnaître sous cette description: «n° 45. Groupe femmes à genoux («la syrène»), dont une, torse renversé et mains tenant les mollets.»
Le dessin passe ensuite entre les mains de Jules Chavasse dont le musée Rodin détient quelques lettres. L'homme, qui se recommande du Crédit Lyonnais de Sète, achète des bronzes qu'il a admirés à l'exposition Monet-Rodin chez Georges Petit entre le 21 juin et le mois d'août 1889.

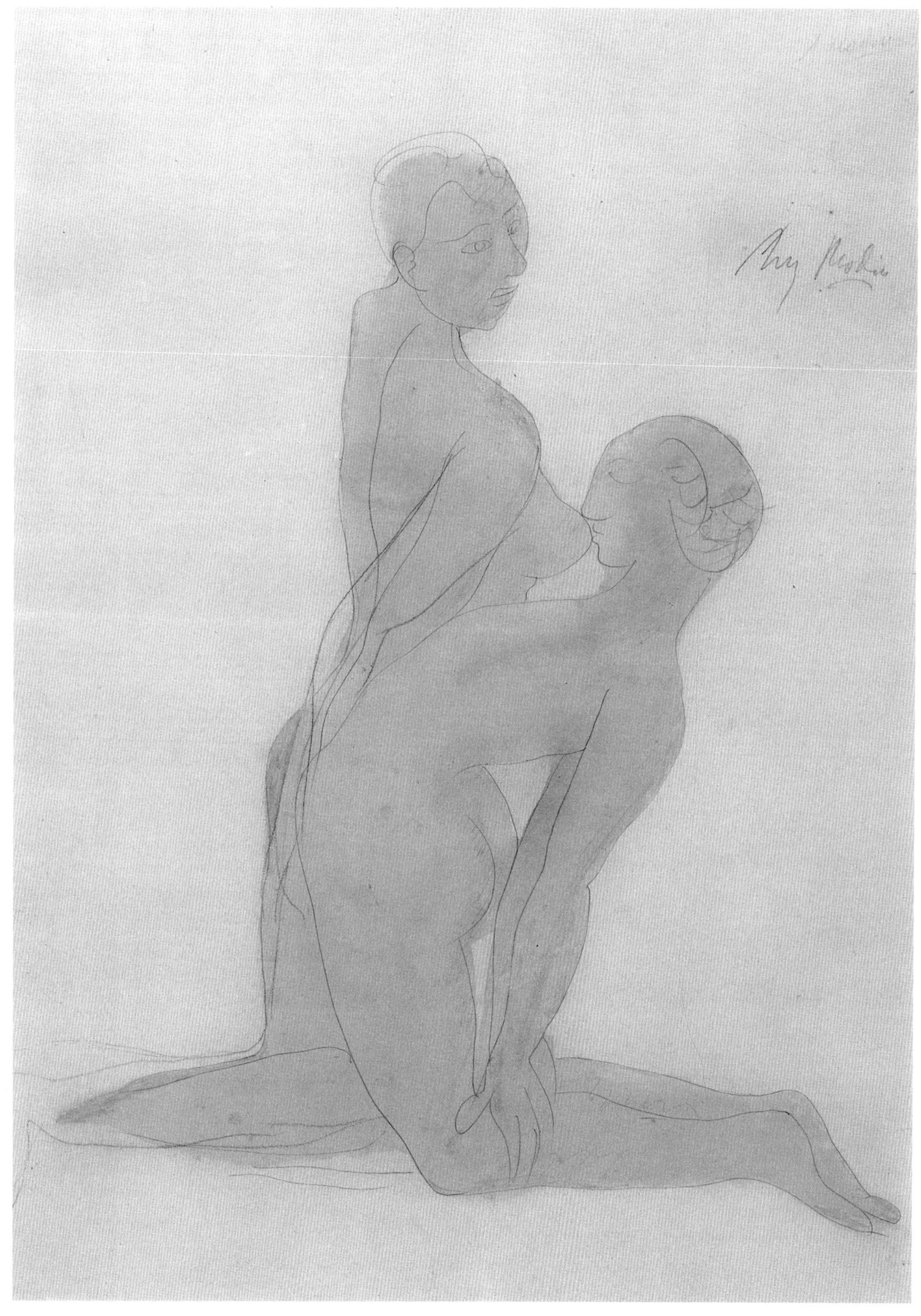

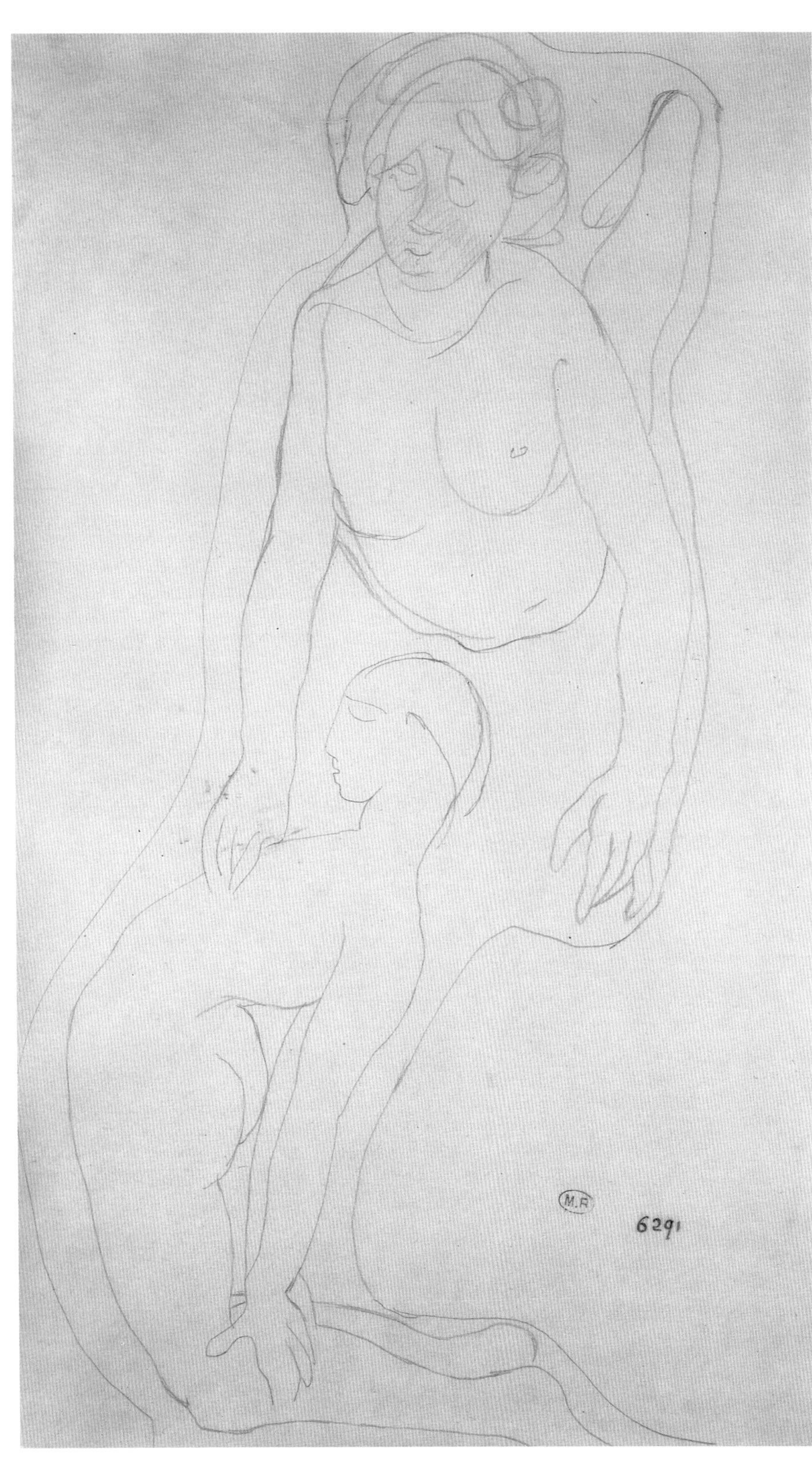

76 Deux femmes nues; l'une en bas est agenouillée, de profil et renversée; l'autre est allongée sur le ventre et dressée sur les mains
entre 1900 et 1910?
Mine de plomb sur papier calque.
H. 0,484; L. 0,301.

Historique:
Donation à l'Etat, 1916. Inv. D. 6291; Musée Rodin, Paris.

Bibliographie:
– JUDRIN Claudie: *Inventaire des dessins*, Paris, Musée Rodin, 1984-1992 [repr. t. V]

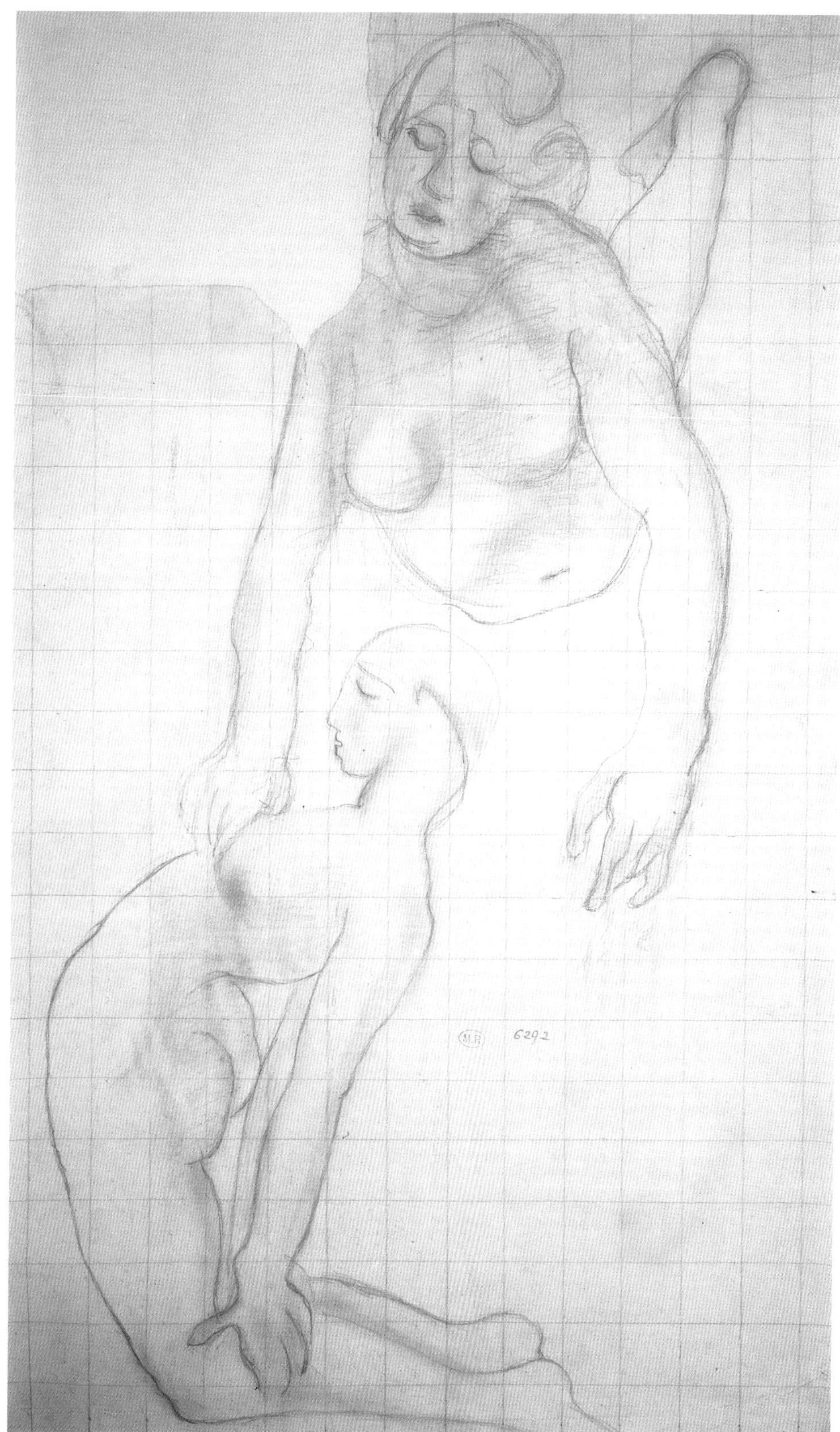

77 Deux femmes nues; l'une, en bas, est agenouillée de profil et renversée; l'autre, en haut, est allongée sur le ventre et dressée sur les mains entre 1900 et 1910?
Mine de plomb et estompe sur papier calque déchiré. Mise au carreau à la mine de plomb.
H. 0,643; L. 0,383.

Historique:
Donation à l'Etat, 1916. Inv. D. 6292; Musée Rodin, Paris.

Bibliographie:
– Judrin Claudie: *Inventaire des dessins*, Paris, Musée Rodin, 1984-1992 [repr. t. V]

S'agit-il d'une mise au carreau pour un essai de fresque pour le séminaire de Saint Sulpice? (cf. chapitre *La danse cambodgienne*). Le tracé en est lourd et peut-être d'une main étrangère à celle de Rodin.

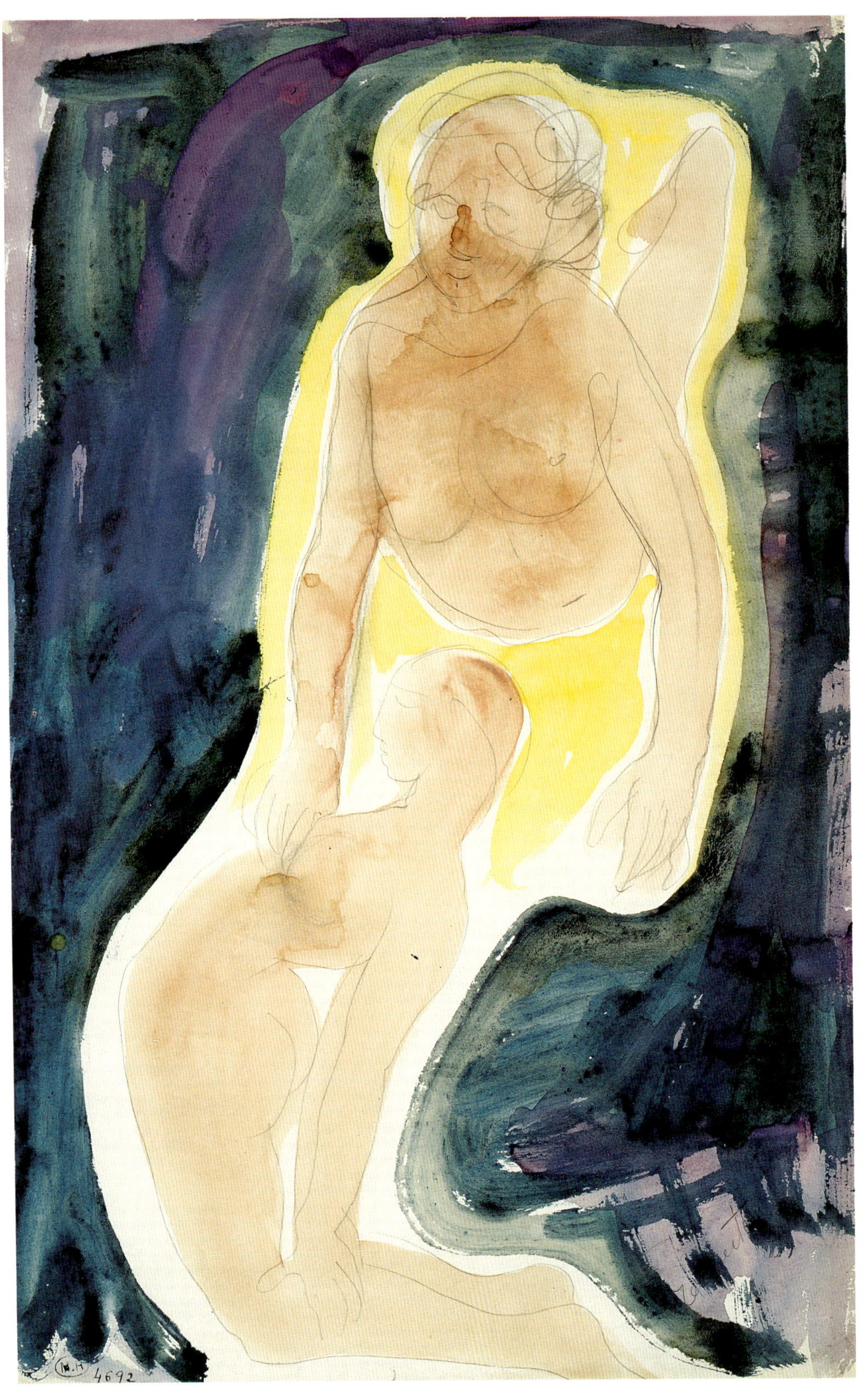

78 Résurrection
Deux femmes nues: l'une allongée sur le ventre et dressée sur les mains; l'autre agenouillée et renversée en arrière
entre 1900 et 1910?
Mine de plomb, aquarelle et gouache sur papier crème filigrané.
H. 0,495; L. 0,317.
Annoté à la mine de plomb, en bas à droite: *résurrection*

Historique:
Donation à l'Etat, 1916.
Inv. D. 4692;
Musée Rodin, Paris.

Bibliographie:
– Judrin Claudie: *Inventaire des dessins*, Paris, Musée Rodin, 1984-1992 [repr. t. IV]

Expositions:
– *Rodin rediscovered*, Washington, National Gallery of Art, 28 juin 1981 - 2 mai 1982 [cat. n° 326 repr.]

Si on fait un calque de cette aquarelle, on obtient le tracé exact du D. 6291 (cat. n° 76) avec le report de l'effet de détourage.

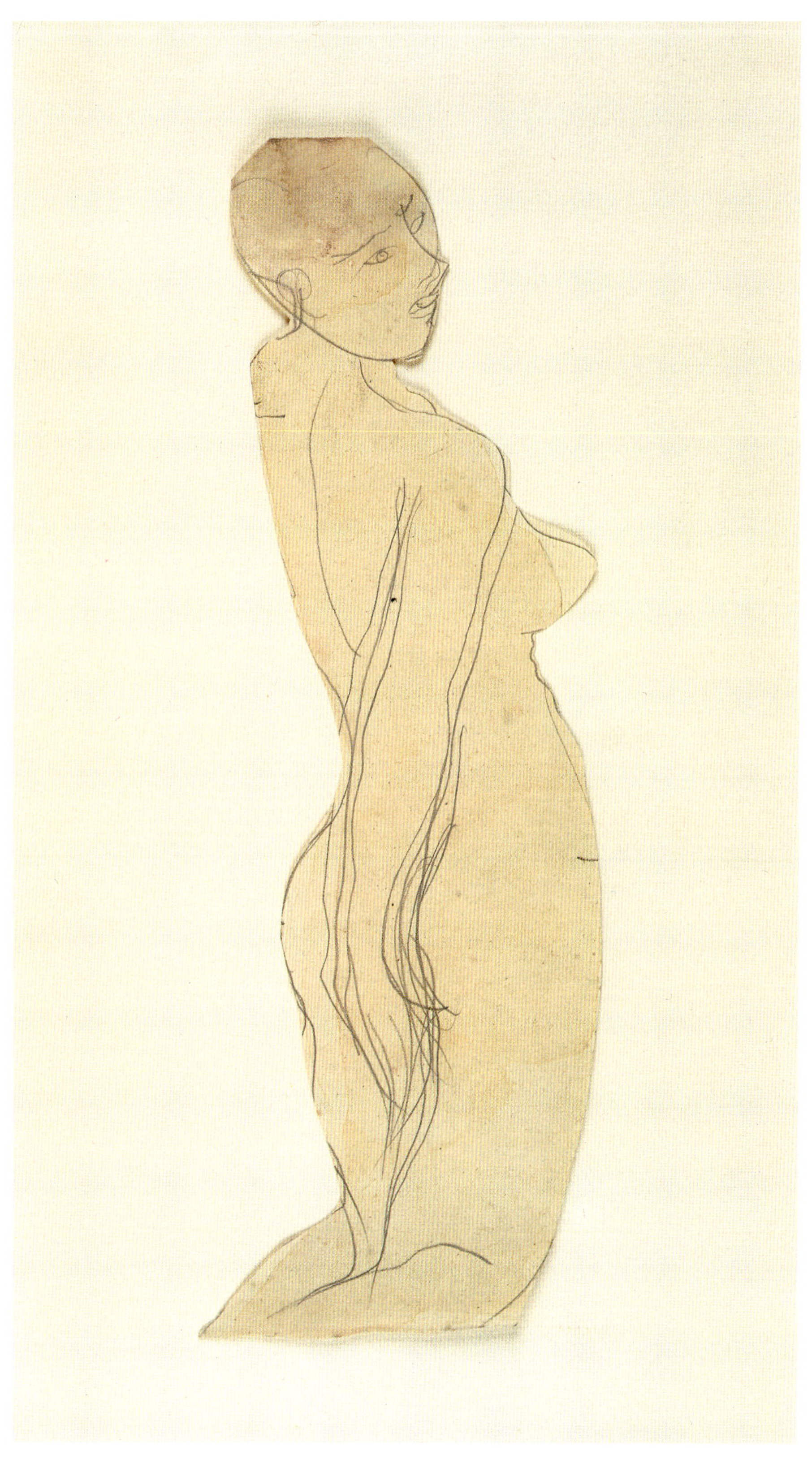

79 Femme nue agenouillée
entre 1900 et 1910?
Mine de plomb et aquarelle sur papier crème découpé.
H. 0,326; L. 0,090.

Historique:
Donation à l'Etat, 1916. Inv. D. 5217; Musée Rodin, Paris.

Bibliographie:
– Judrin Claudie: *Inventaire des dessins*, Paris, Musée Rodin, 1984-1992 [repr. t. IV]

Ce découpage correspond au dessin de Suisse, sauf pour le tracé extérieur de la tête et des jambes. Le mouvement du bras a été modifié. Il manque des maillons de la chaîne.

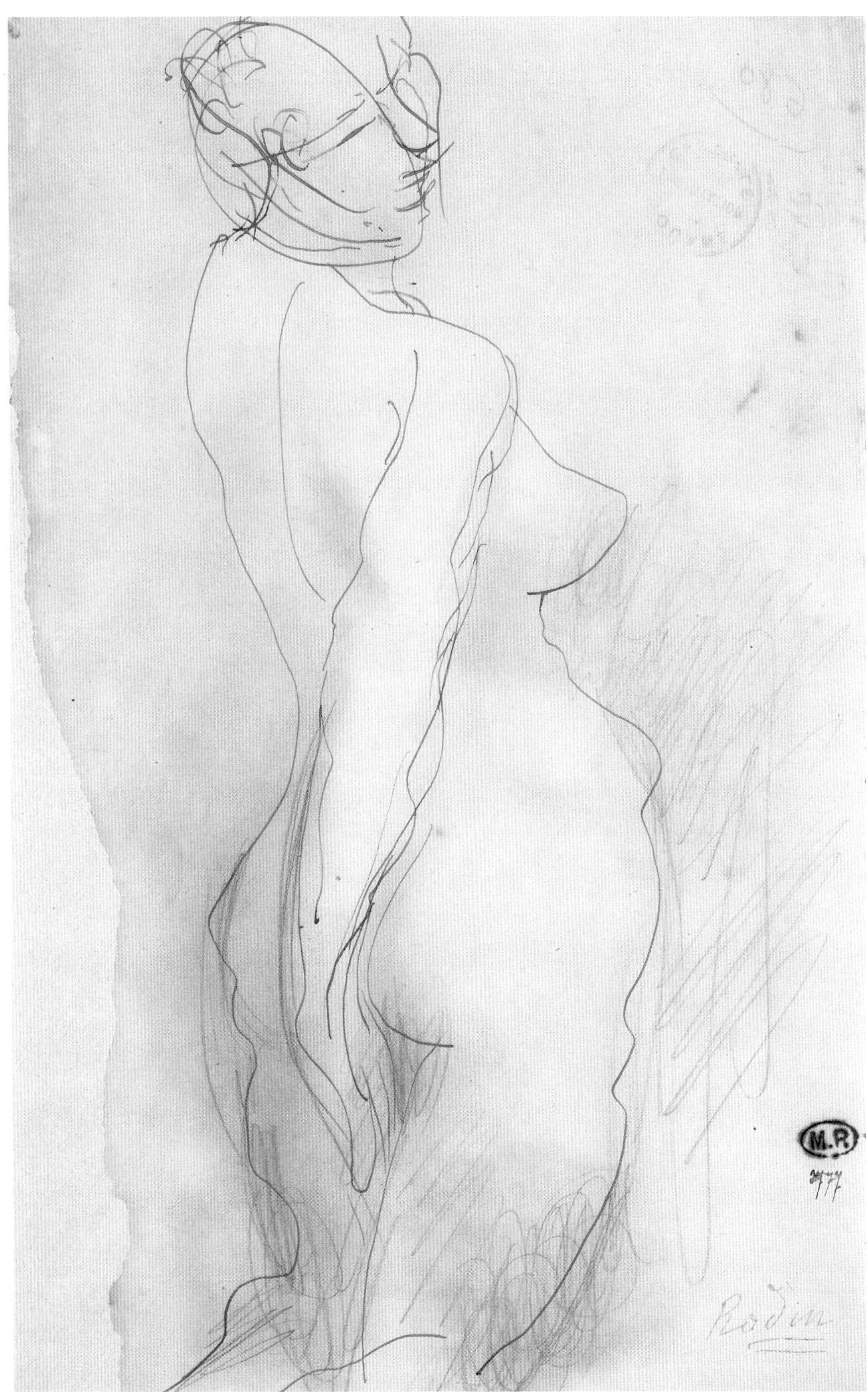

80 Femme nue de profil, une main à la fesse
entre 1900 et 1910?
Mine de plomb, estompe, plume et encre brune sur papier crème.
H. 0,310; L. 0,200.

Historique:
Cachet violet en bas, à droite: Rodin
Donation à l'Etat, 1916.
Inv. D. 2777;
Musée Rodin, Paris.

Bibliographie:
– Grappe Georges: *Rodin: 30 dessins*, préface de Georges Grappe, Paris, Braun, Galerie d'estampes, 1, 1933 [repr. pl. 18]
– Martinie Henri: *Auguste Rodin: 1840-1917*, Paris, Braun, collection des maîtres [1947] [repr. fig. 58]
– Judrin Claudie: *Inventaire des dessins*, Paris, Musée Rodin, 1984-1992 [repr. t. II]

81 Femme nue agenouillée ▷
et renversée en arrière
entre 1900 et 1910?
Mine de plomb et aquarelle sur papier crème découpé.
H. 0,253; L. 0,170.

Historique:
Donation à l'Etat, 1916.
Inv. D. 5221;
Musée Rodin, Paris.

Bibliographie:
– Judrin Claudie: *Inventaire des dessins*, Paris, Musée Rodin, 1984-1992 [repr. t. IV]

Expositions:
– *Rodin*, Shimonoseki, Shimonoseki City Art Museum, 24 mai - 22 juin 1986; Niigata, Niigata City Art Museum, 27 juin - 24 juillet 1986; Yokohama, Sago Museum of Art, 1er-27 août 1986 [cat. n° 3.25 repr.]

Ce découpage s'inscrit à la fois dans le personnage du calque (cat. n° 76) et du dessin suisse, cependant que l'autre découpage (cat. n° 79) ne se retrouve que dans le dessin (cat. n° 75).

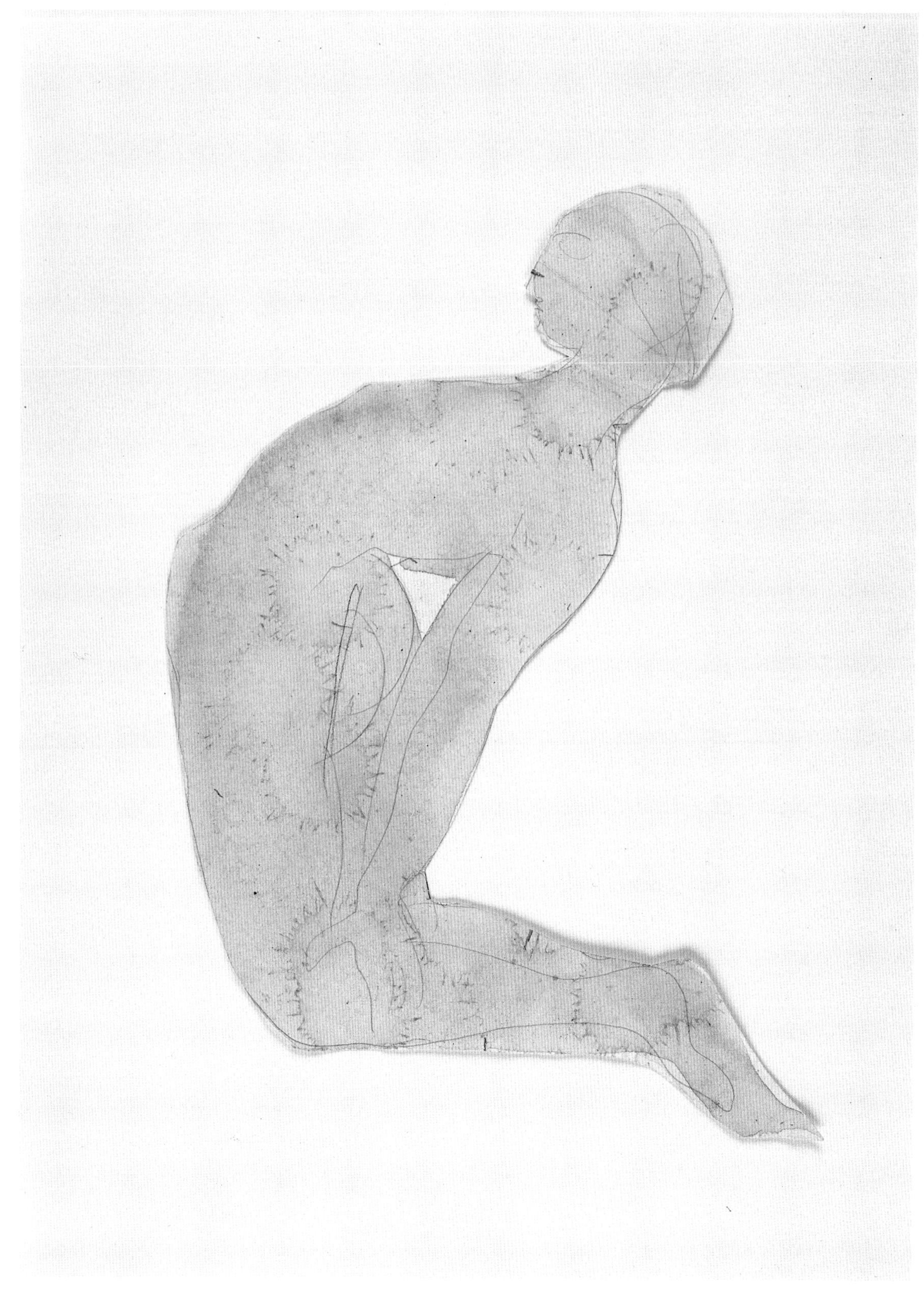

82 Deux femmes nues agenouillées, l'une se penche sur la poitrine de l'autre renversée en arrière
entre 1900 et 1910?
Mine de plomb et aquarelle sur papier crème.
H. 0,360; L. 0,295.
Signé à la mine de plomb, en haut à gauche: A. Rodin, et en bas à droite: A.R.

Historique:
Donation à l'Etat, 1916. Inv. D. 5730;
Musée Rodin, Paris.

Bibliographie:
– Judrin Claudie: *Inventaire des dessins*, Paris, Musée Rodin, 1984-1992 [repr. t. IV]

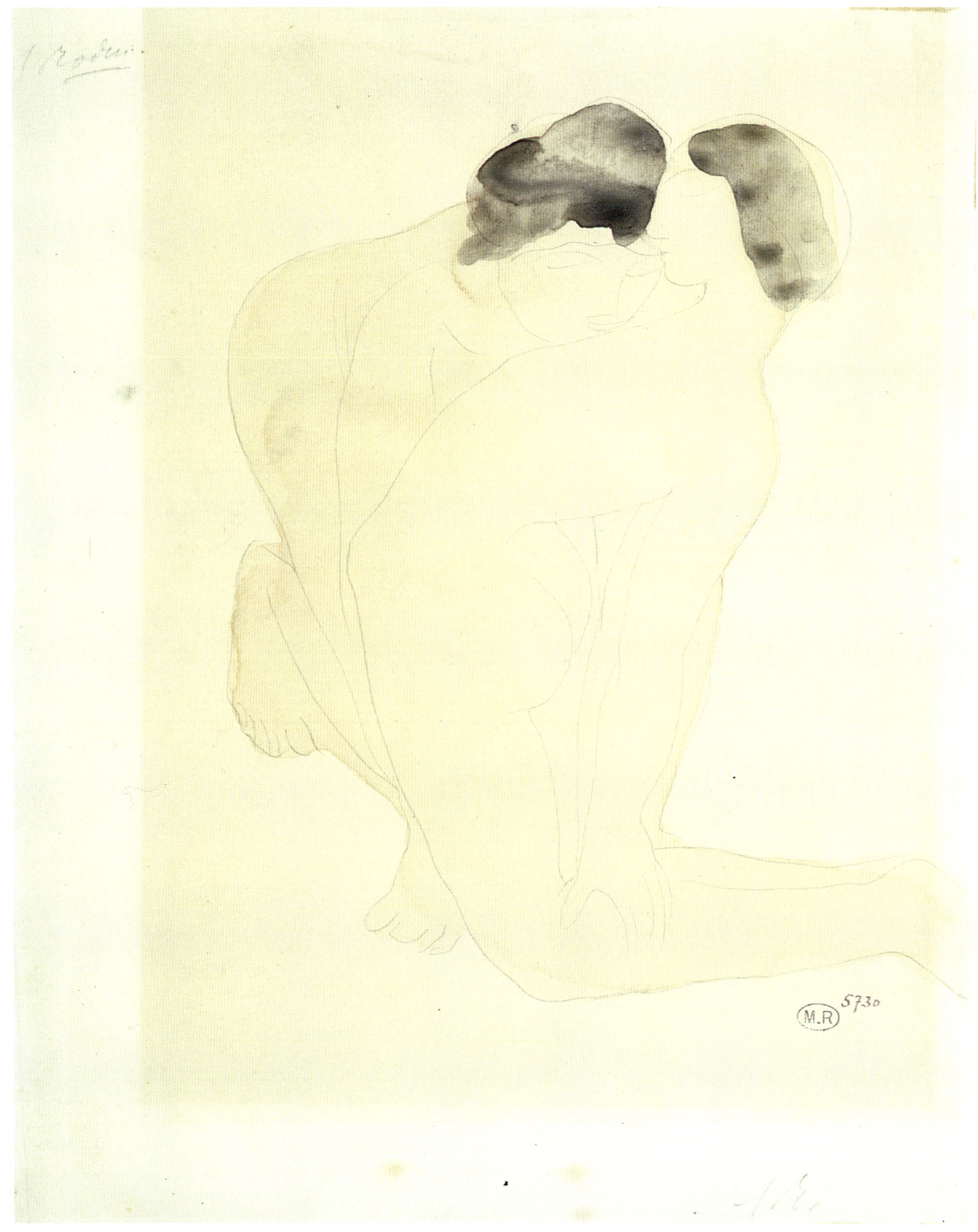

Diffusion

A la fin du XIXe siècle, les photographes et les graveurs se disputent encore la palme de la reproduction. Pour un public d'amateurs, la gravure garde alors un ascendant sans égal. Artistes aujourd'hui un peu négligés, les graveurs jouent alors un rôle encore éminent. La part d'interprétation est diverse selon qu'elle s'applique à une sculpture ou à un dessin.

Les procédés de diffusion du dessin de Rodin sont très variés: l'héliogravure ou fac-similé, en noir et en couleurs, utilisé avec bonheur dans l'album de 1897 publié par la maison Goupil; l'eau-forte interprétée par Henri Boutet; les bois d'Auguste Léveillé, Léon Bazin, Emile Froment et surtout de Jules-Léon Perrichon; enfin la lithographie mise à l'honneur par Auguste Clot dans les deux éditions illustrées du *Jardin des Supplices* d'Octave Mirbeau, puis celle des *Cathédrales de France*. Le succès du lithographe s'étendit même après la mort de Rodin jusqu'à la reproduction de faux dessins.

Même s'il est malaisé d'être précis, on sait que dès l'exploitation de ses dessins par la gravure, Rodin n'hésita pas, au tournant de ce siècle, à confier ces *«reproductions»* à de grandes manifestations, à Paris, aux Salons d'Automne notamment, mais aussi à l'étranger. Rodin apprécia vite le parti qu'il pouvait en tirer quand il se mit à prêter généreusement ses dessins[1]. Cependant, la qualité de ces travaux est telle qu'il n'est pas rare, de nos jours encore, de faire passer une lithographie pour un dessin. Nous allons donner deux exemples de dessins suisses traduits en lithographies et un exemple de dessin converti en bois.

La lithographie

Dès 1897, Ambroise Vollard s'adresse à Auguste Clot pour lithographier un dessin de Rodin en marge d'un *Album d'estampes originales* de sa galerie, puis deux ans plus tard pour en publier vingt autres en regard du *Jardin des Supplices* d'Octave Mirbeau. Ce maître imprimeur avait commencé à travailler chez Lemercier avant de fonder son propre atelier rue du Cherche-Midi à Paris. Remarqué par Degas qui s'écria devant une de ces lithographies: *«Comment, on a osé... Il est rudement fort le cochon qui a fait cela !»*[2], il se vante de répudier toute compromission avec la photographie et de conserver à son œuvre tout le caractère du dessin. Un article d'André Mellerio paru dans le numéro spécial de *La Plume*, consacré à Rodin en 1900[3] rend hommage à ces *«interprétations qui n'ont rien d'un froid fac-similé mais qui sont plutôt des transpositions chaudes et fidèles. Chaque couleur du dessin nécessite une pierre différente et chaque œuvre appelle une nouvelle transcription.»* On y voit les deux styles de Rodin: un dessin noir au lavis des années 1880 et un dessin à l'aquarelle de la dernière inspiration. L'aquarelle choisie par Clot et par Rodin, n'en doutons pas, retient notre attention.

[1] Judith Cladel rapporte qu'il «en était arrivé à tenir à eux [ses dessins] plus peut-être qu'à toute autre de ses œuvres et lorsqu'on le priait de les exposer, souvent, dans la crainte qu'ils ne s'égarassent ou ne fussent pas traités avec un soin suffisant, il les remplaçait par des fac-similés très bien faits». (*Rodin, sa vie glorieuse, sa vie inconnue*; Paris, Grasset, 1936, pp. 356-357.)

[2] Adhémar Jean: *Inventaire du fonds français après 1800*; tome cinquième, Paris, Bibliothèque Nationale, 1949, p. 50.

[3] Mellerio André: «Les dessins de Rodin interprétés lithographiquement en couleurs par A. Clot», Paris, *La Plume*, 1900, pp. 81-82.

83 Nu debout tourné vers la droite
vers 1900?
Mine de plomb et aquarelle sur papier crème collé sur un carton.
H. 0,502; L. 0,322.
Signé en haut à droite: A Rodin
Au verso, annoté: *beau*

Historique:
Ancienne collection Hahnloser, Winterthur; Vente Berne, Galerie Kornfeld, 25 et 26 juin 1992 [cat n° 638];
Collection particulière, Suisse.

Expositions:
– *Exposition de l'Alma – L'œuvre de Rodin*, Paris, Pavillon Rodin, place de l'Alma, 1er juin - fin novembre 1900 [hors cat.]
– *Europäische Meisterwerke aus Schweizer Sammlungen*, Munich, Staatliche Graphische Sammlung München, 8 août - 19 octobre 1969 [cat. n° 112 repr.]

Nous avons la certitude que ce dessin figura dans le pavillon Rodin, place de l'Alma, en 1900, grâce au numéro au pochoir encore présent sur son carton de support. Une annotation l'accompagne: *beau* alors qu'une liste de la main du gardien de l'exposition, le photographe Eugène Druet, fait état du nom de *Mirbeau* à côté du numéro 333. La référence à l'écrivain du *Jardin des Supplices* est conforme au souci du moment puisque Rodin a montré des dessins qui ont servi à l'illustration du livre dès 1899 à Bruxelles, à l'Alma en 1900, et qu'ils seront publiés par Vollard en 1902. Rodin n'a pas retenu pour l'ouvrage tous les dessins portant la mention *Mirbeau*.
L'article de *La Plume* va paraître durant l'exposition de l'Alma et la lithographie de Clot: *Etude de femme* présente des rapports notamment de dimensions avec le dessin. Cette lithographie a été tirée en vert, peut-être en épreuve d'essai au nombre de sept, si l'on en croit une inscription sur un exemplaire du musée Boymans de Rotterdam. La même épreuve de couleur brune sur Japon et portant le numéro 8 appartient aux collections de la Fondation Doucet (cat. n° 84).
Nous retrouvons cette même lithographie dans *Les Maîtres Artistes* du 15 octobre 1903 (cat. n° 86). Même si nous ne pouvons conclure que le dessin est celui qui a servi à Clot pour sa lithographie, la comparaison nous a paru éloquente.

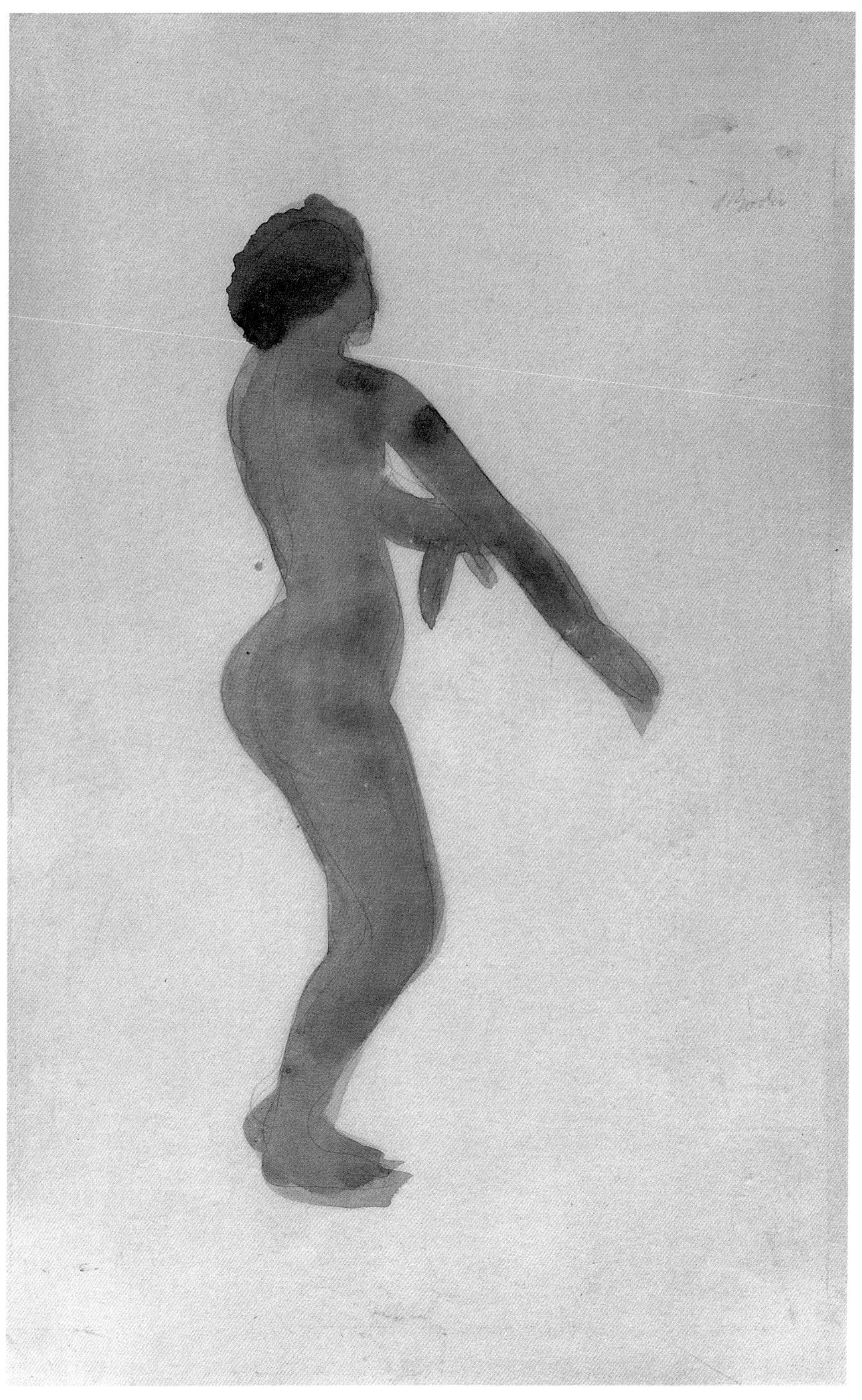

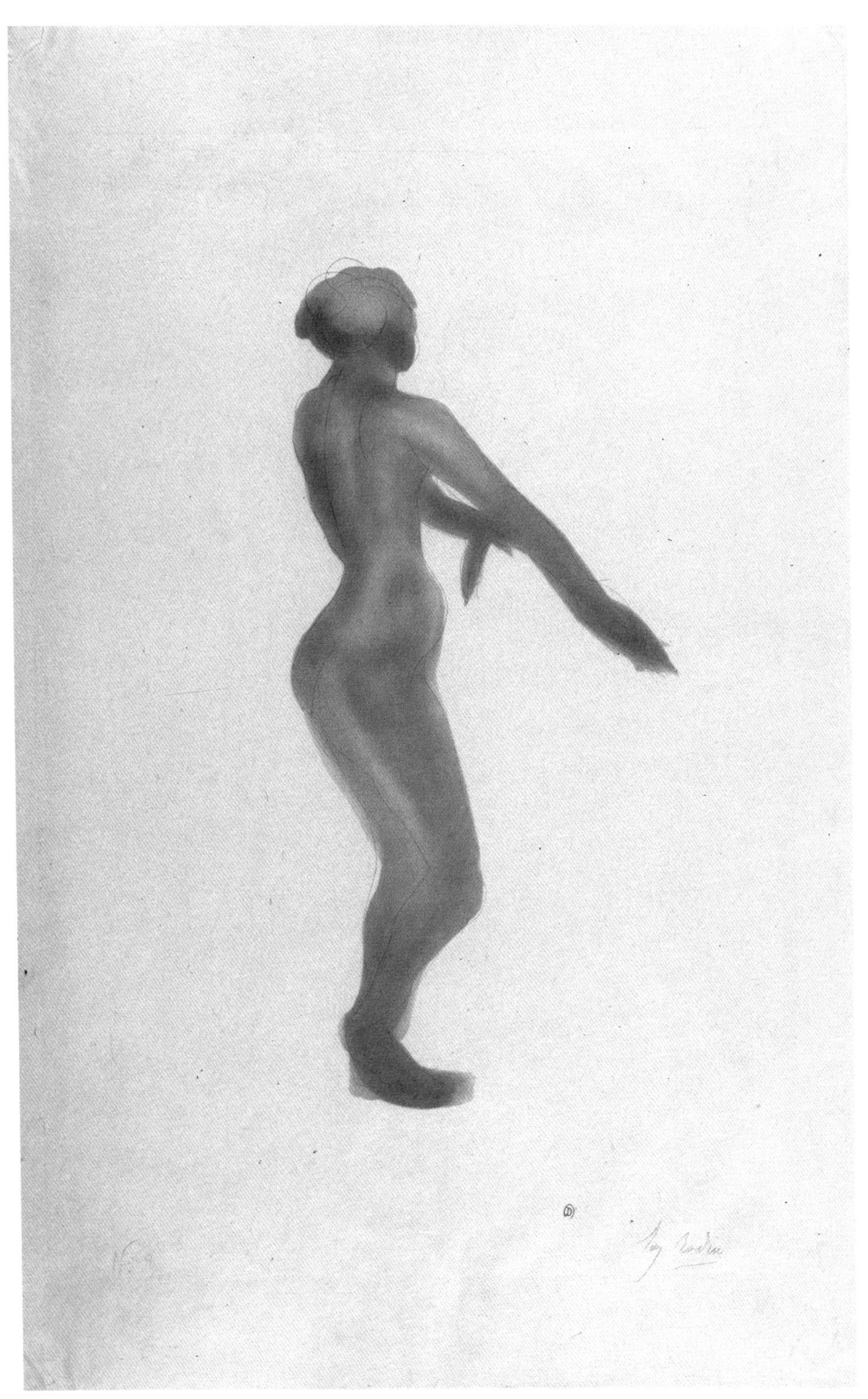

84 Auguste Clot (1858-1936)

Femme nue de profil marchant vers la droite, bras tendus vers 1900?
Lithographie imprimée en brun sur Japon à la forme à grandes marges (planche n° 28).
Signé en bas à droite dans la pierre: Aug. Rodin
Annoté en bas à gauche: n° 8
H. 0,592; L. 0,372.

Historique:
Bibliothèque d'Art et d'Archéologie, Fondation Jacques Doucet, Paris.

84 AUGUSTE RODIN ET SON ŒUVRE.

ni pour ni contre, examinons cette statue de Balzac qui est le résultat de longues années de réflexion, comme le savent bien tous ceux qui fréquemment visitent l'atelier du sculpteur. Il a représenté Balzac dans son accoutrement favori ; les formes corpulentes du romancier sont drapées dans une robe de moine, et Balzac, rejetant sa tête en arrière dans une attitude légèrement exagérée peut-être, regarde au loin avec des yeux profonds et ironiques. La lèvre supérieure et la moustache ont un retroussement satirique marqué ; le front est couvert par une masse lourde de cheveux ; les mains sont croisées par devant sous la robe, dont les manches pendent vides. Tout cela est rendu avec la plus grande simplicité, et avec l'évidente intention de donner à la statue le traitement le plus large possible, sans accuser presque les plis du vêtement ou la structure du corps — ce corps énorme, au cou presque monstrueux qu'on a si véhémentement reproché à Rodin. C'est ainsi que Rodin *a senti* Balzac ; c'est là sa conception de l'énigmatique personnalité de la *Comédie humaine*.

De tous les reproches qu'on a faits à Rodin celui-ci me semble le moins justifiable. Il est vrai qu'il n'y a que très peu de documents descriptifs de Balzac, mais ce qu'il y en a — en dehors de l'œuvre du génial auteur qu'il a lu et relu — Rodin les a patiemment étudiés et comparés. Il n'a pas dédaigné le buste de David, à la Comédie-Française, non plus que le petit portrait de Louis Boulanger qui figura à l'Exposition universelle de 1889, et le daguerréotype qui est loin d'être expressif, tiré il y a fort longtemps par Nadar. Enfin et surtout, il s'est pénétré du beau passage écrit par Lamartine sur Balzac, le plus précieux document peut-être qui existe sur le sujet et qui campe le plus clairement l'homme à nos yeux. Si nous comparons ce portrait écrit à l'œuvre conçue par Rodin nous apercevons immédiatement leur étroite connection.

Lamartine a écrit : « Le poids semblait lui donner de la force. » Et il ajoute qu'il s'asseyait souvent la tête penchée en avant et qu'il la rejetait inopinément en arrière avec une sorte d'orgueil héroïque, à mesure qu'il s'animait en parlant.

Cela suffit pour montrer la sincérité de l'œuvre de Rodin.

Quant à déclarer catégoriquement que c'est un chef-d'œuvre, c'est une tout autre question. Le traitement est si nouveau, le style si hardi et déconcertant, qu'il serait sage de laisser passer quelques années avant d'émettre un jugement définitif : alors nous saurons si le *Balzac* est le point de départ d'un nouveau style en sculpture, l'exemple précurseur d'une nouvelle forme d'art ou seulement l'erreur passagère d'un grand artiste.

Quoi qu'il en soit, la dignité de vie de Rodin et la conscience avec laquelle il a exécuté son œuvre commandent notre respect.

Le public peut plus vraisemblablement commettre une sottise en se prononçant hâtivement, que Rodin ne peut produire une œuvre délibérément inférieure, et c'est ce dont on ne s'est pas suffisamment rendu compte.

HENRI FRANTZ
(Trad. par H.-D. Davray).

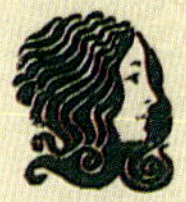

L'EXPOSITION RODIN

L'ENTRÉE dans la lumière, dans l'épanouissement blanc de la Beauté. Les murs tendus d'étoffe pâle comme un reflet de soleil sur l'eau et, par dessus, contre les parois vitrées, la moire verte et douce des arbres qui appuient le baiser frissonnant de leurs feuilles contre ce pavillon que des velums blancs font pareil à quelque vaisseau, toute voilure déployée, claquante, portant le trésor de sa cargaison vers d'autres rives ; et, entre les toiles, par les vitrages béants, c'est, par instants, la lente tombée tourbillonnante d'une feuille précieusement flétrie et dorée, qui s'abat sur une épaule nue, aux pieds d'un groupe...

Les groupes, — splendeur du baiser, — ils sont là, nombreux comme les flots magnifiques de l'océan du génie ; déroulés, enroulés et apportés au seuil de cette Porte de l'Enfer dressée puissante et effarante, gonflée du germe de toutes les terreurs et de toutes les voluptés.

Ici, la Mort est bien cette sœur de l'Amour

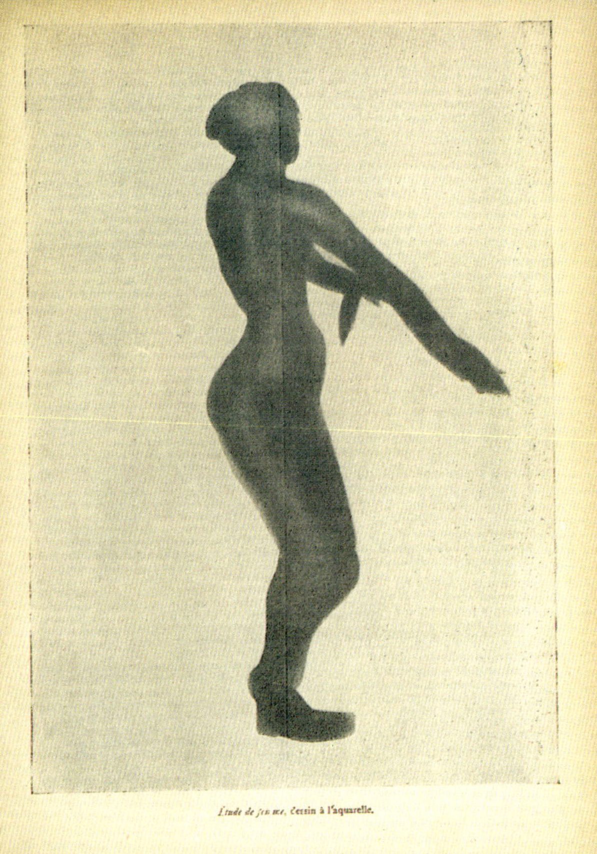

Etude de femme, dessin à l'aquarelle.

85 Armand-Blanc May

L'Exposition Rodin, in *AUGUSTE RODIN ET SON ŒUVRE*, Avec 65 reproductions des Œuvres du Maître et 8 Portraits, éd. de La Plume, Paris, 1900.
Relié toile.
Préface d'Octave Mirbeau.

Etude de femme, dessin à l'aquarelle

Historique:
Donation à l'Etat, 1916. Inv. n° 2067;
Musée Rodin, Paris.

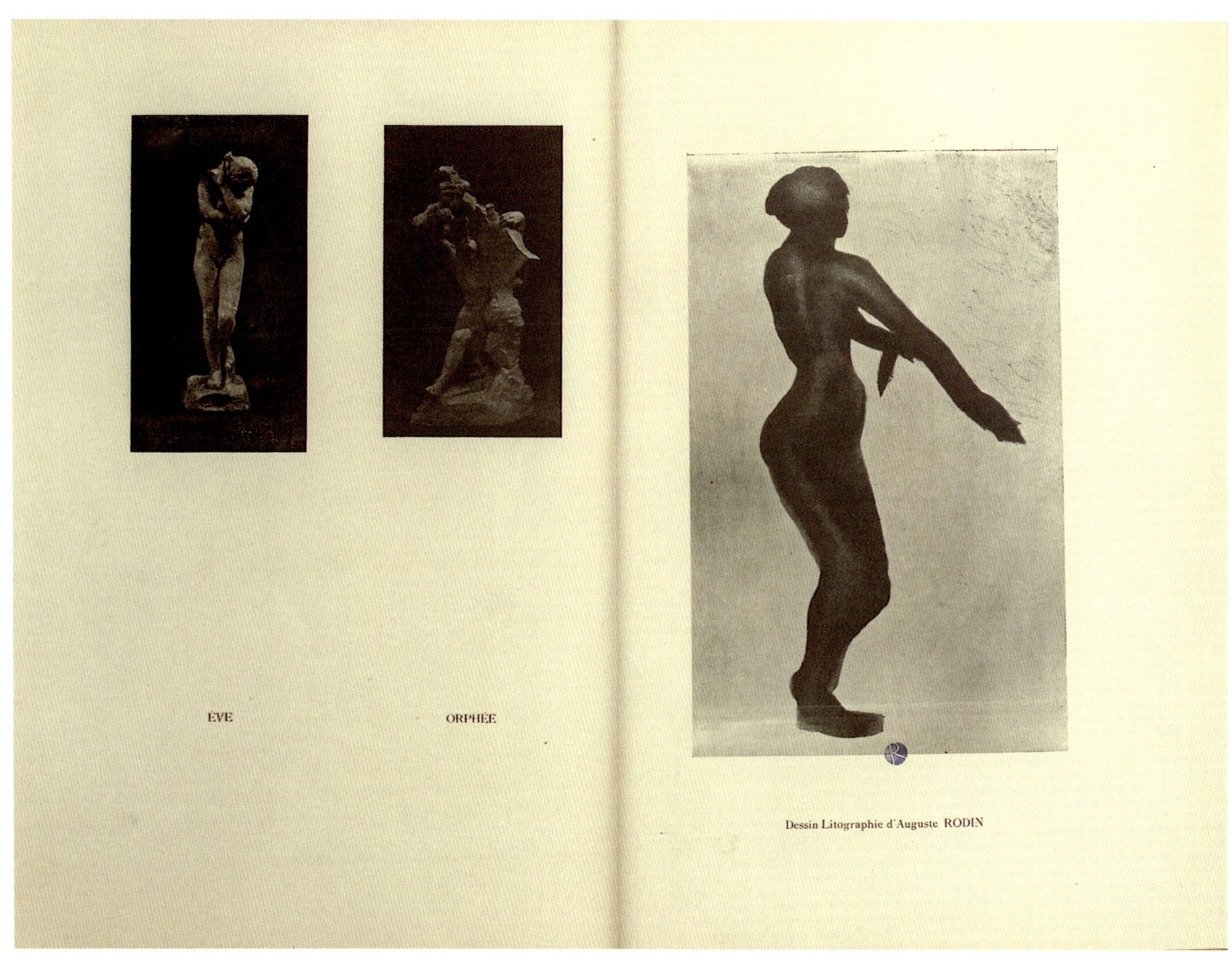

86 Mauclair Camille:

Auguste Rodin, son œuvre, son milieu, son influence, in *LES MAÎTRES ARTISTES*, Revue mensuelle, Peinture, Sculpture, Gravures, Lithographies et Objets d'art, Paris, 3e année, n° 8, 15 oct. 1903.
Numéro consacré à Auguste Rodin
Reproductions de dessins, lithographies et pointes-sèches de Rodin.

Dessin lithographié d'Auguste Rodin

Historique:
Donation à l'Etat, 1916. Inv. D. 1850;
Musée Rodin, Paris.

Notre deuxième modèle de dessin traduit en lithographie nous permet de suivre l'histoire d'une œuvre dans son entier.

Le dessin de Zurich dont nous ignorions la trace a été lithographié en regard de la page de titre d'un livre de poèmes d'Aleister Crowley édité à compte d'auteur à Londres en 1907 (cat. n° 92).

Dès 1902, Rodin est en correspondance avec un lord écossais, Boleskine, qui fit des expéditions en Chine et qui écrivit une quarantaine de poésies sur ses sculptures. Il s'adresse à Rodin sous son nom de plume Crowley et semble lui acheter en 1903 un bronze de *L'Illusion*. Il publie de juillet 1903 à janvier 1904 ses poèmes en anglais dans *The Weekly critical review* et demande conjointement à Marcel Schwob de lui en faire la traduction. Pour l'en remercier, Rodin donne deux dessins à Schwob qui reconnaît qu'ils appartiennent à la série Mirbeau. Le poète n'en jouira pas longtemps puisqu'il mourut en 1905 sans avoir vu imprimés les sonnets qu'il avait traduits.

Le 2 novembre 1904, Rodin remet à Crowley trois dessins sur les sept pour qu'ils soient lithographiés par Clot. Plusieurs échanges s'ensuivent. Le sculpteur écrit une lettre qui sera placée en tête du livre.

Le 18 octobre 1905, Crowley fait graver un hommage à Rodin sur un pot à bière acheté à Londres chez l'orfèvre Thomas. L'objet fait partie des collections que Rodin a laissées à l'Etat (cat. n° 94).

Homme assurément secret, l'Ecossais publie sous un nouveau nom d'emprunt, H. D. Carr, une trilogie d'amour «*au service d'Eros qui plaît,* dit-il, *même quand il blesse*»[1] sous les titres *Rosa Mundi* en 1905, *Rosa Coeli* et *Rosa Inferni* en 1907.

Des dessins les illustrent, et c'est l'occasion de remarquer la fidélité totale de Clot à l'égard de son modèle, jusque dans ses dimensions. A côté du dessin de Zurich, nous voyons les étapes de la lithographie correspondant à une pierre avec le trait seul (cat. n° 88), à une autre avec la couleur seule (cat. n° 89) et enfin à l'œuvre telle qu'elle figure dans le livre (cat. n° 91). Nous y avons joint un dessin du Musée Rodin, très proche, contemporain et assurément une image du même modèle (cat. n° 93).

L'histoire de l'œuvre ne s'arrêta pas à la date de sa publication en 1907 puisqu'elle porte une dédicace de Rodin «*au grand écrivain, à Jean de Bonnefon, son admirateur et ami*» datée de mars 1915. Le sculpteur venait d'achever le livre sur les *Cathédrales de France* et, en pleine guerre, le journaliste lui répond en publiant *Les Cathédrales de France devant les barbares* (cat. n° 95). L'envoi du dessin s'ensuivit et une lettre de Bonnefon du 15 mars 1915 en est la preuve: «*Je n'ai rien fait pour mériter cette joie et cet honneur, avoir un dessin de vous !*»[2] On sait aussi que l'écrivain fréquentait le clergé et qu'il facilita la rencontre de Rodin avec le pape Benoît XV dont il fit le buste. L'homme faisait de nombreuses conférences, même à l'étranger, à Lausanne en juin 1915, et écrivit son dernier livre en 1926 sur Chopin, Rodin et Barbey d'Aurevilly sous le titre de *Triptyque d'âmes*[3].

[1] Lettre de A. Crowley à Rodin, 9 mai 1907; Archives, Musée Rodin, Paris.

[2] Archives, Musée Rodin, Paris.

[3] Bonnefon Jean de: *Triptyque d'âmes*, Paris, Picart, 1926.

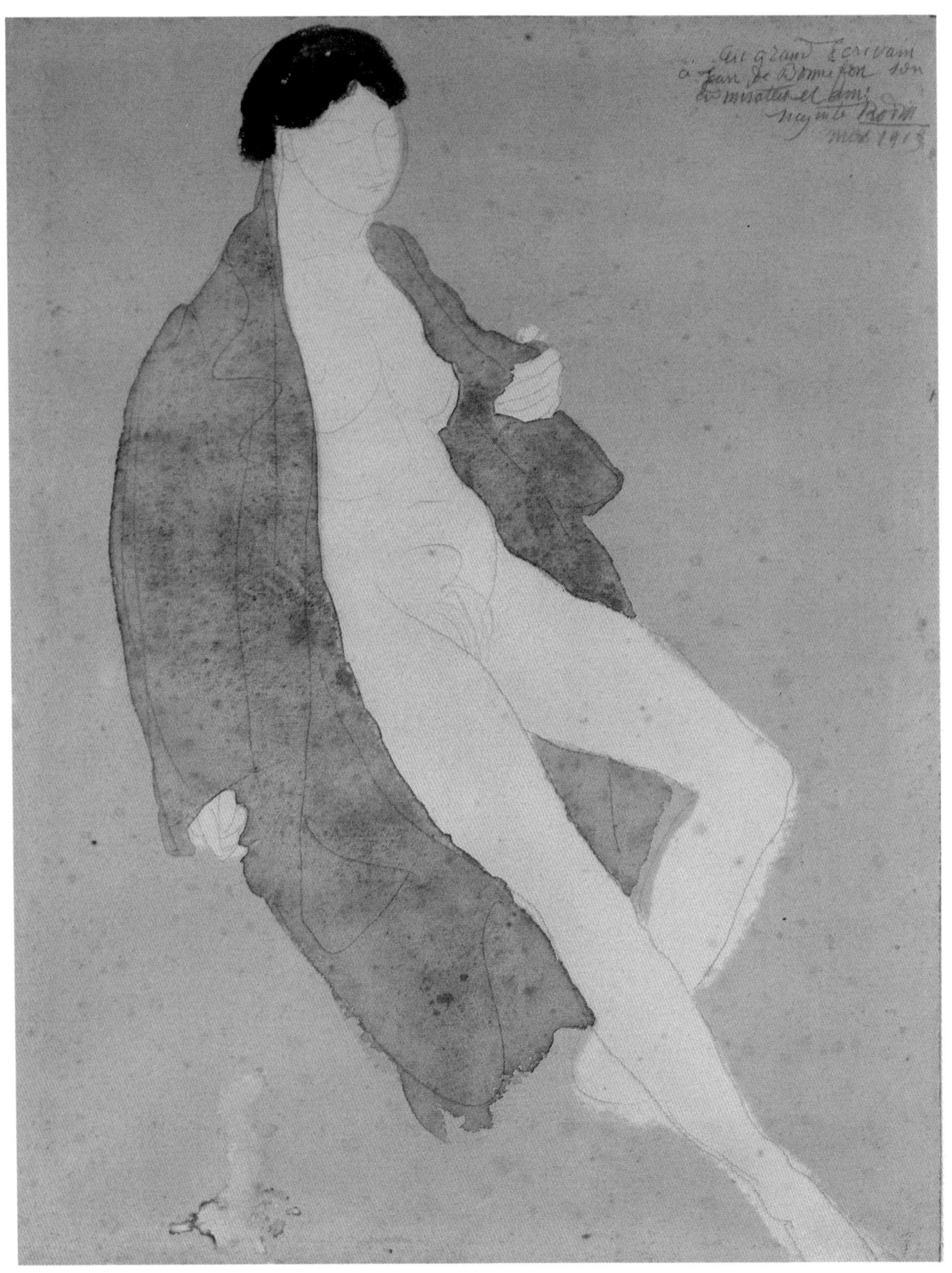

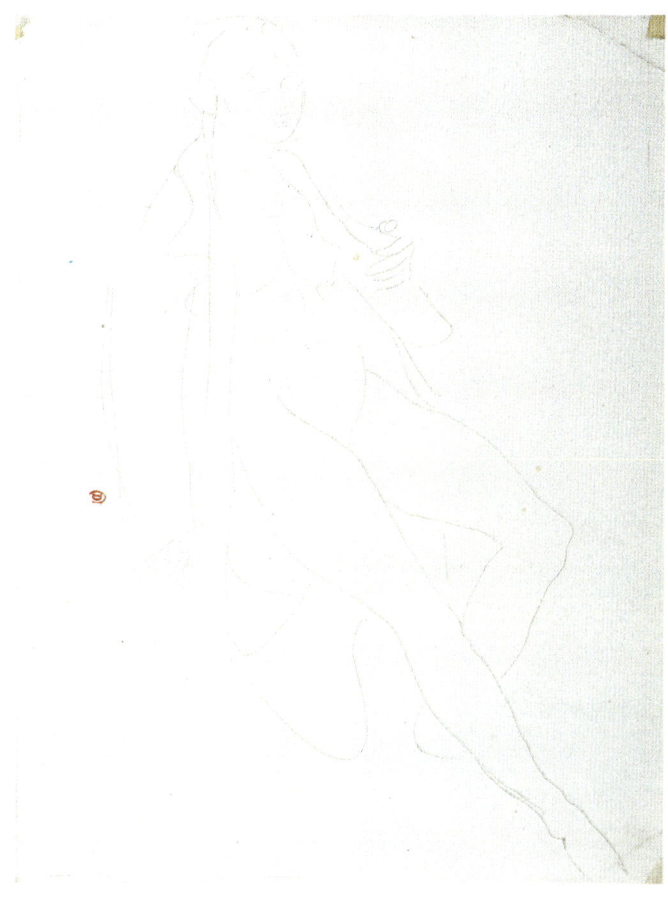

88 Auguste Clot (1858-1936)

Femme assise vers la droite, vêtement ouvert
vers 1907
Lithographie d'après le dessin (cat. n° 87).
(Planche n° 15 - Trait seul)
H. 0,328; L. 0,255.

Historique:
Bibliothèque d'Art et d'Archéologie, Fondation Jacques Doucet, Paris.

◁ **87** Femme au vêtement entrouvert
vers 1904?
Mine de plomb et aquarelle sur papier crème.
H.0,325; L. 0,250.
Annoté, daté et signé en haut, à droite à la mine de plomb: *au grand écrivain à Jean de Bonnefon son admirateur et ami Auguste Rodin Mars 1915*

Historique:
Collection du restaurant Kronenhalle, Zurich.

Bibliographie:
– Crowley Aleister: *Auguste Rodin*, Londres, Chiswick Press, 1907 [frontispice]

89 Auguste Clot (1858-1936)

Femme assise vers la droite, vêtement ouvert
vers 1907
Lithographie d'après le dessin (cat. n° 87).
(Planche n° 15 - Couleur chair seule)
H. 0,327; L. 0,250.

Historique:
Bibliothèque d'Art et d'Archéologie, Fondation Jacques Doucet, Paris.

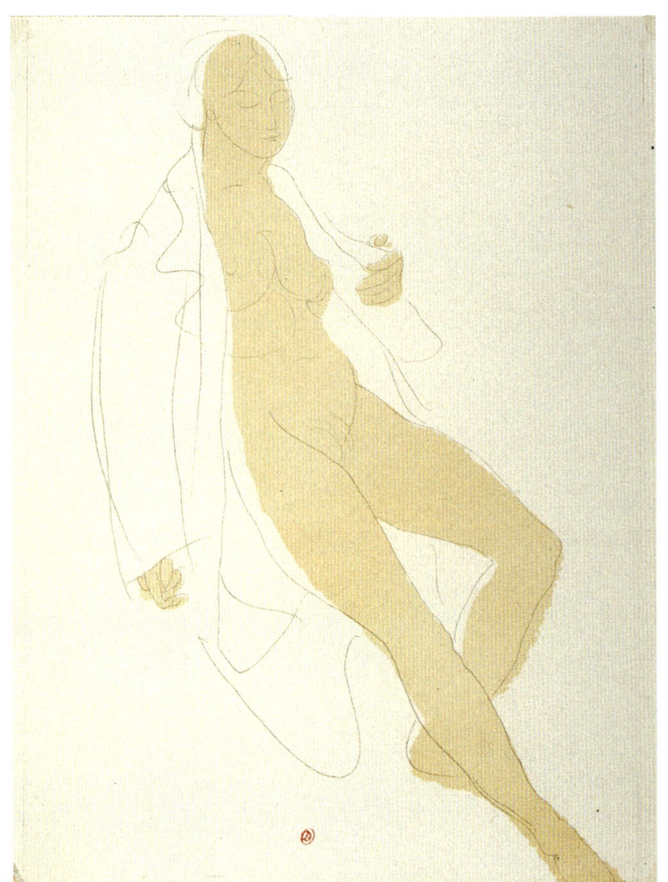

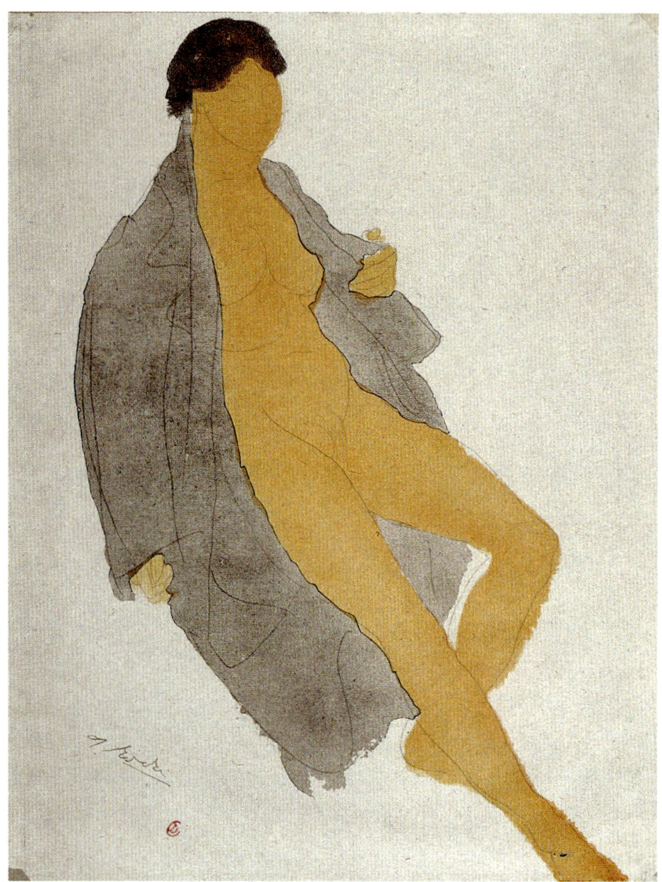

90 Auguste Clot (1858-1936)

Femme assise vers la droite, vêtement ouvert
vers 1907

Lithographie d'après le dessin (cat. n° 87).
(Planche n° 16 - Couleur chair et trait seulement)
H. 0,327; L. 0,250.

Historique:
Bibliothèque d'Art et d'Archéologie, Fondation Jacques Doucet, Paris.

91 Auguste Clot (1858-1936)

Femme assise vers la droite, vêtement ouvert
vers 1907

Lithographie sur Chine d'après le dessin (cat. n° 87).
(Planche n° 16)
H. 0,327; L. 0,250.
Signé en bas, à gauche, en travers: A Rodin

Historique:
Bibliothèque d'Art et d'Archéologie, Fondation Jacques Doucet, Paris.

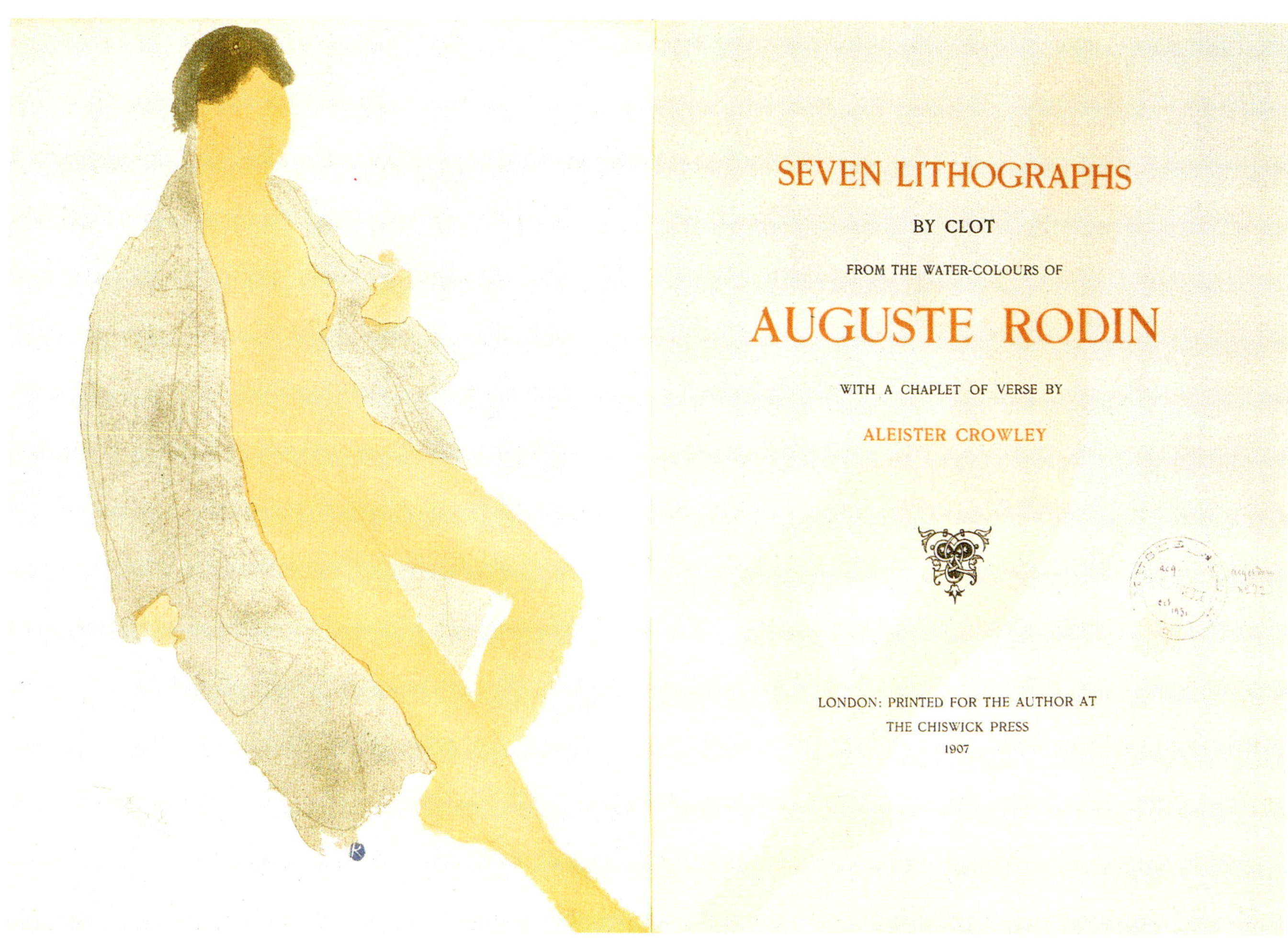

SEVEN LITHOGRAPHS

BY CLOT

FROM THE WATER-COLOURS OF

AUGUSTE RODIN

WITH A CHAPLET OF VERSE BY

ALEISTER CROWLEY

LONDON: PRINTED FOR THE AUTHOR AT
THE CHISWICK PRESS
1907

92 Crowley Aleister

AUGUSTE RODIN
Seven lithographs from the water-colours of Auguste Rodin by Clot with a chaplet of verse by Aleister Crowley, printed for the author at the Chiswick Press, London, 1907.
Exemplaire sur papier à la cuve, relié percaline éditeur.
Préface: lettre d'Auguste Rodin à Aleister Crowley

Tirage: 2 exemplaires sur peau de vélin, 10 sur Chine, 488 sur papier à la cuve

Historique:
Acquis en octobre 1931. Inv. n° 6753;
Musée Rodin, Paris.

93 Femme assise, de trois quarts vers la droite, le vêtement ouvert
vers 1904?
Mine de plomb et aquarelle sur papier crème.
H. 0,326; L. 0,250.

Historique:
Donation à l'Etat, 1916. Inv. D. 4830;
Musée Rodin, Paris.

Bibliographie:
– Judrin Claudie: *Inventaire des dessins*, Paris, Musée Rodin, 1984-1992 [repr. t. IV]

Expositions:
– *Rodin*, Tel-Aviv, Pavillon Helena Rubinstein, février-mars 1967 [cat. n° 77 repr.]
– *Rodin*, Rome, Villa Médicis, Académie de France, 26 mai - 30 juin 1967 [cat. n° 112, fig. 43]

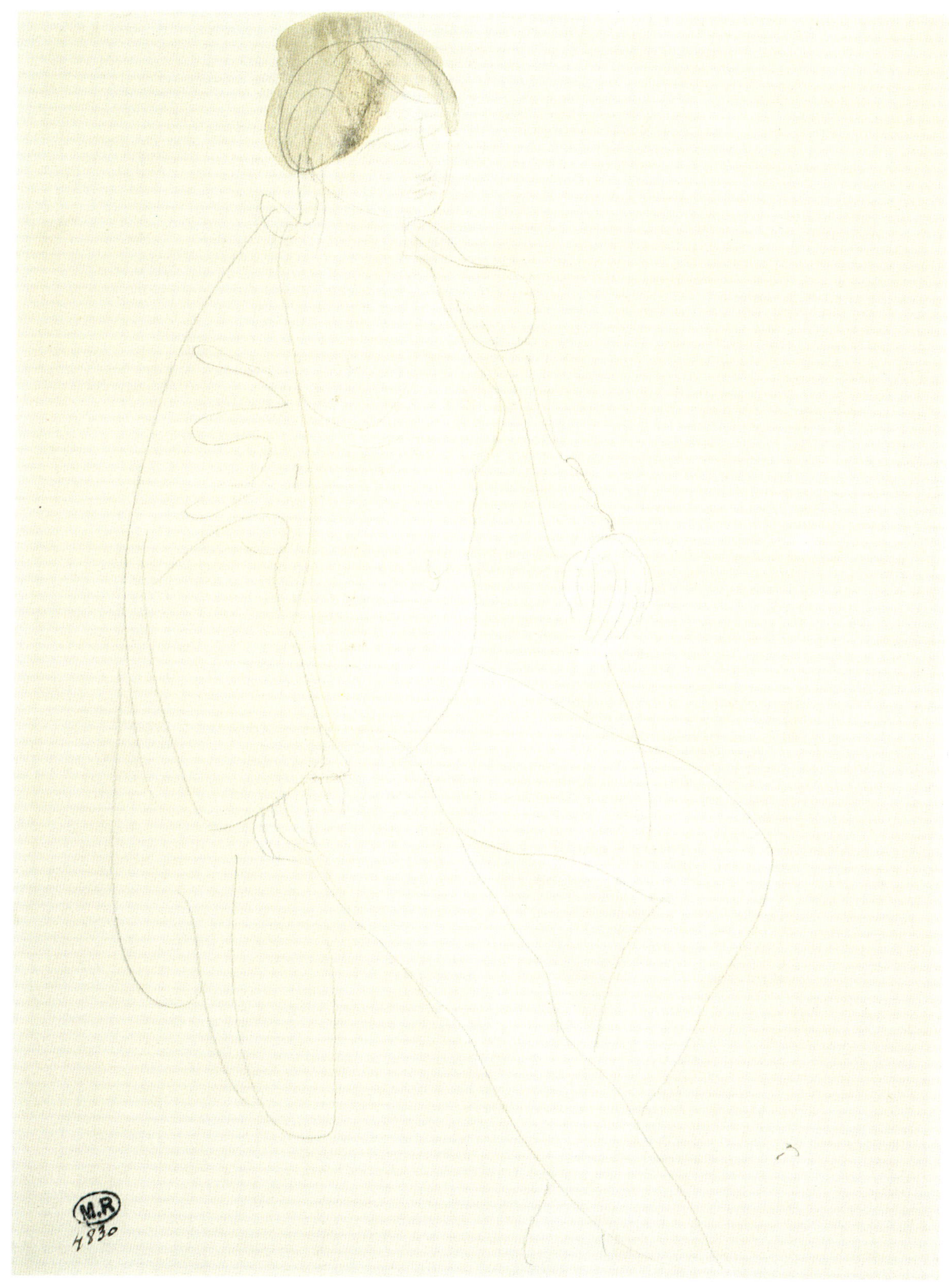
M.R
4830

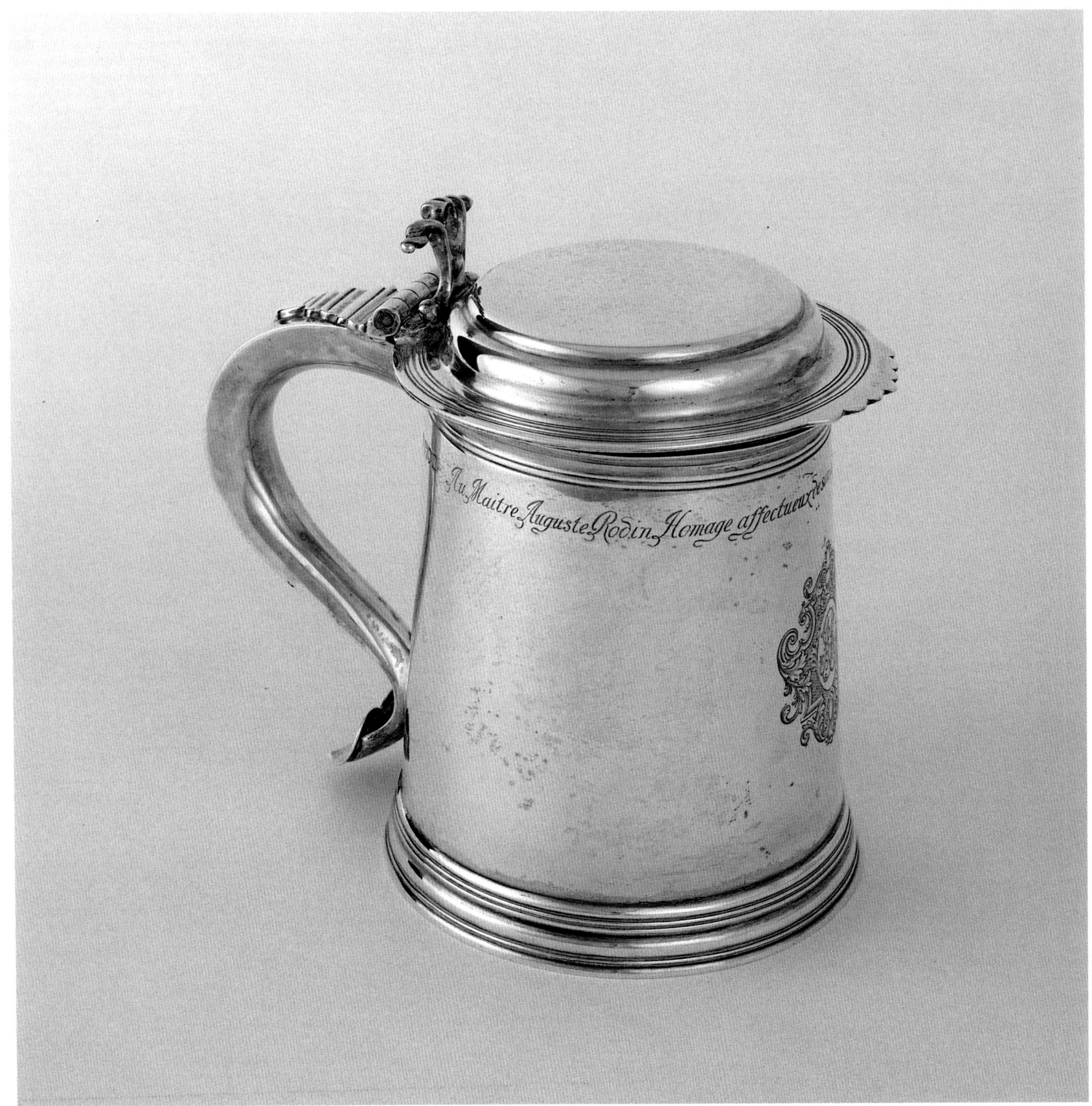

94 Pot à bière
1904
Angleterre, Londres.
Argent.
H. 0,165; D. 0,136 (largeur avec anse: 0,207).
Inscription: *«Au Maître Auguste Rodin. Hommage affectueux de son admirateur Georges A. Crowley, le 18 octobre 1905»*

Historique:
Offert par Crowley à Rodin le 18 octobre 1905; Donation à l'Etat, 1916. Inv. Co. 3083;
Musée Rodin, Paris.

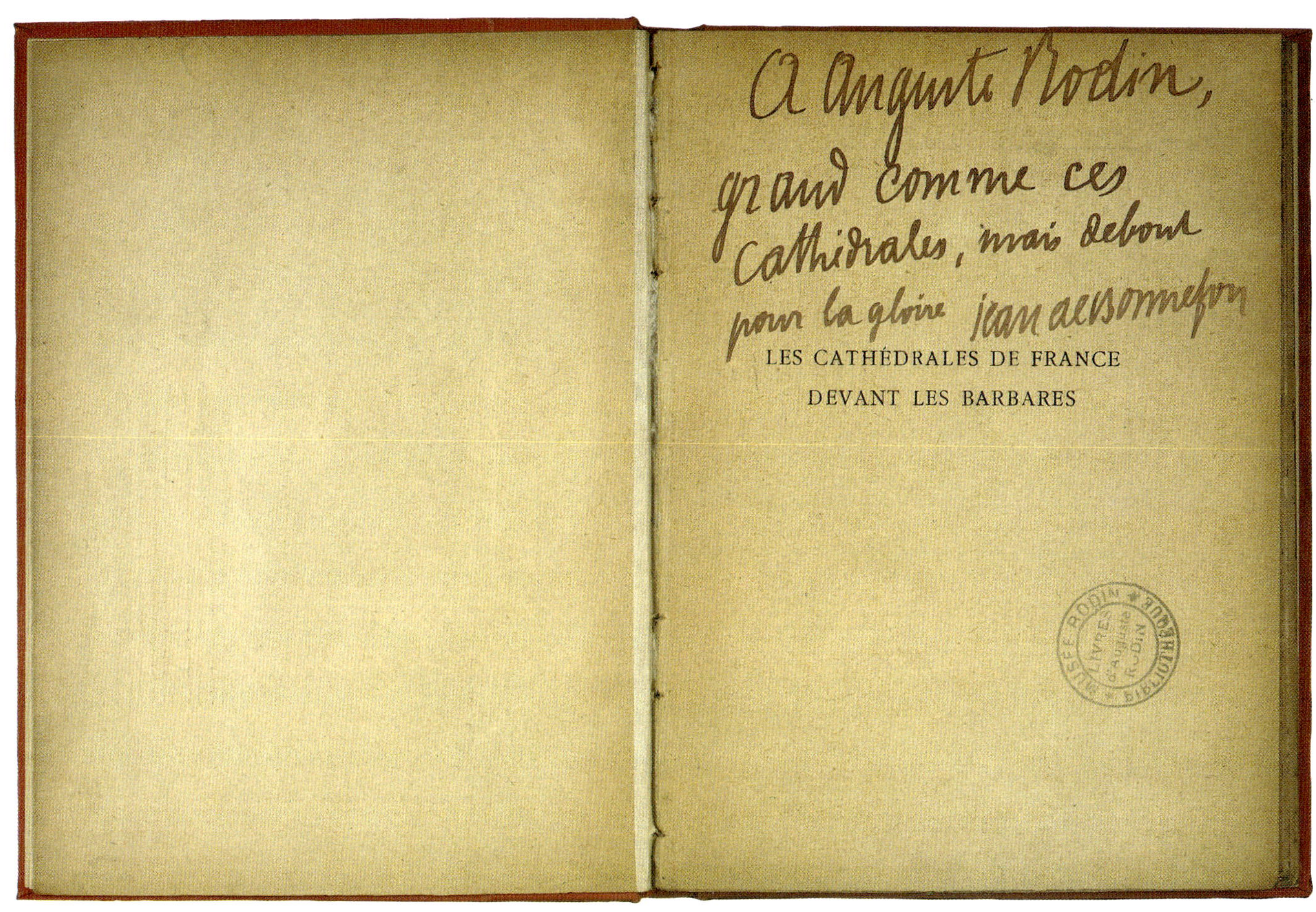

95 Bonnefon Jean de

LES CATHÉDRALES DE FRANCE DEVANT LES BARBARES,
Société d'Editions, Paris, s.d. [1915], 21e éd.
Relié percaline.
Illustrations de Gautier de Soucy.

Dédicacé: *A Auguste Rodin, / grand comme ces / cathédrales, mais debout / pour la gloire / Jean de Bonnefon*

Historique:
Donation à l'Etat, 1916. Inv. 6816;
Musée Rodin, Paris.

Le bois

Rodin, comme tout artiste, apprécie qu'un graveur respecte le modèle qu'il lui confie. Dans le même temps qu'Auguste Clot remplit ses exigences pour traduire ses aquarelles sur la pierre, Jules-Léon Perrichon en fait autant dans le bois pour les dessins au trait. Il rencontre Rodin en 1898 chez Jean Dolent. Fils de graveur et peintre, il devint l'interprète préféré d'une centaine de dessins qui illustrent des revues artistiques comme la *Revue Blanche*, *La Plume*, *Les Maîtres Artistes*, *L'Image*, sans oublier à l'étranger *Volne Smery* à Prague... Ces études à la mine de plomb qui sont comme des instantanés vont être ainsi diffusées au lieu de rester dans le secret des cartons. C'est Bracquemond qui observe que seule une gravure sur bois peut être en accord parfait avec un texte imprimé. La finesse des bois de Perrichon viendrait d'un procédé de réduction photographique de mise au point qui donnerait au bois tout son moelleux. Il est vrai que les bois sont plus petits que les originaux (contrairement aux lithographies). On parla de tour de force du graveur, d'un travail d'interprétation et non de copie servile, mais la fidélité des bois enchantait Rodin.[1]

[1] «Enfin j'exposerai quelques gravures d'après mes dessins, des gravures de Perrichon, qui me plaisent beaucoup... et il n'y aura plus qu'à attendre l'avis du public».
Rodin cité par René Benjamin, *une visite à Auguste Rodin*, in *Gil Blas*, 23 septembre 1910

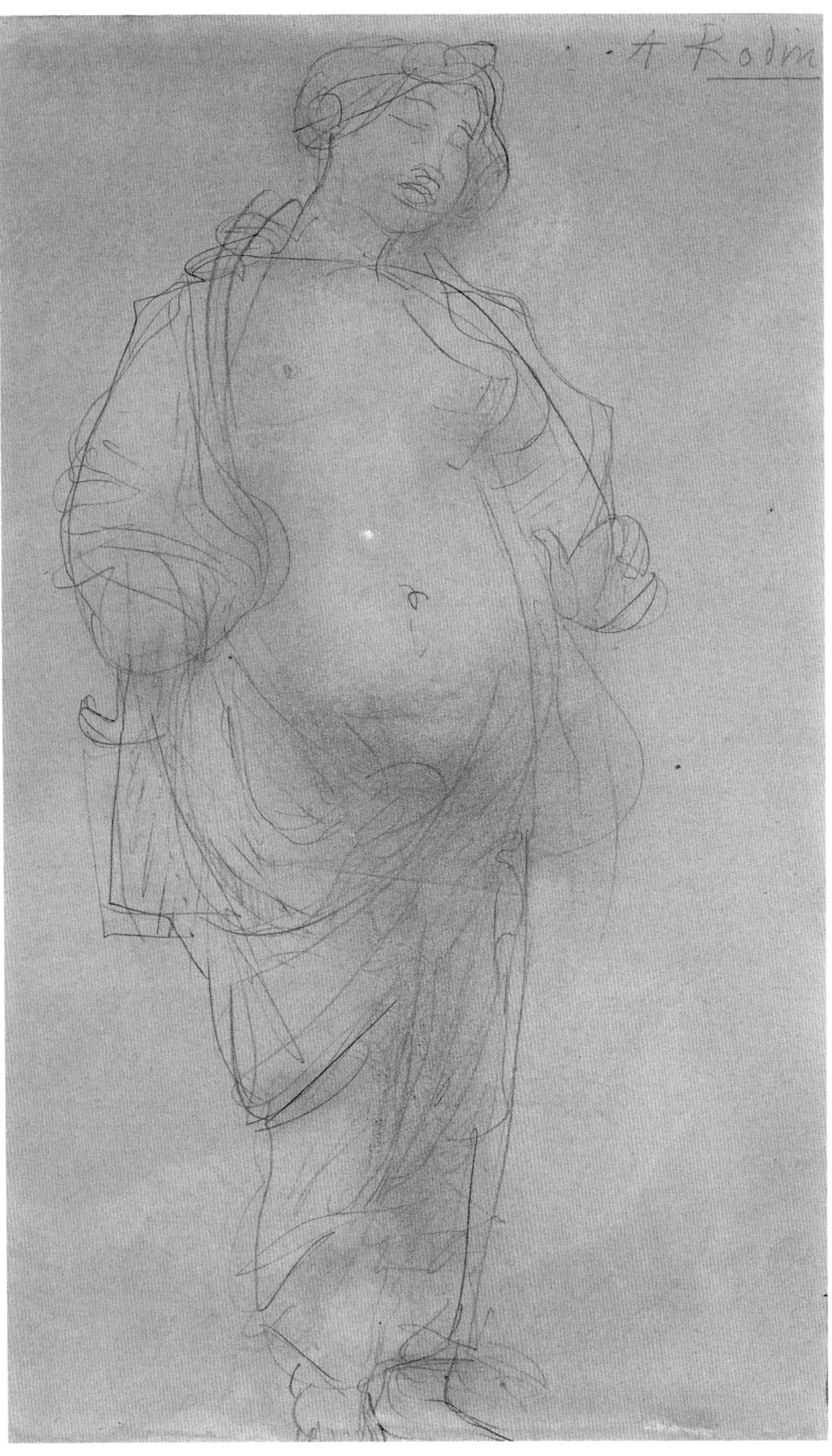

96 Personnage féminin
Femme au vêtement entrouvert (dit Pyjama)
vers 1900?
Mine de plomb et estompe sur papier crème.
H. 0,325; L. 0,221.
Signé à la mine de plomb en haut à droite: A Rodin

Historique:
Collection August Meyer; Don du Dr. August Meyer (1903-1977);
Inv. 1978.1446;
Öffentliche Kunstsammlung, Kupferstichkabinett, Bâle.

Le dessin de la collection du Dr. Meyer à Bâle appartient à une série dont le modèle est une danseuse espagnole nommée Camilos. Rodin en a fait des aquarelles qu'il exposa en groupe en juin et juillet 1901 à la Société des Pastellistes de Londres, et c'est sans doute le premier ensemble de dessins qu'il présenta autour d'un même thème. De nombreuses mines de plomb rehaussées d'estompe déshabillent la même femme. Le vêtement, d'après un papier d'archives non daté et sans référence, est un pyjama qui s'ouvre plus ou moins selon l'humeur de Rodin. Perrichon a gravé trois dessins de cette suite que nous ne montrons que partiellement mais qui éclaire un aspect mal connu du dessinateur.
Quand Rodin fut nommé commandeur de la Légion d'honneur, un banquet eut lieu à Vélizy dans les bois de Chaville le 30 juin 1903; on y vit danser Isadora Duncan. Les menus du banquet étaient illustrés de bois de Perrichon d'après des dessins de Rodin.

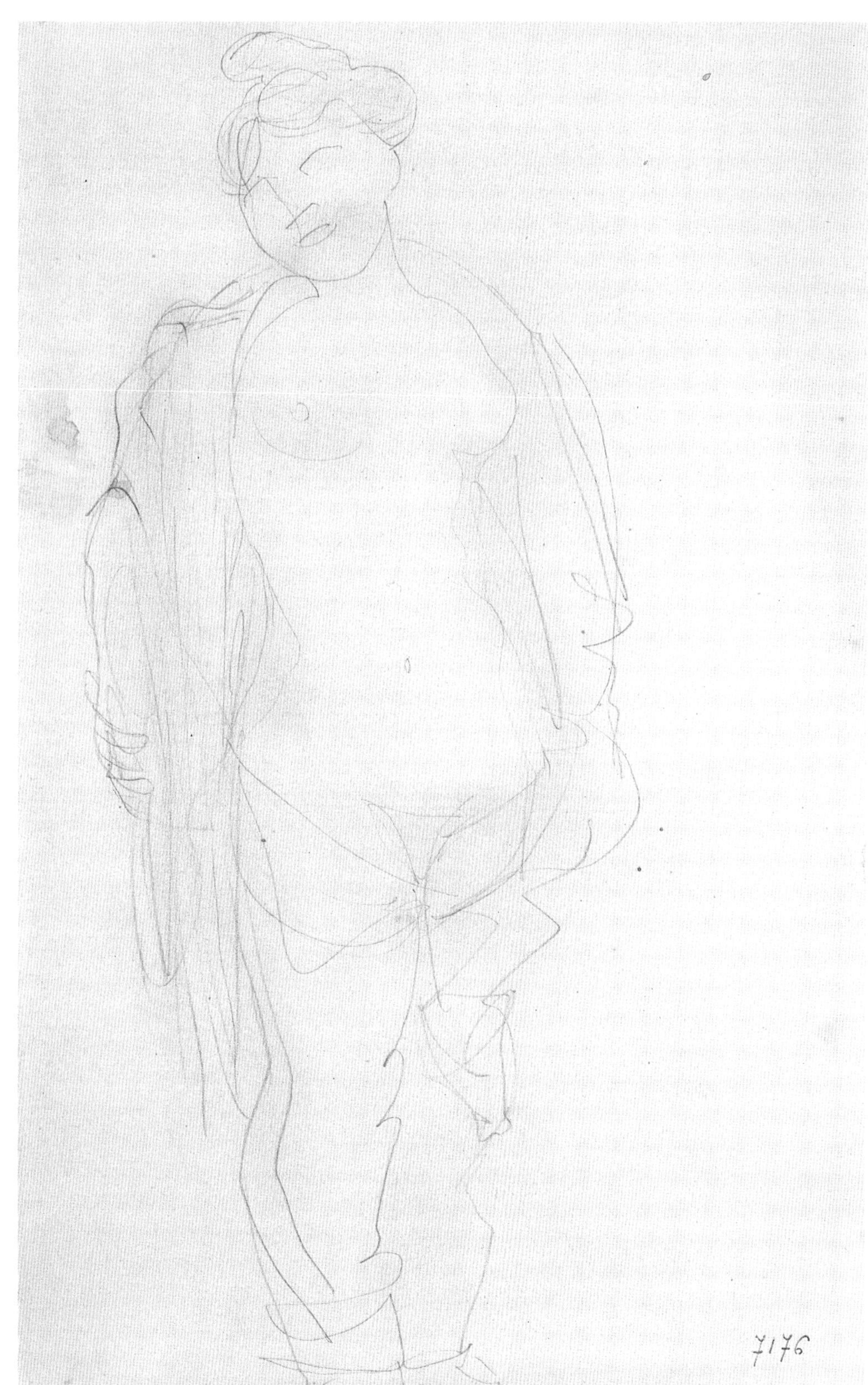

97 Femme en pyjama aux vêtements entrouverts
vers 1900?
Mine de plomb et estompe sur papier crème. Taches d'aquarelle.
H. 0,311; L. 0,203.

Historique:
Acheté à la succession Judith Cladel en février 1960. Inv. D. 7176; Musée Rodin, Paris.

Bibliographie:
– Judrin Claudie: *Inventaire des dessins*; Paris, Musée Rodin, 1984-1992 [repr. t. V]

Expositions:
– *Quelques acquisitions*, Paris, Musée Rodin, décembre 1979 - avril 1980 [cat. n° 20]

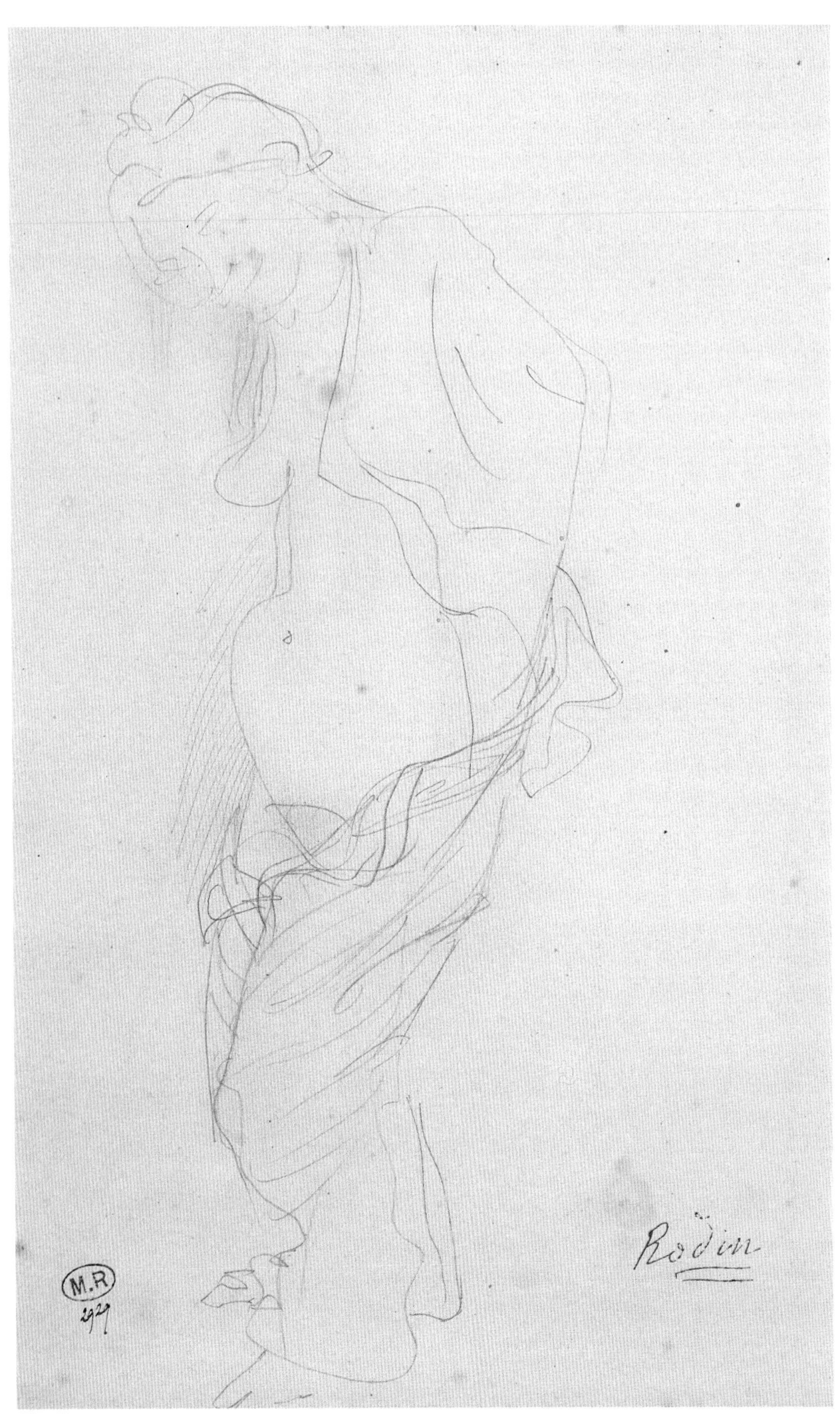

98 Femme de profil à gauche, passant un vêtement
vers 1900
Mine de plomb et estompe sur papier crème taché.
H. 0,310; L. 0,194.

Historique:
Cachet violet en bas, à droite: Rodin;
Donation à l'Etat, 1916.
Inv. D. 2929;
Musée Rodin, Paris.

Bibliographie:
– Judrin Claudie: *Inventaire des dessins*, Paris, Musée Rodin, 1984-1992 [repr. t. II]

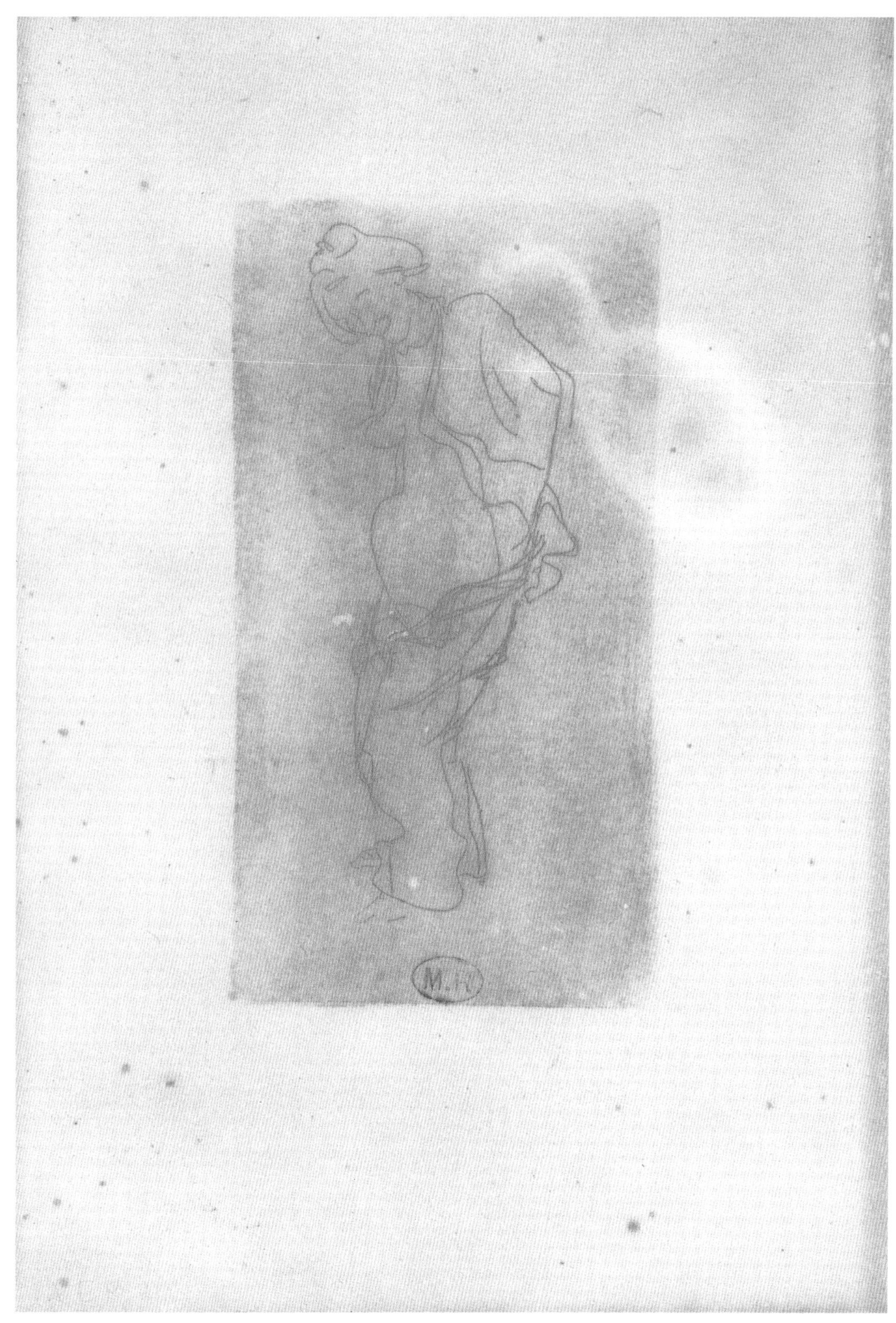

99 Jules-Léon Perrichon (1866-1946)

Femme au vêtement entrouvert, dit Pyjama
vers 1900?
Bois debout sur vélin, d'après le dessin (cat. n° 98).
H. 0,255; L. 0,162.

Historique:
Donation à l'Etat, 1916.
Inv. Per. 6;
Musée Rodin, Paris.

100 Jules-Léon Perrichon (1866-1946)

Femme au vêtement entrouvert, dit Pyjama
vers 1900?
Bois debout sur vélin.
H. 0,255; L. 0,160.

Historique:
Donation à l'Etat, 1916. Inv. Per. 60;
Musée Rodin, Paris.

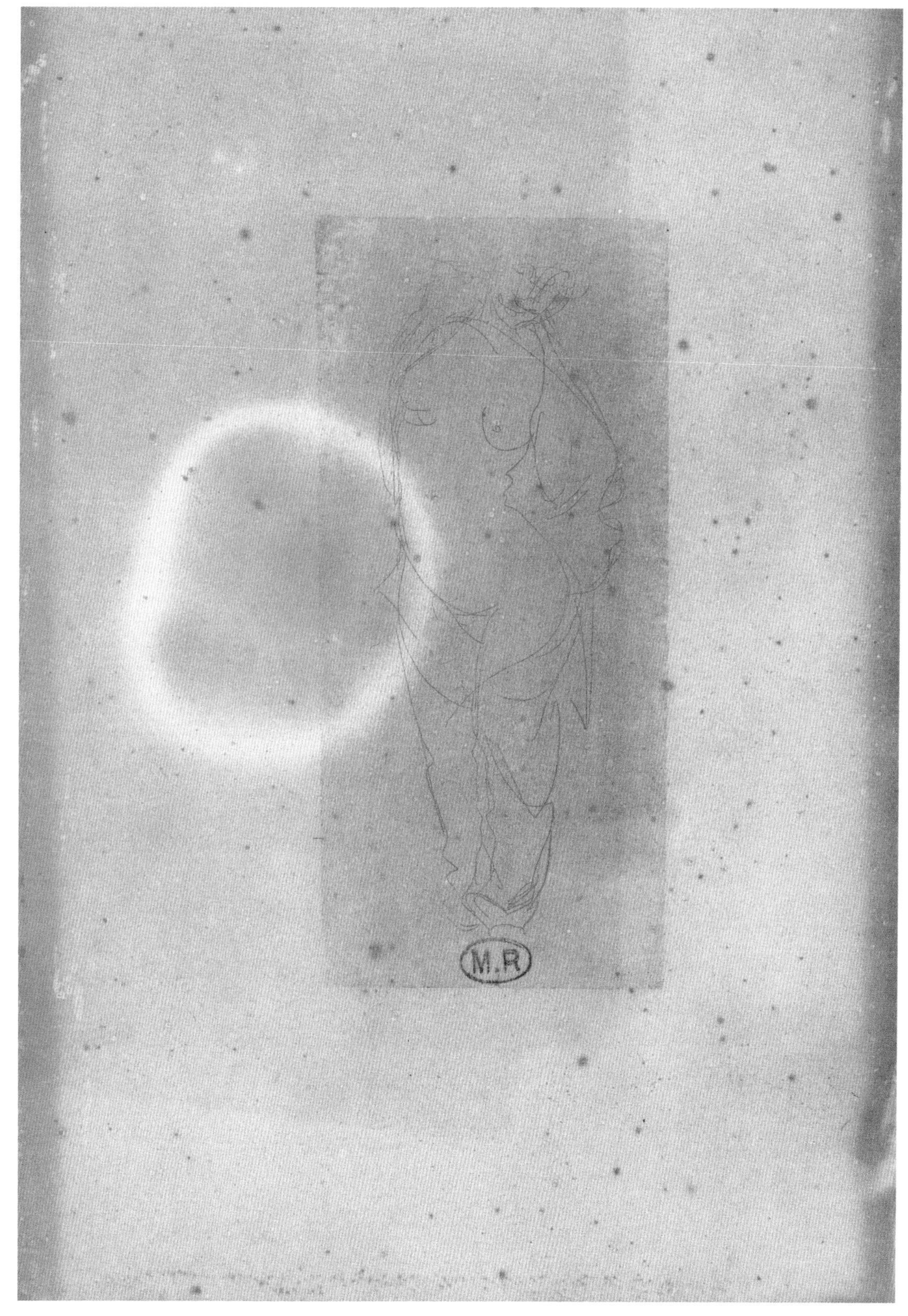
M.R

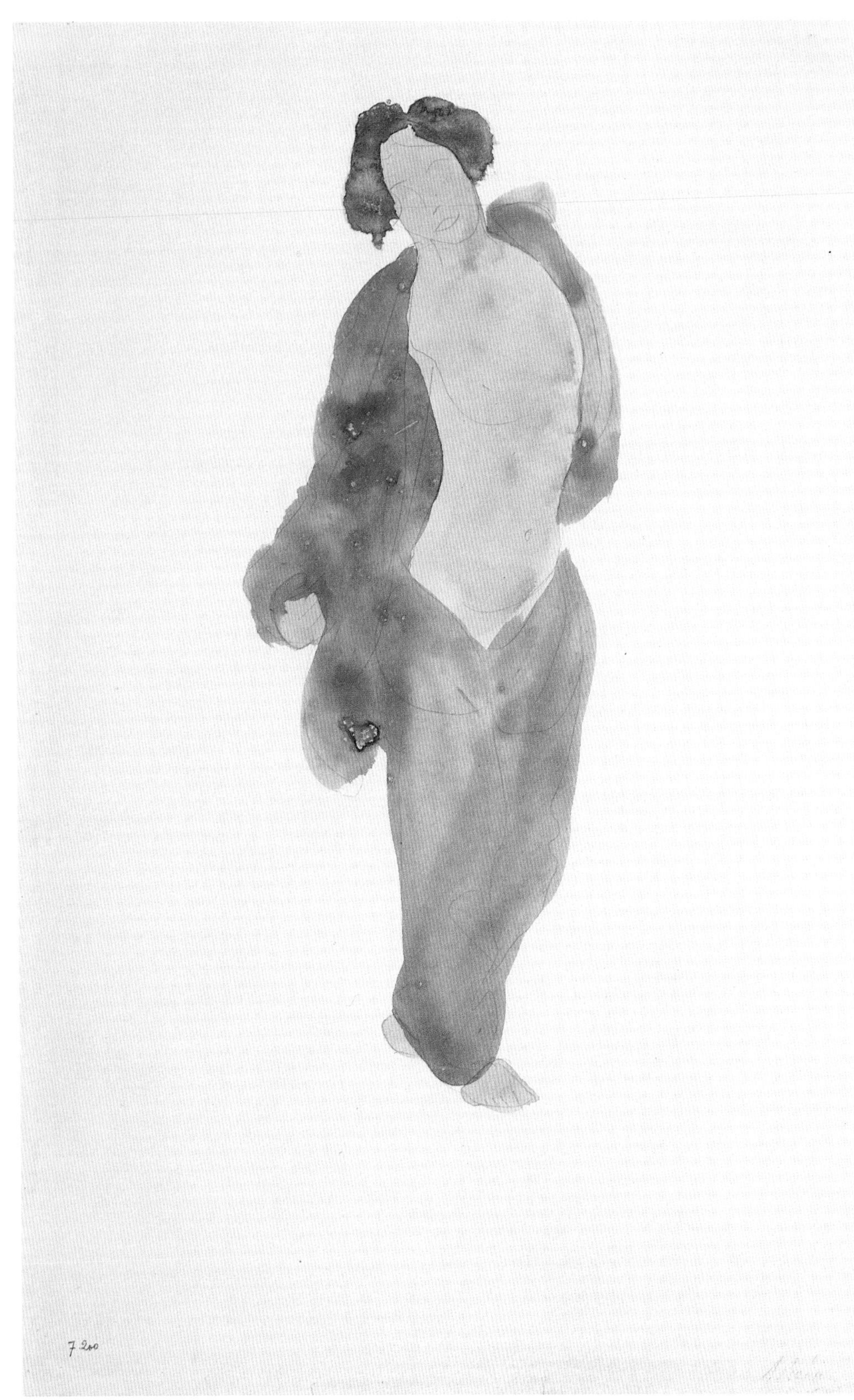

101 Femme debout au vêtement entrouvert tel un pyjama
vers 1900?
Mine de plomb, aquarelle et gouache sur papier crème.
H. 0,452; L. 0,302.
Signé à la mine de plomb, en bas à droite: A. Rodin

Historique:
Ancienne collection Maurice Fenaille; Acquis de Mme de Billy en mars 1968.
Inv. D. 7200;
Musée Rodin, Paris.

Bibliographie:
– JUDRIN Claudie: *Inventaire des dessins*, Paris, Musée Rodin, 1984-1992 [repr. t. V]

Expositions:
– *3rd Exhibition of the Pastel Society*, Londres, The Galleries of the Royal Institute of Painters, 15 juin à fin juillet 1901 [cat. n°s 208 à 212]
– *Rodin*, Weimar, Museum für Kunst und Kunstgewerbe, 6 juillet au 15 août 1904 [cat. n°s 17 à 49]
– *Rodin*, Leipzig, Musée de la ville, 26 novembre? 1904 - 2 janvier 1905 [cat. n° ?]
– *Quelques acquisitions*, Paris, Musée Rodin, décembre 1979 - avril 1980 [cat. n° 32]

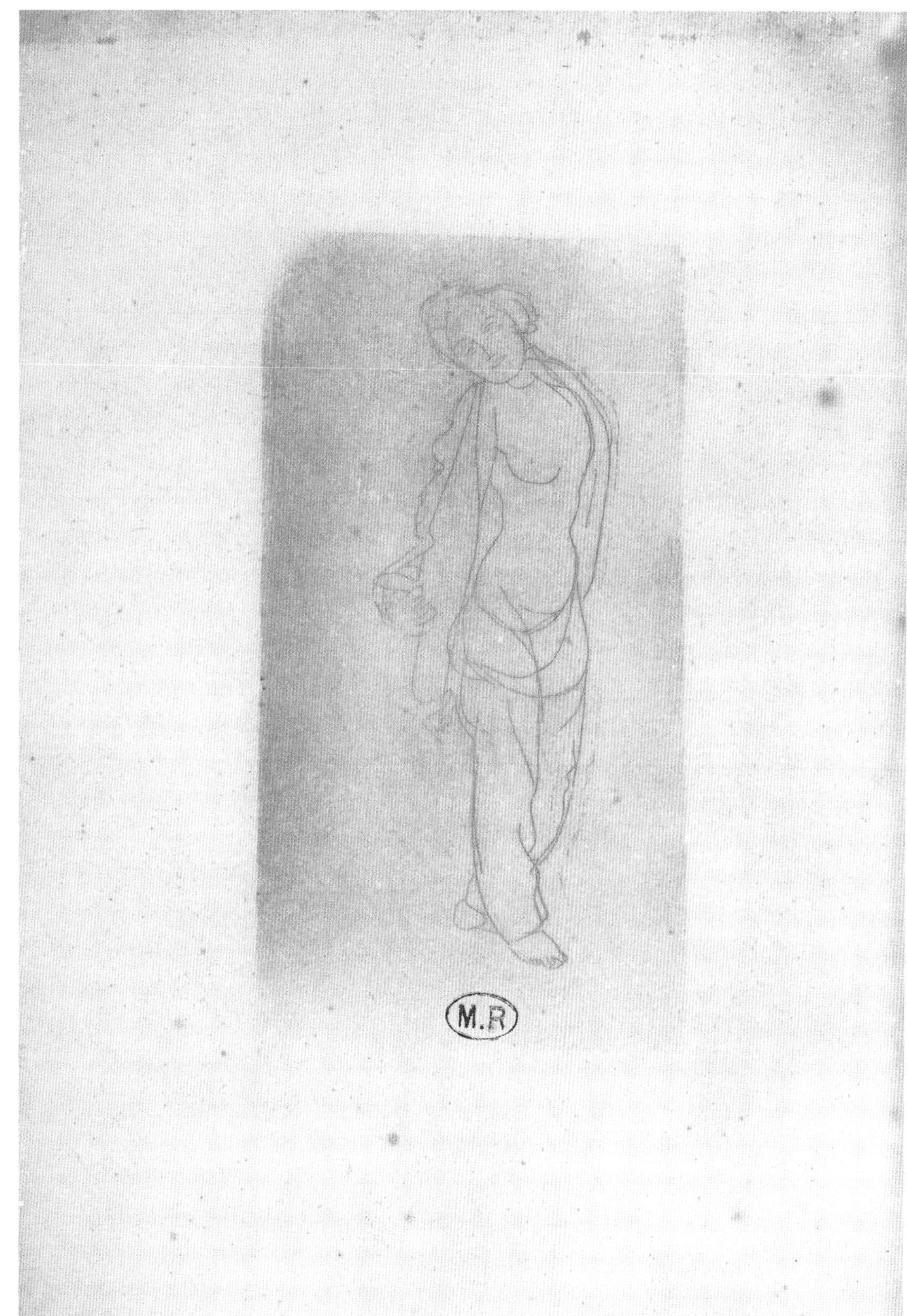

102 Jules-Léon Perrichon (1866-1946)

Femme au vêtement entrouvert, dit Pyjama
vers 1900
Bois debout sur vélin.
H. 0,255; L. 0,165.

Historique:
Donation à l'Etat, 1916.
Inv. Per. 64;
Musée Rodin, Paris.

Bibliographie:
– Ovide: *Elégies amoureuses*, ornées par Auguste Rodin, préface de Georges Grappe, Paris, (Gonin), 1935

Photographies anciennes

C'est le pouvoir magique de la photographie que de nous permettre de voir Rodin dessiner. Peu d'œuvres en témoignent, hélas, alors qu'il est plus fréquent de le voir poser, entouré de ses dessins qui tapissent les murs de l'Hôtel Biron où il s'est installé en 1908. Nous avons réuni les plus significatifs de ces indices.
L'intérêt de voir des dessins sur des photographies prises aux expositions de Rotterdam en 1899, de l'Alma en 1900, de Prague en 1902 et de Leipzig en 1904 est tel que c'est souvent le seul moyen de les identifier. La science grossit des surfaces grandes comme des timbres-poste et vient combler les lacunes laissées par les catalogues du temps. Nous regrettons qu'un photographe genevois n'ait pas eu la curiosité de garder une trace, en 1896, de l'exposition des Rodin au Musée Rath.

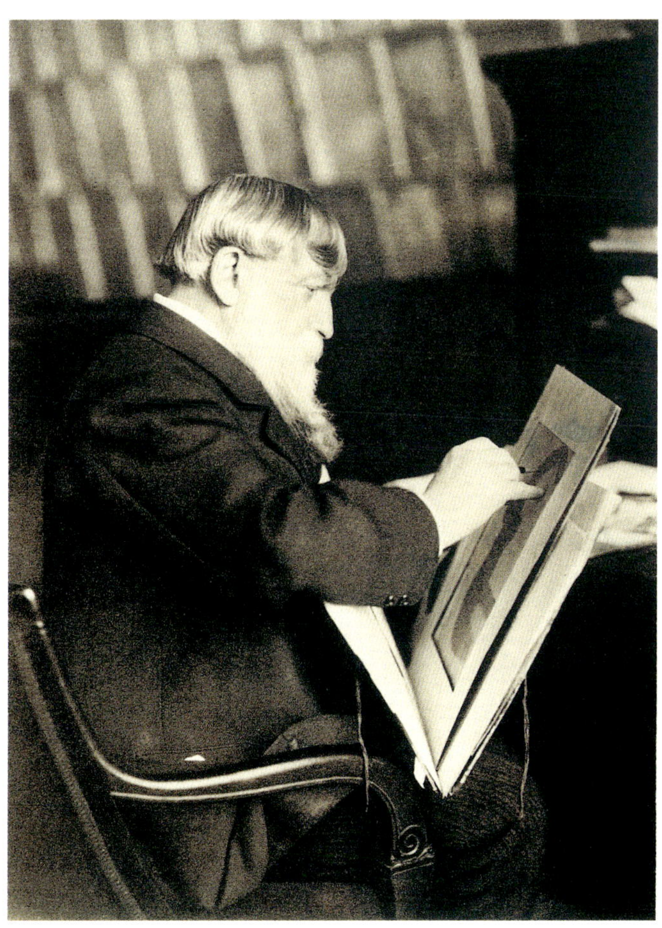

Rodin au milieu de ses dessins

103 Anonyme

Rodin assis dessinant à l'Hôtel Biron
vers 1911
D'après: Goldscheider Cécile: *Rodin, sa vie, son œuvre, son héritage*, Paris, Les Productions de Paris, 1962 [repr. p. 35]

Historique:
Un tirage détouré appartient aux collections; Donation à l'Etat, 1916. Inv. Ph. 6398;
Musée Rodin, Paris.

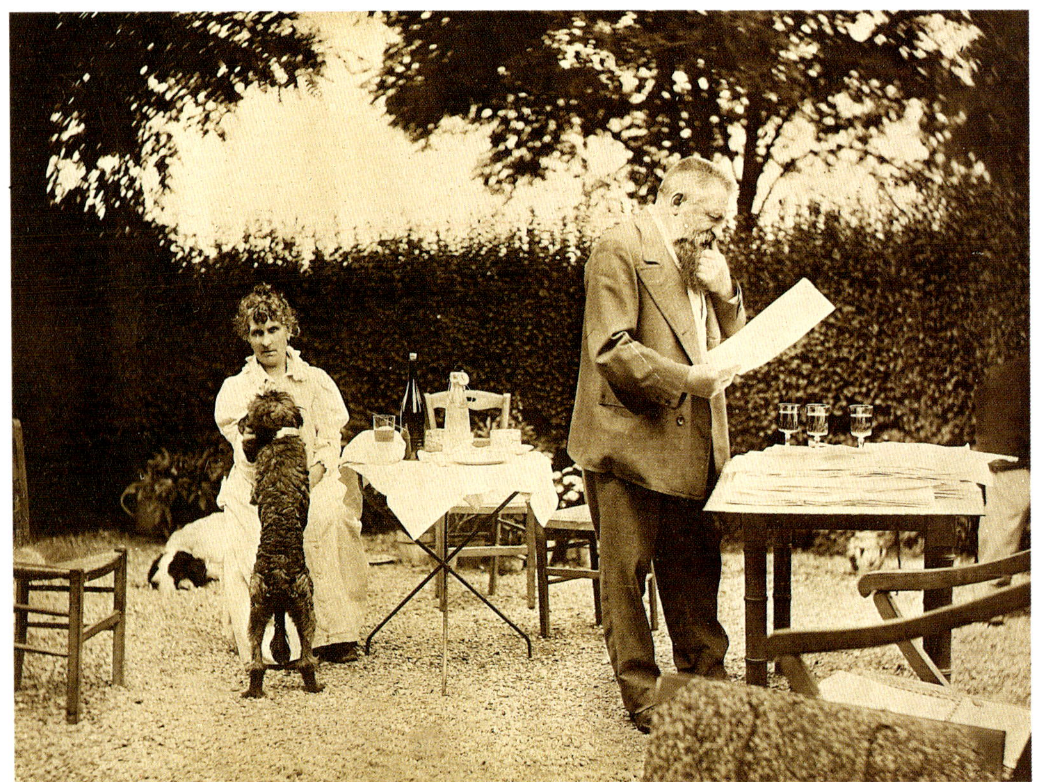

104 Anonyme

Rodin et Rose Beuret dans le jardin de Meudon avant octobre 1899
Epreuve argentique.
H. 0,128; L. 0,180.

Historique:
Donation à l'Etat, 1916.
Inv. Ph. 28;
Musée Rodin, Paris.

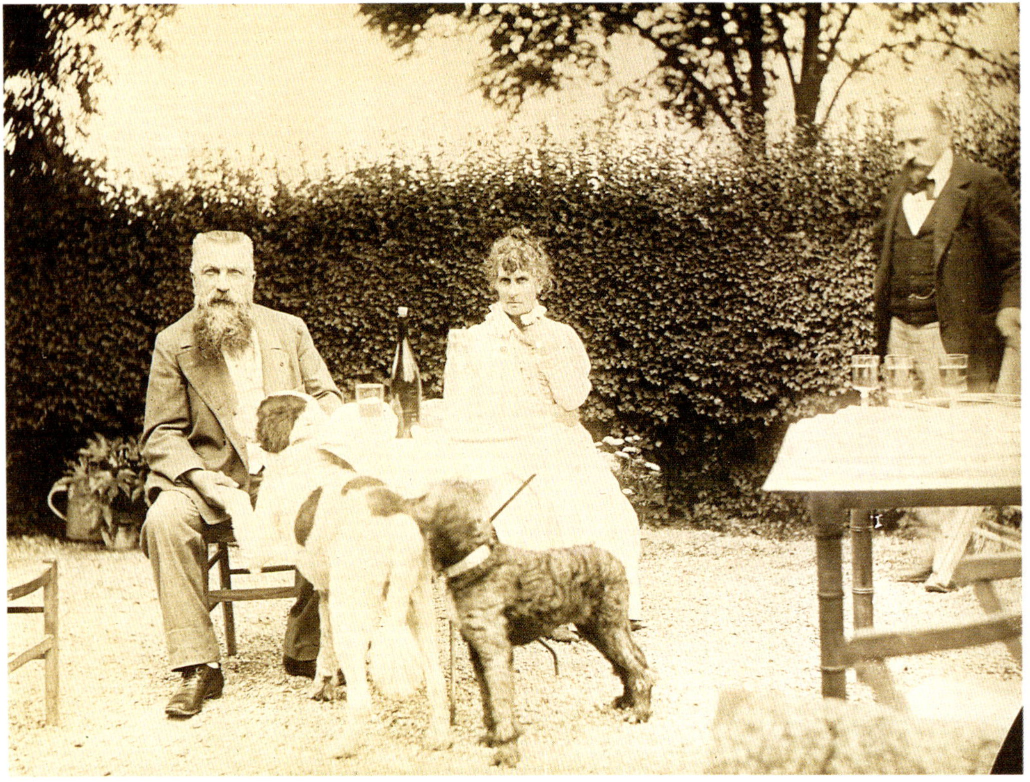

105 Anonyme

Rodin, Rose Beuret et Auguste Clot dans le jardin de Meudon avant octobre 1899
Epreuve argentique.
H. 0,115; L. 0,169.

Historique:
Donation à l'Etat, 1916.
Inv. Ph. 725;
Musée Rodin, Paris.

Pris le même jour, avec et sans le lithographe Auguste Clot, Rodin est absorbé dans le choix des dessins qui vont illustrer *Le Jardin des Supplices* d'Octave Mirbeau. Il signe le contrat avec l'éditeur Ambroise Vollard le 10 février 1899, et la photographie, qui représente Rodin perplexe devant un dessin, fut publiée, sous le titre «Intimité», dans *La Revue illustrée* du 15 octobre 1899, en marge d'un article de Gabriel Mourey sur Auguste Rodin.

106 Anonyme

Rodin à Meudon (?)
Papier albuminé.
H. 0,074; L. 0,088.

Historique:
Donation à l'Etat, 1916.
Inv. Ph. 63;
Musée Rodin, Paris.

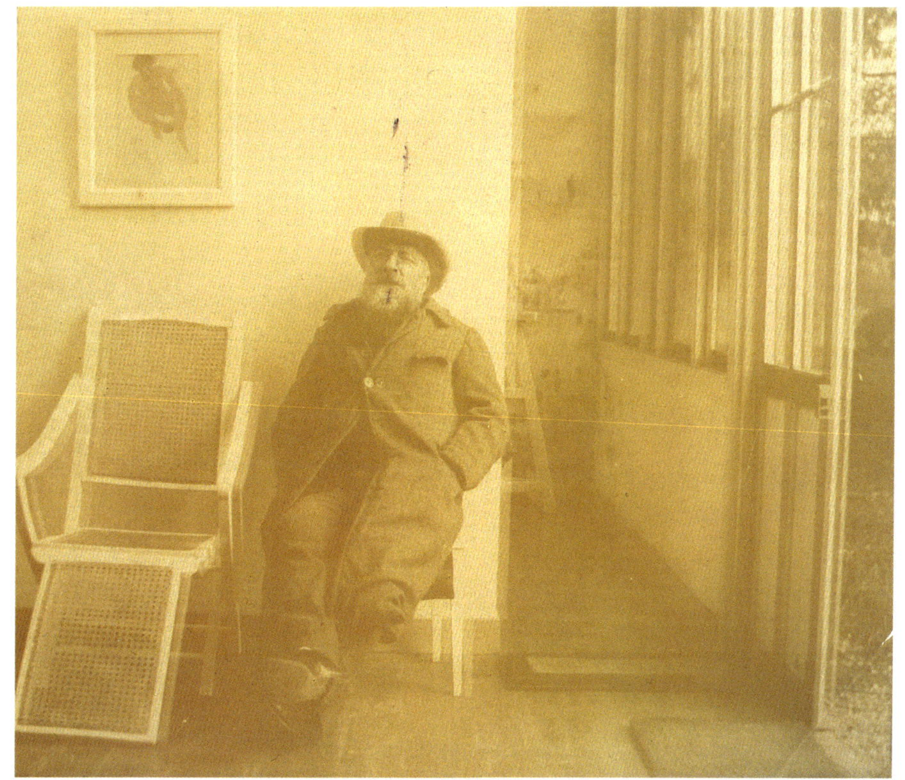

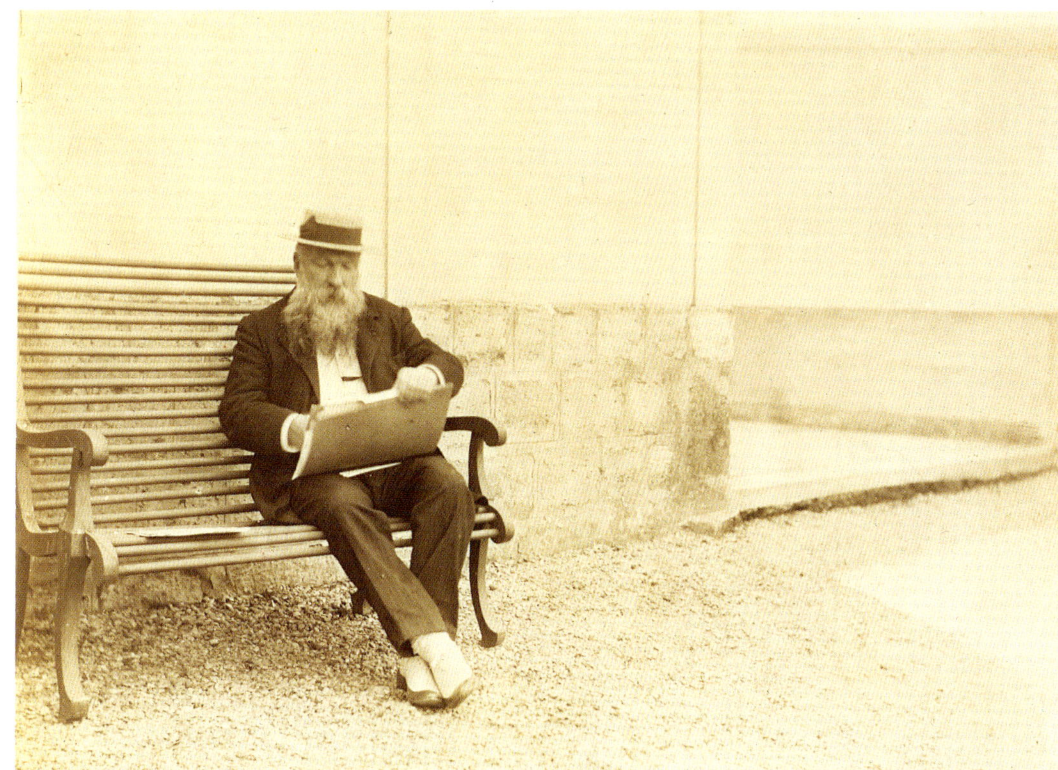

107 Emile San Remo

Rodin assis sur un banc dessinant d'après des danseuses cambodgiennes juillet 1906
Epreuve argentique.
H. 0,118; L. 0,168.

Historique:
Donation à l'Etat, 1916.
Inv. Ph. 197;
Musée Rodin, Paris.

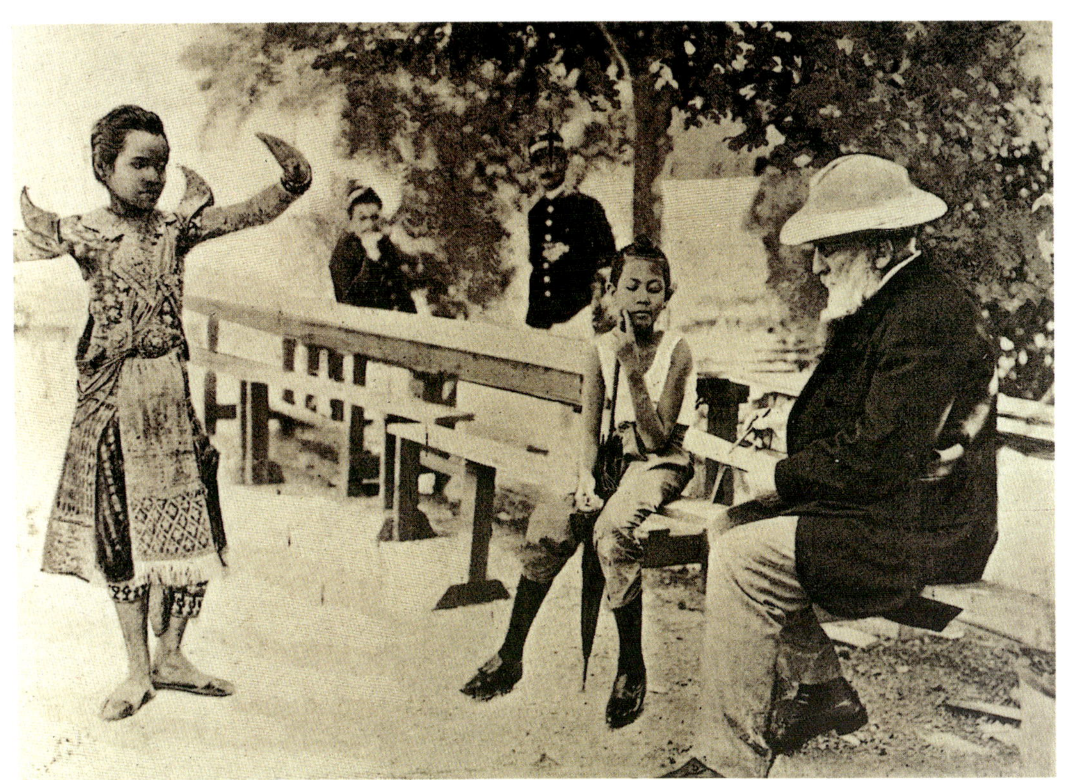

108 Emile San Remo

Rodin, à Marseille, dessinant une danseuse cambodgienne juillet 1906
D'après: Bois Georges: *Le sculpteur Rodin et les danseuses cambodgiennes,* in *L'Illustration*, n° 3309, 28 juillet 1906 [repr. p. 64]

Pendant l'exposition coloniale de 1906, les danseuses logeaient dans la villa des Glycines à Marseille sur la route de Mazargues. Rodin dessinait sous l'œil vigilant de deux agents de police, cependant qu'on reconnaît peut-être la petite Sap qui tient le parapluie de Rodin et qui est chaussée d'escarpins offerts en dédommagement de derniers instants de pose.

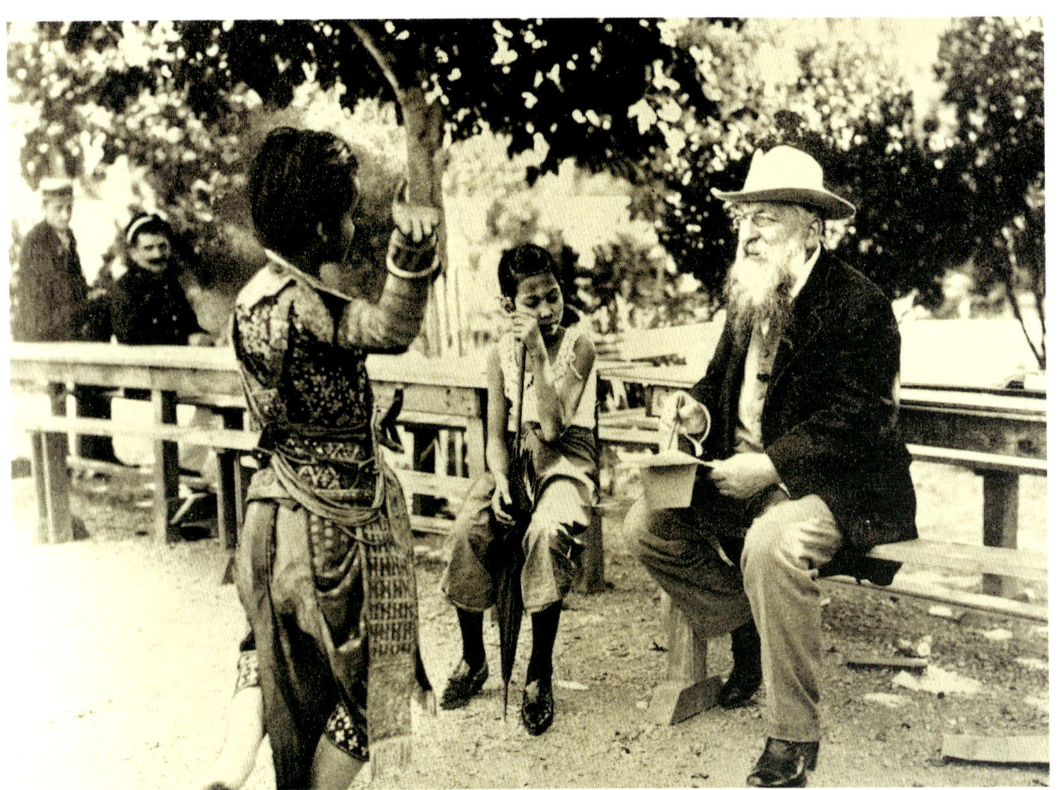

109 Emile San Remo

Rodin, à Marseille, dessinant une danseuse cambodgienne juillet 1906
D'après Grautoff Otto: Auguste Rodin, Bielefeld und Leipzig: Velhagen und Klasing (Künstler Monographien, 93), 1908 [repr. p. 99]

110 Emile San Remo

Rodin, à Marseille, dessinant une danseuse cambodgienne juillet 1906
D'après Descharnes Robert, Chabrun Jean-François, *Auguste Rodin*, Lausanne, Edita, 1967 [repr. p. 252]

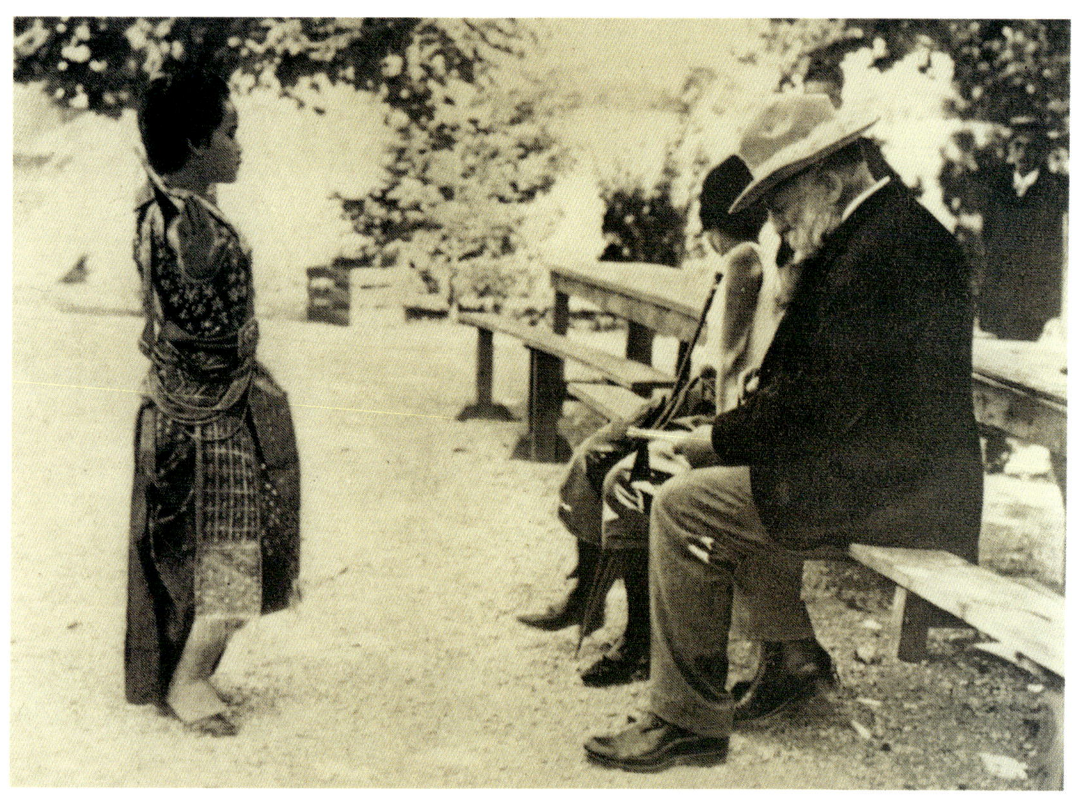

111 Emile San Remo?

Rodin à Marseille rectifie la pose d'une danseuse cambodgienne juillet 1906
D'après Bois Georges: *Le sculpteur Rodin et les danseuses cambodgiennes,* in *L'Illustration*, n° 3309, 28 juillet 1906 [repr. p. 65]
▽

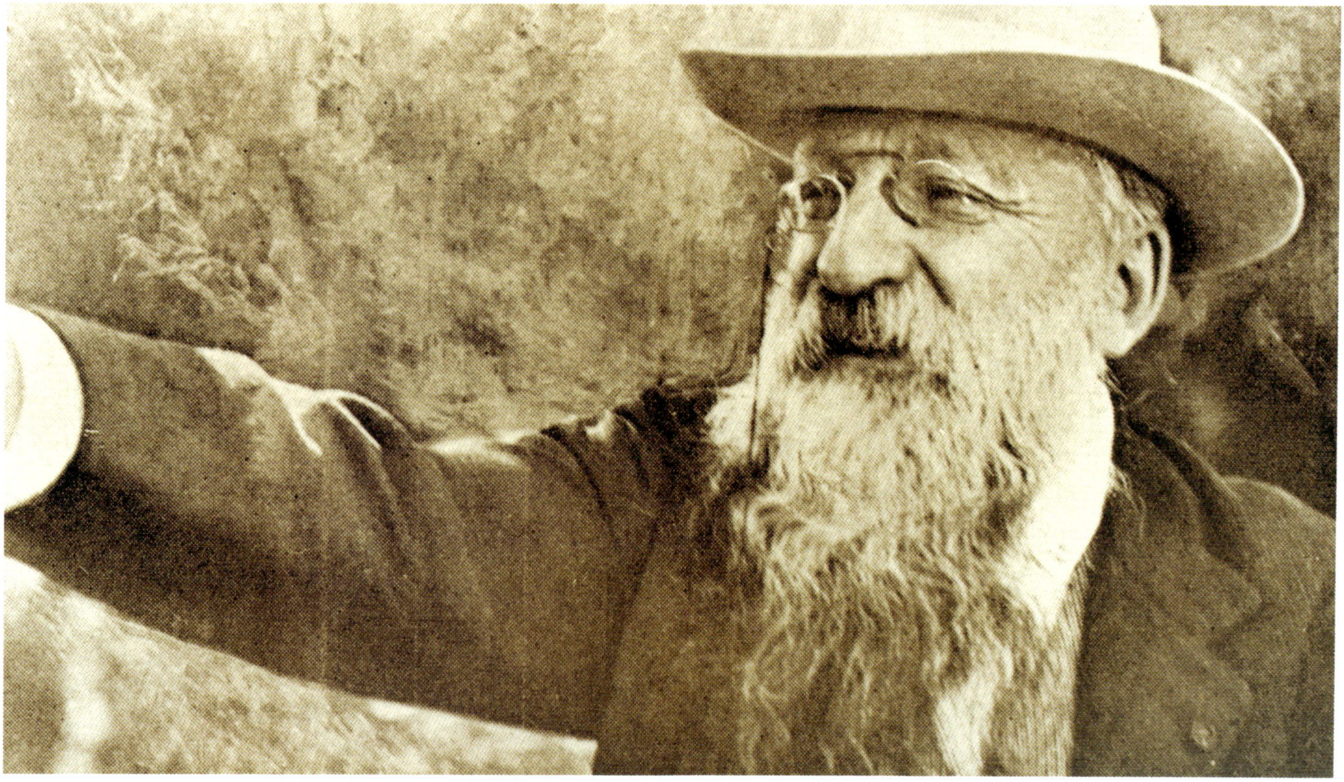

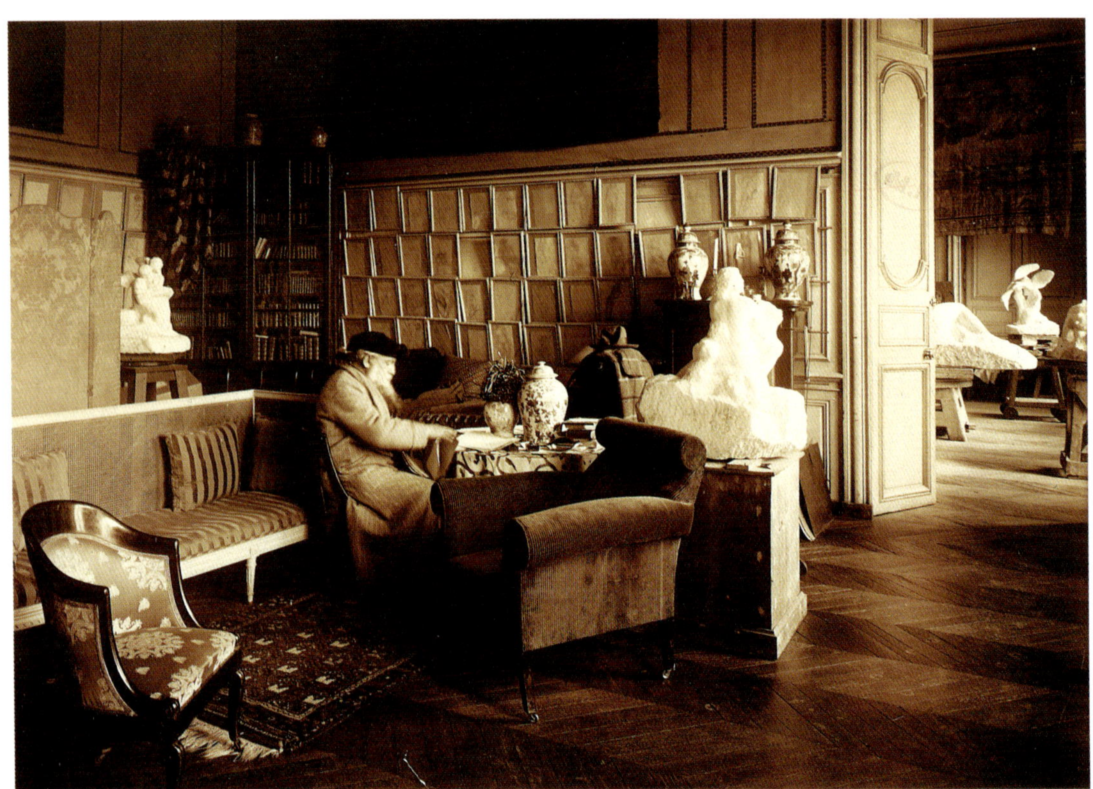

112 Lemery

Rodin consultant des dessins à l'Hôtel Biron 1912
Papier albuminé.
H. 0,181; L. 0,244.

Historique:
Donation à l'Etat, 1916. Inv. Ph. 196; Musée Rodin, Paris.

Disposés en 1911 suivant le goût de Rodin et de la duchesse de Choiseul, les dessins couvrent les murs de certaines salles de l'Hôtel Biron. A la fin de sa vie, Rodin dessina volontiers dans sa demeure parisienne. On le voit ici consulter vraisemblablement des cartons à dessins.

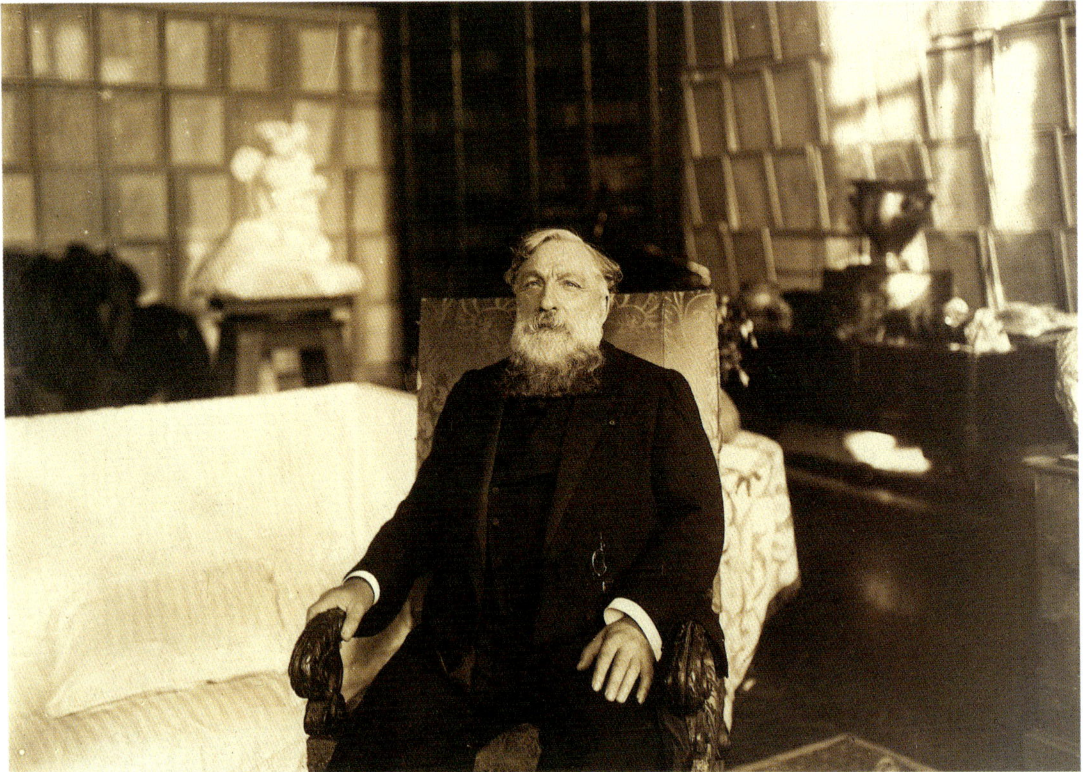

113 Albert Harlingue

Rodin à l'Hôtel Biron vers 1910
Epreuve argentique.
H. 0,129; L. 0,179.

Historique:
Donation à l'Etat, 1916. Inv. Ph. 1065; Musée Rodin, Paris.

114 Henri Manuel

Rodin à l'Hôtel Biron assis devant le marbre de Psyché et l'Amour
après février 1911
Epreuve argentique.
H. 0,213; L. 0,144.

Historique:
Donation à l'Etat, 1916.
Inv. Ph. 2055;
Musée Rodin, Paris.

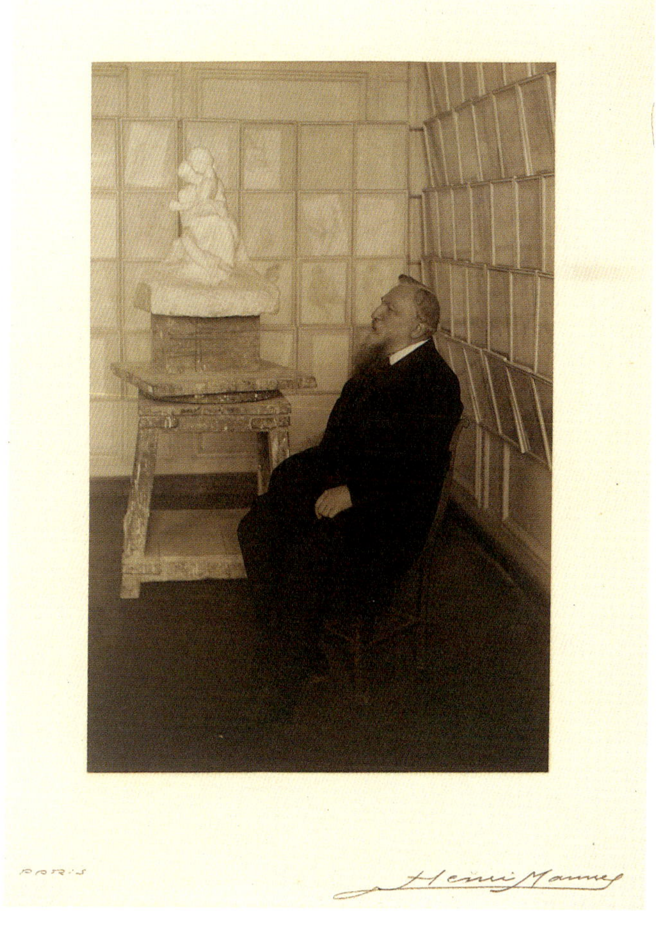

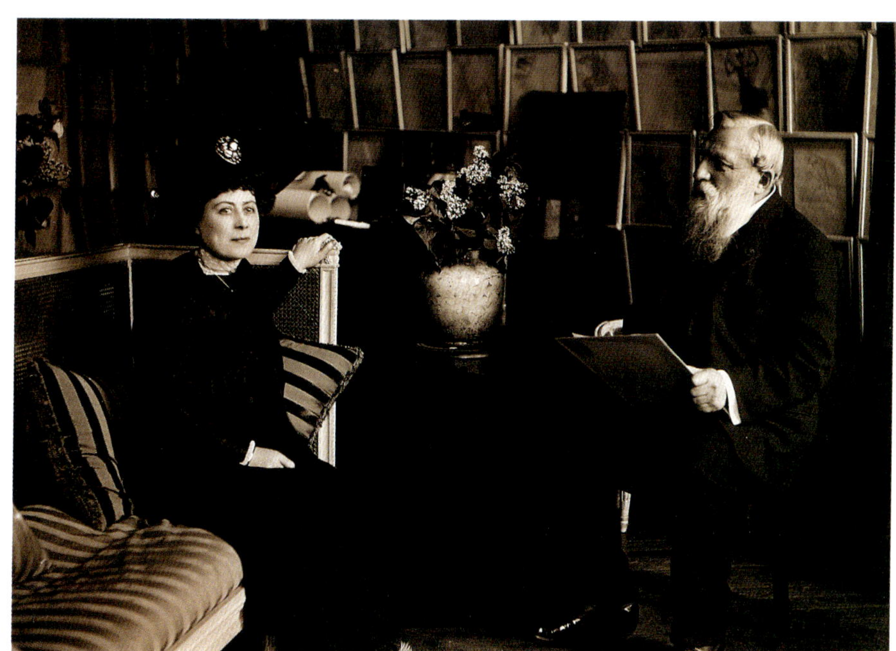

115 Henri Manuel

Rodin et la duchesse de Choiseul à l'Hôtel Biron
après février 1911
Epreuve argentique.
H. 0,152; L. 0,224.
Signé en bas à droite, sur le montage: *Henri Manuel*

Historique:
Donation à l'Etat, 1916. Inv. Ph. 695;
Musée Rodin, Paris.

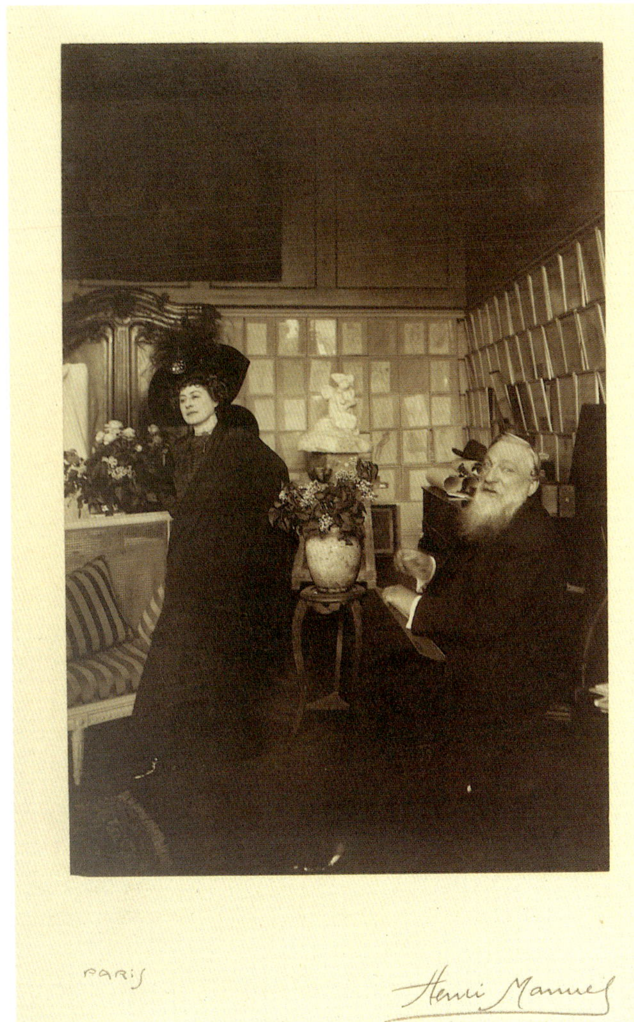

116 Henri Manuel

Rodin et la duchesse de Choiseul
à l'Hôtel Biron
après février 1911
Epreuve argentique.
H. 0,224; L. 0,152.

Historique:
Donation à l'Etat, 1916.
Inv. Ph. 915;
Musée Rodin, Paris.

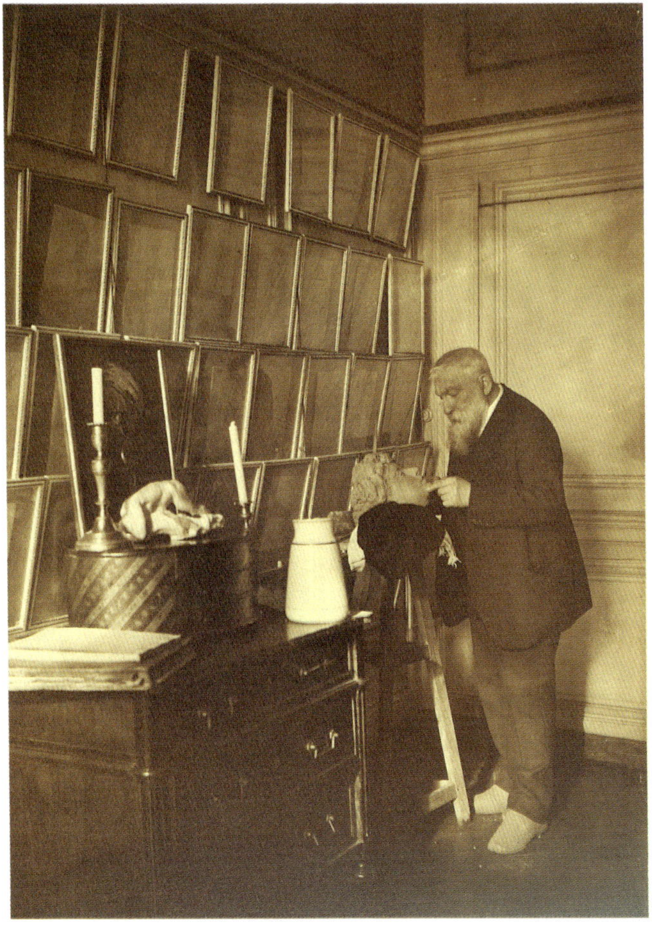

117 Pierre Choumoff (1872-1936)

Rodin et la tête de lady Sackville-West à l'Hôtel Biron
1913
Epreuve argentique virée à l'or.
H. 0,225; L. 0,168.

Historique:
Donation à l'Etat, 1916. Inv. Ph. 872;
Musée Rodin, Paris.

Expositions de dessins du vivant de Rodin

118 Anonyme

Vue de l'Exposition de Rotterdam en 1899
Epreuve argentique.
H. 0,178; L. 0,238.

Historique:
Donation à l'Etat, 1916. Inv. Ph. 1925;
Musée Rodin, Paris.

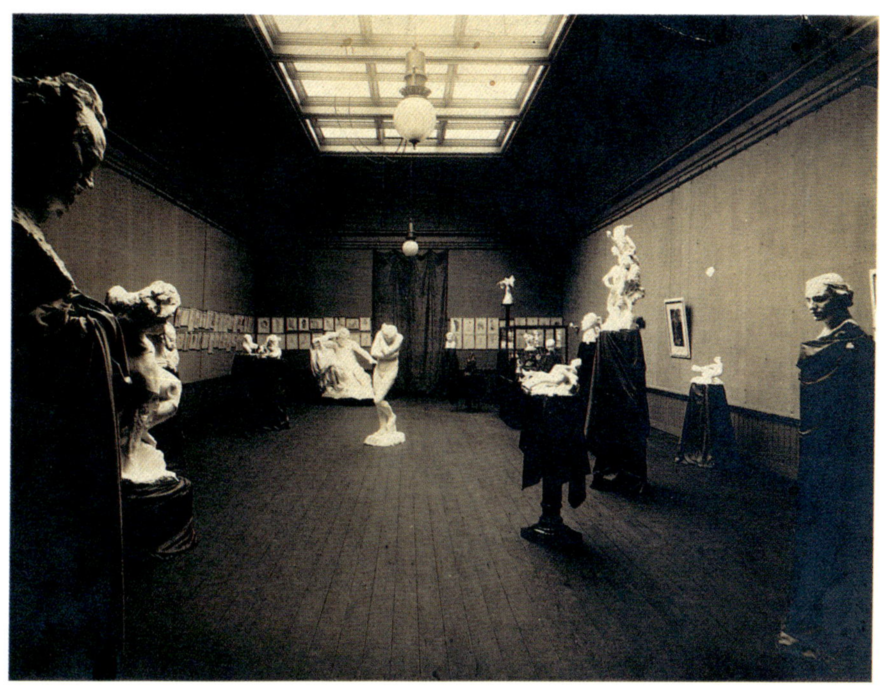

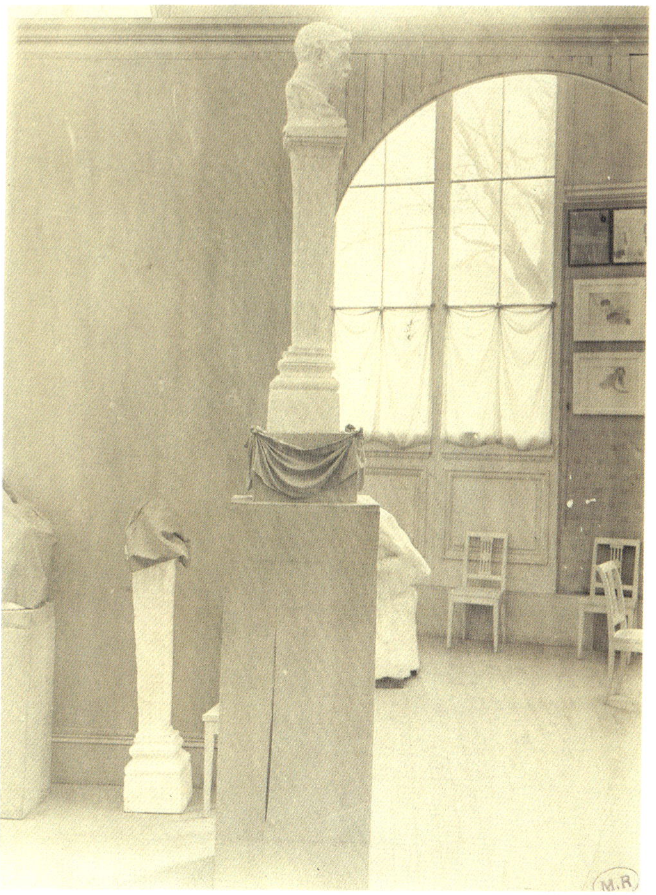

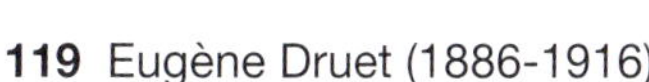

119 Eugène Druet (1886-1916)

Buste d'Henry Becque dans le pavillon de l'Alma
1900
Epreuve argentique.
H. 0,266; L. 0,205.

Historique:
Donation à l'Etat, 1916. Inv. Ph. 1458;
Musée Rodin, Paris.

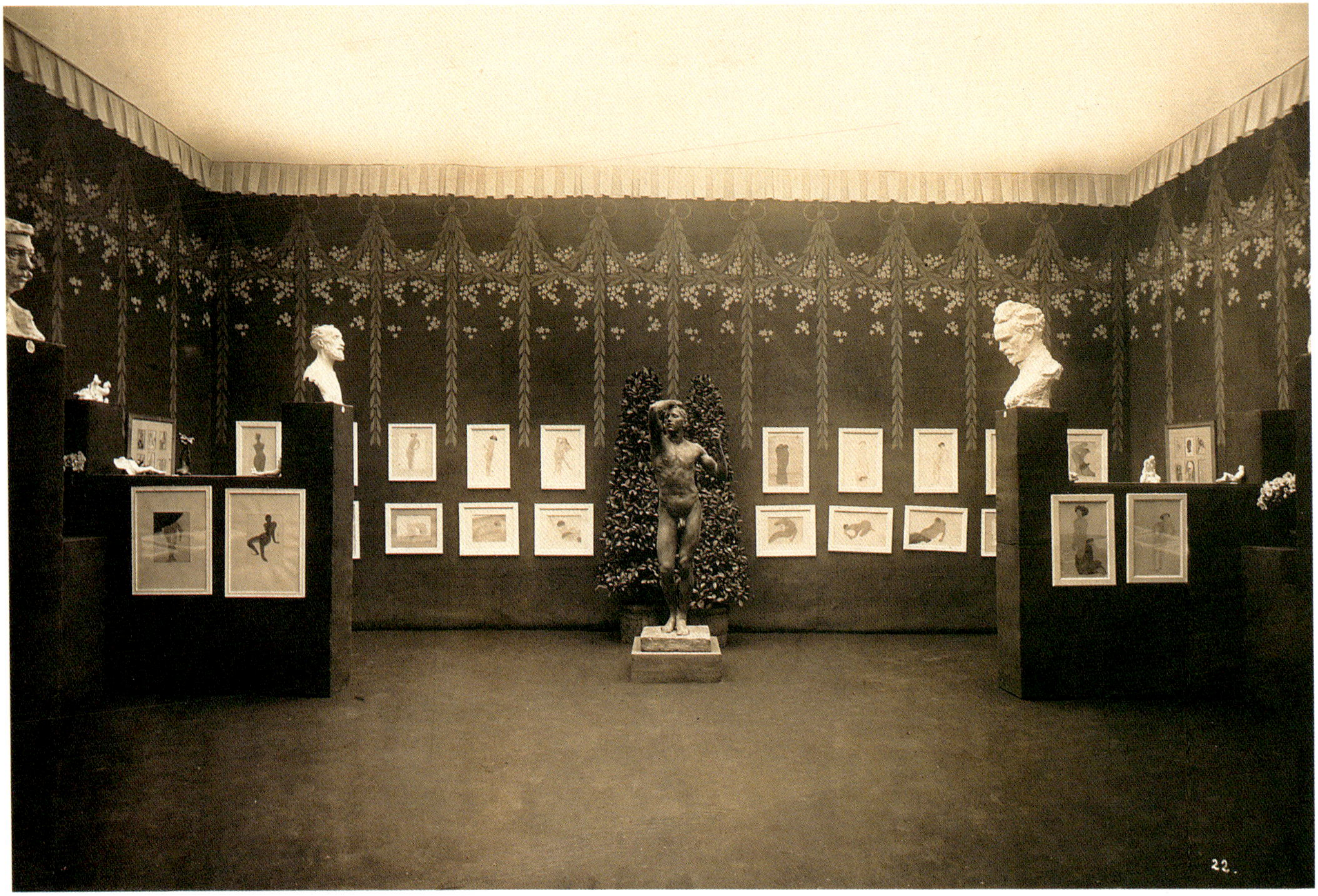

120 Ruda Bruner-Dvorjak

Vue de l’Exposition de Prague en 1902
Epreuve argentique.
H. 0,223; L. 0,292.

Historique:
Donation à l’Etat, 1916. Inv. Ph. 1064;
Musée Rodin, Paris.

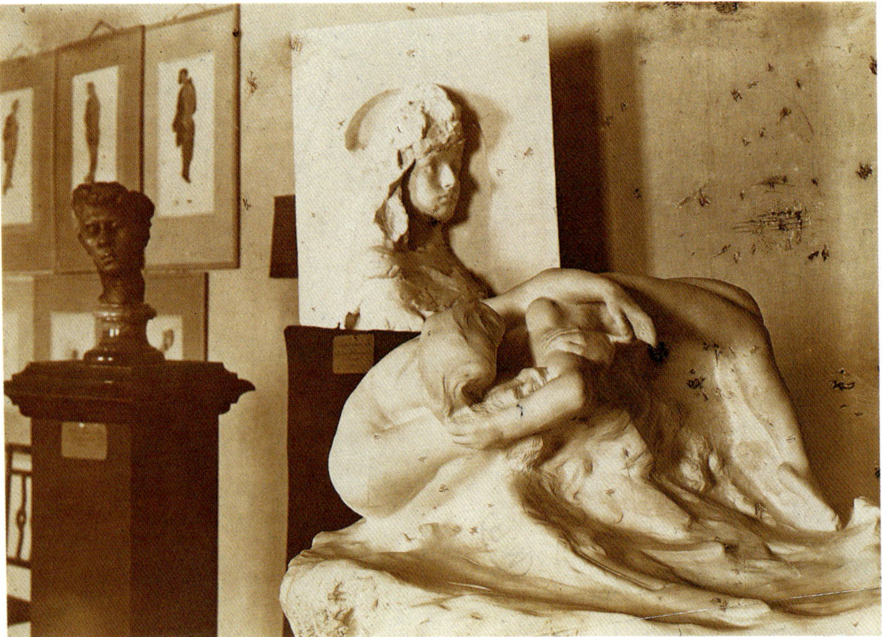

121 Anonyme

Vue de l’Exposition de Leipzig en 1904
Epreuve argentique virée.
H. 0,117; L. 0,166.

Historique:
Donation à l’Etat, 1916. Inv. Ph. 1230;
Musée Rodin, Paris.

Propos de Rodin sur ses dessins

«Je ne prends pas assez peut-être de croquis dans la rue.»
Rodin, cité par Jean Dolent: *Amoureux d'art*, Paris, A. Lemerre, 1888, p. 150.

«Il demande à ses modèles une espèce de présence animale et de paradis en mouvement sans la contrainte de la pose: "Ne faites pas semblant de vous coiffer; coiffez-vous".»
Maurice Guillemot: *A travers la vie*, in *Gil Blas*, 20 février 1898.

«[...] j'ai pour Dante une admiration sans égale. Dante est non seulement un visionnaire, et un écrivain; c'est aussi un sculpteur. Son expression est lapidaire, au bon sens du mot. Quand il décrit un personnage, il le campe, avec son attitude et son geste... Tenez, continue-t-il, attendri par cette évocation du passé, j'ai vécu un an entier avec Dante, ne vivant que de lui et qu'avec lui, et dessinant les huit cycles de son Enfer.
»... au bout d'un an, je me suis aperçu que ces dessins, s'ils rendaient ma vision de Dante, n'étaient pas assez proches de la réalité. Et j'ai tout recommencé, d'après nature, travaillant avec mes modèles... J'avais abandonné mes dessins d'après Dante. Un de mes amis, M. Fenaille, les a fait reproduire à ses frais par la maison Goupil...»
Serge Basset: *La Porte de l'Enfer*, in *Le Matin*, 19 mars 1900.

«...Et, maintenant, Auguste Rodin m'a conduit au premier étage de sa maison [Meudon], dans une chambre à demi obscure; et je suis étonné, en y pénétrant, d'apercevoir çà et là, semées sur le sol, un grand nombre d'aquarelles dont quelques-unes sont toutes fraîches. Il les ramasse par poignées; nous les feuilletons ensemble. Et je remarque que ces aquarelles ne sont que des dessins à la mine de plomb, des têtes, des torses, des cuisses de femmes, rehaussés d'un ton de chair et de taches plus foncées pour marquer la chevelure et la floraison du sexe. Lorsque le statuaire est las de manier l'ébauchoir, il saisit un crayon, une feuille de papier et copie le modèle couché à terre ou assis dans un fauteuil. "Prends, lui dit-il, la pose que tu voudras, ou plutôt n'en prends aucune." Il s'efforce d'apporter à ce travail l'ingénuité des artisans du XIIIe siècle qui faisaient jaillir des saints et des démons des stalles d'église. Quelquefois même il imite leur naïve impudeur et les gestes de certaines de ses figures outragent la bien-séance. Mais leurs déhanchements, leurs raccourcis audacieux et qui semblent éclos dans quelque imagination japonaise, témoignent d'une étrange sincérité. Rodin se défend d'avoir inventé quoi que ce soit, en dehors de la nature. Il a fixé sur le papier ce qu'elle offrait à sa vue:
»– Tous ces croquis résultent d'impressions plastiques nettement perçues, et traduites avec le seul souci d'en dégager la forme expressive. J'ai gardé l'indispensable et supprimé l'inutile.» [...]
Adolphe Brisson: *Scènes et Types de l' Exposition*, Paris, 1900, pp. 132-134.

«Cela ne m'est pas venu tout d'un coup, j'ai osé tout doucement, j'avais peur; et puis, peu à peu, devant la nature, à mesure que je comprenais mieux et rejetais plus franchement les préjugés pour l'aimer, je me suis décidé, j'ai essayé... J'ai été assez content... Il m'a paru que c'était mieux... L'étude des antiques aussi m'a encouragé... Et la sculpture du Moyen-Age aussi belle que l'Art grec. J'ai tout fait pour conformer mon âme à celle de ces créatures là... Je faisais au début des choses adroites, vivement menées, pas mal, mais je sentais bien que ce n'était pas cela... J'ai eu beaucoup de peine...»
Anonyme?: *Art – Vingt dessins d'Auguste Rodin*, in *L'Européen*, 28 juin 1902.

«[...] Bientôt le soir tomba.[...] Puis il mit ses études dans sa poche, pour les revoir chez lui, les remettre au net, rétablir les trop grands écarts du crayon et, venant à nous, il nous serra les mains en disant par allusion peut-être à l'incident de tantôt:
– Que les femmes sont malicieuses!...
– Etes-vous content de votre travail? lui demandai-je.
– Oui, j'ai fait quelques dessins qui sont bien. Ça m'a semblé bon de travailler! Quand on a la santé, le travail c'est le plus grand bonheur.
– Ces mains, dit Claire, en désignant une étude de mains, crispées, comme pour griffer et mordre, ces mains ressemblent à des serres de vautour.
– Mais oui, quand on suit la Nature, on obtient tout. Lorsque j'ai un beau corps de femme pour modèle, les dessins que j'en prends me donnent des images d'insectes, d'oiseaux, de poissons. Cela paraît invraisemblable et je ne m'en doutais pas moi-même.» [...]
Judith Cladel: *Auguste Rodin pris sur la vie*, Paris, La Plume, 1903, p. 91.

«– Nous avons regardé vos dessins, dit Claire
– Ah? Il y en a de beaux, n'est ce pas?
– Tous. Cette vie, cette diversité du mouvement, ça m'a rappelé l'art japonais.
– C'est de l'art japonais avec des moyens d'Occidental.»
Judith Cladel, *Auguste Rodin pris sur la vie*, Paris, La Plume, 1903, p. 26.

«Les dessins étaient rangés dans leurs cadres blancs sur des pupitres ou déposés contre les murs; ils traînent par terre, se chevauchent, s'imbriquent, se superposent... C'est un flot qui semble monter autour du visiteur et qui lui donne le vertige. Un jour, Rodin me tend un dessin... Rodin le retourne dans mes mains "cela peut se voir à l'envers..."»
Paul Gsell, in *La Revue*, 1er mai 1906.

«Il y a des pierres très anciennes dont on ne dit plus l'époque historique et, quand on les voit, on pense à des mille ans, et tout de suite la nature vivante donne la même chose. Ces Cambodgiennes nous ont donné tout ce que l'antique peut contenir, leur antique à elles, qui vaut le nôtre. Nous avons vécu trois jours d'il y a trois mille ans. Il est impossible de voir la nature humaine portée à cette perfection. Il n'y a eu qu'elles et les Grecs. Elles ont même trouvé un mouvement nouveau, que je ne connaissais pas: ce sont les secousses que le corps donne et dans lequel il descend. Et puis, la grande ressource, c'est qu'elles ont les jambes pliées à l'état permanent, et c'est un réceptacle de sursauts qu'elles modèlent comme elles le désirent et qui leur permet de s'élever, de se grandir à un certain moment.
»Un mouvement encore à elles, inconnu dans les antiques et de nous autres: quand les bras sont étendus comme en croix, elles donnent un mouvement qui serpente d'une main à l'autre, en passant par les omoplates. Ce mouvement appartient à l'Extrême-Orient, inconnu, jamais vu, c'est-à-dire que quand un mouvement du bras gauche fait un arc concave, l'autre fait un arc convexe, et elles font jouer ces bras, et l'éclair du mouvement passe dans les omoplates.
»Les genoux pliés sont un mouvement qui leur appartient, et ces genoux pliés sont une réserve d'expressions, car on peut monter le corps de temps en temps, selon le rythme de la musique. Et les articulations des doigts qui peuvent s'allonger très flexibles et qui ont encore en plus un tremblement facultatif! Un doigt seul a un mouvement particulier. Les poulies des articulations sont beaucoup plus étendues pour les mouvements répétés. Elles sont sollicitées dès la jeunesse.
»Ces danses sont religieuses. j'ai toujours confondu l'art religieux et l'art. Quand la religion se perd, l'art est perdu aussi. Tous les chefs-d'œuvre grecs, romains, tous les nôtres, sont religieux. Cette princesse, qui a l'air si méchant, et ce roi, doivent être de grands artistes, car, sans eux, tout cela disparaîtrait. La princesse est absorbée absolument par les danses. Il y en a tant qui réclament la beauté et ils ne la donnent pas: le roi du Cambodge nous la donne. Je suis comme Saül renversé par une lumière inconnue, celle que j'étudie tant dans l'antique.
»Au point de vue des formes, ces femmes sont toutes admirablement belles. Les figures nous étonnent. Elles rappellent nos modèles italiens. Il y a une simplicité de modelé qui rappelle aussi les granits égyptiens. On pourrait les faire en granit, bien poli, aussi pur qu'un marbre. Le marbre ne rendrait pas aussi bien leurs formes.
»Les masques ne sont pas grotesques; elles les portent admirablement. Le costume est tout ce qu'il y a de beau; il ne fait pas perdre une ligne... Toute une complication qui n'en est pas une et laisse voir la ligne de nu.
»La musique est aussi admirable. Aucune autre ne pourrait accompagner ces danses. Et la chanteuse à la voix grêle qui monte sur le même ton, qui ne creuse pas la ligne, et qui reste suspendue comme la petite alouette, et accentuée par le tam-tam sourd qui scande tout.
»Je suis certain que ces danseuses comprennent et qu'elles sont capables de ne pas descendre de cet art supérieur. Il y a de grandes artistes dans les dirigeantes. Les enfants même sont de très grandes artistes. C'est épouvantable!»
Georges Bois: *Le sculpteur Rodin et les danseuses cambodgiennes*, in *L'Illustration*, 28 juillet 1906.

[...] «[mes dessins] ne sont nullement des chefs-d'œuvre en eux mêmes, et à vrai dire, ce ne sont pas non plus ce que l'on appelle des notices d'artiste sculpteur. Ce sont des germes, et si de temps à autre j'en expose quelques uns, c'est dans le but de donner à mon œuvre achevée une valeur plus logique. [...] Chacun de mes dessins est un mouvement. Je ne vois que lui, je le capte et alors comme artiste je cherche à l'approprier au corps auquel il appartient.» [...]
Paul Lothringer: *Rodin über seine Zeichnungen* (Rodin et ses dessins), in *Neue Revue*, mai 1909.

«Je soutiens qu'avant de dessiner sur les plâtres il faut commencer par dessiner sur les feuilles; en ce qui me concerne, j'ai été dessinateur avant d'être sculpteur.
»C'est un système qui a été délaissé pendant quarante ans à l'Ecole des Beaux-Arts, on l'a repris ces temps derniers, on aurait dû commencer plus tôt, mais enfin il n'est jamais trop tard pour bien faire.
»Après, vient l'amplification des profils.
»Quand j'ai dessiné, pour donner plus d'ampleur à mes figures, je les exagère un peu et j'obtiens ainsi plus de vérité, plus de mouvement et plus de vie. [...]
»Mes modèles, c'est quand ils quittent la pose qu'ils me révèlent le plus souvent leur beauté. Je ne leur indique jamais un mouvement, je leur dis: "Soyez en colère, rêvez, priez, pleurez, dansez." C'est à moi de saisir et de retenir la ligne qui me paraît vraie; il en est des attitudes et des mouvements comme des vagues de la mer; elles et ils varient à l'infini; toute la beauté humaine est contenue dans la fable de Protée.»
Rodin par lui-même, in *Je sais tout* (Supplément d'Art), mars 1910.

«C'est bien simple, mes dessins sont la clef de mon œuvre: ma sculpture n'est que *du dessin sous toutes les dimensions*. J'ai dessiné toute ma vie; j'ai commencé ma vie en dessinant. Quand j'étais tout jeune, et que j'allais, album et crayon en main, copier les antiques du Louvre, je me préparais à être sculpteur. Mais je ne l'étais pas encore, car je ne comprenais que la moitié du dessin. Je disais, par exemple, qu'Ingres dessinait bien. Et, certes, Ingres eut un dessin géométral; seulement, il ne mettait "rien dans le milieu". Il n'avait, pas plus que nos artistes modernes, le sens de la profondeur, de l'épaisseur. C'était un maître imparfait. Mais quand j'eus compris un Holbein, je commençai à être sculpteur!
»Depuis, jamais je n'ai cessé de dessiner, et rien ne me touche comme une exposition de mes dessins, car je sens que ceux qui m'aiment trouvent là l'expression de mon effort dans sa sincérité.
»Jusqu'ici, le public a été assez rebelle, surtout en France, où l'art officiel sévit, et où on ne nous offre dans les Salons qu'une simili-sculpture. Mais ce que j'en dis n'est point pour qu'on annonce mes dessins au son de la trompette. Au contraire. Il faut les protéger doucement afin que le public ne se révolte pas; il faut surtout les laisser se défendre d'eux-mêmes...»

«Mes esquisses sont l'essentiel de ma sculpture qui est du dessin de tous les côtés.»
René Benjamin, Catalogue de l'exposition: *Les dessins d'Auguste Rodin*, Paris, Salle des Fêtes du *Gil Blas*, 17 octobre-6 novembre 1910.

[...] «Il règne au sujet du dessin des erreurs qu'il est difficile de redresser.
»On s'imagine que le dessin peut être beau en lui-même. Il ne l'est que par les vérités, par les sentiments qu'il traduit. L'on admire les artistes, forts en thème, qui calligraphient des contours dénués de signification et qui campent prétentieusement leurs personnages. On s'extasie sur des poses qu'on ne remarque jamais dans la nature et qu'on juge artistiques parce qu'elles rappellent ces déhanchements auxquels se livrent les modèles italiens quand ils sollicitent des séances. C'est là ce qu'on nomme ordinairement *le beau dessin*. Ce n'est en réalité que de la prestidigitation bonne pour émerveiller les badauds.
»Il en est du dessin en art comme du style en littérature. Le style qui se manière, qui se guinde pour se faire remarquer, est mauvais. Il n'y a de bon style que celui qui se fait oublier pour concentrer sur le sujet traité, sur l'émotion rendue, toute l'attention du lecteur. [...]
»Le dessin, le style vraiment beaux sont ceux qu'on ne pense même pas à louer, tant on est pris par l'intérêt de ce qu'ils expriment. De même, pour la couleur. Il n'y a réellement ni beau style, ni beau dessin, ni belle couleur: il n'y a qu'une seule beauté, celle de la vérité qui se révèle. [...]
»Ainsi tout dessin et tout ensemble de couleurs offrent une signification sans laquelle ils n'auraient aucune beauté.»
Auguste Rodin: *L'Art* – entretiens réunis par Paul Gsell, Paris, Bernard Grasset, 1911, pp. 123-131.

[...] «A l'Hôtel de Biron, Rodin passe presque tout son temps à dessiner.
»Dans cette retraite monastique, il se plaît à s'isoler devant la nudité de belles jeunes femmes et à consigner en d'innombrables esquisses au crayon les souples attitudes qu'elles prennent devant lui. [...]
»Un soir, je regardais avec lui une série de ses études et j'admirais les harmonieuses arabesques par lesquelles il avait reproduit sur le papier les divers rythmes du corps humain.
»Les contours lancés d'un jet évoquaient la fougue ou l'abandon des mouvements, et son pouce, qui était revenu sur les traits pour les estomper, avait interprété par un très léger nuage le charme du modelé.
»En me montrant ses dessins, il revoyait en esprit les modèles d'après lesquels il les avait exécutés et à tout moment il s'écriait:
» – Oh! les épaules de celle-là, quel ravissement! C'est une courbe d'une parfaite beauté... Mon dessin est trop lourd!... J'ai bien essayé,...mais!... Tenez! voici une seconde tentative d'après la même femme: cela se rapproche davantage,... et pourtant!» [...]
Auguste Rodin: *L'Art* – entretiens réunis par Paul Gsell, Paris, Bernard Grasset, 1911, pp. 146-147.

«Par malheur, Victor Hugo venait justement d'être martyrisé par un sculpteur médiocre nommé Villain. Celui-ci, pour faire un mauvais buste, lui avait infligé tente-huit séances de pose. Aussi quand j'exprimai timidement mon désir de reproduire à mon tour les traits de l'auteur des Contemplations, il fronça terriblement ses sourcils olympiens.
» – Je ne puis vous empêcher de travailler, fit-il; mais je vous avertis que je ne poserai pas. je ne changerai pour vous aucune de mes habitudes: arrangez-vous comme il vous plaira.
»Je vins donc et je crayonnai au vol un grand nombre de croquis afin de faciliter ensuite mon travail de modelage.» [...]
Auguste Rodin: *L'Art* – entretiens réunis par Paul Gsell, Paris, Bernard Grasset, 1911, p. 177.

[...] «Pour copier les Antiques, au contraire, je n'avais besoin que de papier et de crayons.» [...]
Auguste Rodin: *L'Art* – entretiens réunis par Paul Gsell, Paris, Bernard Grasset, 1911, p. 274.

«Marseille me donna une des visions qui ont été pour moi l'enchantement de ma vie. C'était pendant l'été 1906, en pleine Exposition coloniale. J'avais vu à Paris, au Pré-Catelan, les danseuses du roi Sisowath. Pour les étudier de plus près, je les suivis jusqu'à Marseille. J'y arrivai un dimanche et je me rendis au Prado, à la villa des Glycines. Je voulais fixer mes impressions; mais comme toutes les papeteries étaient fermées et que j'étais démuni de papier, je fus obligé d'aller demander à un épicier de vouloir bien me vendre du papier d'emballage pour dessiner. Ce papier est devenu très beau, il a pris la couleur grise et perle des vieilles soies du Japon. Le crayon en main et le papier sur les genous, je dessinais et j'étais émerveillé de la suprême beauté et du grand caractère de leurs chœurs de danse. Les frises d'Angkor s'animaient sous mes yeux. Les vieilles pierres entraient dans le rythme de la vie et la souplesse inconnue de ces corps d'ambre évoquait devant moi, toutes les grâces, toutes les attitudes, tous les mouvements et toutes les pensées que la nature exprime dans la multiplicité indéfinie de ses formes. Mon esprit reculait jusqu'à la création et je reconnaissais, grâce à ces Cambodgiennes, la parenté de toute forme et de tout geste humain sous toute latitude.
»J'étais ému comme on l'est, quand on se prend à songer au vertige rythmé qui emporte les astres. C'était la même danse cadencée par des femmes. Et j'ai tant aimé ces Cambodgiennes que je ne savais comment leur témoigner ma gratitude pour le royal honneur qu'elles avaient bien voulu me faire, de danser et de poser devant moi. Je fus aux Nouvelles Galeries, acheter une corbeille de jouets qu'elles se partagèrent et l'âme d'enfant de ces divins choreutes qui dansent pour les dieux ne savaient que faire pour me rendre la joie que j'avais pu leur donner. Elles parlaient même de m'emmener avec elles.»
Mario Meunier: *Les souvenirs de Rodin sur Marseille,* in *Petit Provençal*, 2 mai 1912.

«... mais, dans un dessin sur le papier qui n'a que deux profils pour enserrer le modelé, il importe de les fixer d'une manière très exacte; il faut donc les chercher d'abord au fusain, ensuite au crayon avec infiniment de soin, car on est contraint d'exprimer l'entre-profil par le modelé comme on peut, et surtout par la traduction juste des plans; mais sur ce point on n'a jamais de certitude absolue.» [...]
Dujardin-Beaumetz: *Entretiens avec Rodin*, Paris, 1913, p. 13.

«La plus grande difficulté que l'on rencontre en art, celle qu'il convient de surmonter avant tout et qui domine toutes les autres, vient de la nécessité de bien dessiner; seule la science du dessin

permet de comparer, de juger, d'exprimer la simplicité en fixant l'essentiel. Par lui, l'œuvre prend la puissance des choses naturelles; sans dessin, pas de vérité.»
Dujardin-Beaumetz: *Entretiens avec Rodin*, Paris, 1913, p. 21.

«Dans l'esquisse, les mouvements des personnages sont rendus plus vivants par la seule indication de l'allure générale;
»L'action n'est pas refroidie ni par les affirmations des morceaux, ni par l'abondance des détails; son imprécision même ajoute à l'action;
»La liberté complète d'un rendu forcément sommaire a fixé l'essentiel; et, en mettant l'essentiel de tous les éléments nécessaires à l'œuvre, on a montré à la fois son commencement et sa fin.
»... Une simple indication a livré l'esprit de l'œuvre, et l'imprécision dans sa souplesse permet à l'imagination de celui qui regarde d'ajouter, complétant ainsi ce qu'a cherché l'artiste.»
Dujardin-Beaumetz: *Entretiens avec Rodin*, Paris, 1913, p. 27.

[...] «Je vois un mouvement impressionnant, une attitude ravissante, un geste juste qui dit toute une action, si je puis la fixer par un croquis rapide et même par un simple trait, je puis tenter de faire ce que j'ai ressenti, avec des chances de le rendre; mais si je n'ai rien qu'un souvenir, ce sera faible, car la nature seule soutient l'effort et le rend fécond.» [...]
Dujardin-Beaumetz: *Entretiens avec Rodin*, Paris, 1913, p. 61.

[...] «Un homme qui a beaucoup étudié la nature, voit juste, en a l'intelligence prompte. Il peut faire, défaire, reconstruire son œuvre, l'analyser, y ajouter, la recomposer. Mais, pour cela, comme toujours en art, il faut avoir beaucoup dessiné. Le dessin est une comparaison perpétuelle.» [...]
Dujardin-Beaumetz: *Entretiens avec Rodin*, Paris, 1913, p. 76.

[...] «Les premiers dessins d'un artiste montrent, en germe, toutes ses qualités et tous ses défauts. L'étendue de sa volonté, car c'est la volonté qui développera ses dons naturels et conservera sa personnalité, lui permettra d'aborder la Nature.» [...]
Dujardin-Beaumetz: *Entretiens avec Rodin*, Paris, 1913, p. 87.

[...] «Tout jeune, aussi loin qu'il me souvienne, je dessinais.
»Un épicier, chez lequel ma mère se servait, enveloppait ses pruneaux dans des sacs de papier faits avec des pages de livres illustrés et même avec des gravures. Je les copiais. Ce furent mes premiers modèles.» [...]
Dujardin-Beaumetz: *Entretiens avec Rodin*, Paris, 1913, p. 111.

[...] «Je me rappelle avoir copié des sanguines d'après Boucher.»
Dujardin-Beaumetz: *Entretiens avec Rodin*, Paris, 1913, p. 111.

[...] «La Petite Ecole avait gardé quelques traces de l'enseignement du XVIIIe siècle; la vie, le sentiment, la grâce n'y étaient pas proscrits; cela se montrait clairement dans mes dessins.» [...]
Dujardin-Beaumetz: *Entretiens avec Rodin*, Paris, 1913, p. 112.

[...] «L'après-midi, j'allais au Louvre dessiner les Antiques, ou à la Bibliothèque Impériale, dans la galerie des Estampes.» [...]
»Il y avait un cours de dessin à la Manufacture des Gobelins, de cinq heures à huit heures du soir; j'y allai.
»On y travaillait trois heures de suite, soit dix-huit heures par semaine, d'après le modèle vivant.» [...]
Dujardin-Beaumetz: *Entretiens avec Rodin*, Paris, 1913, p. 112.

[...] «J'allais aussi au marché aux chevaux, dessinant de tous les côtés. Ce que j'y ai été bousculé, piétiné! J'ai fait beaucoup d'animaux; mais je regretterai toujours de n'avoir pas fait de statue équestre.» [...]
Dujardin-Beaumetz: *Entretiens avec Rodin*, Paris, 1913, p. 113.

[...] «Je puis affirmer que j'étais déjà alors un modeleur expérimenté; ayant commencé très jeune à dessiner, je reportai tout ce que je savais sur les modelés de ma figure. J'ai fait, dans ma vie, des milliers de dessins; encore aujourd'hui je dessine presque chaque jour. Je ne saurai jamais dire combien cette étude m'a servi, On ne s'en préoccupe plus assez aujourd'hui; on le néglige, et c'est bien à tort.
»On cherche à faire un style nouveau; mais le style vient sans que personne s'en doute, par le concours de tous, mais peut-on le trouver en beau sans le dessin?» [...]
Dujardin-Beaumetz: *Entretiens avec Rodi*n, Paris, 1913, p. 118.

«... La division dans la vie amène l'immobilité dans le dessin.»
Rodin, cité in *Pensées inédites de Rodin*, *L'Indépendance Roumaine*, 13 novembre 1915.

«L'intelligence dessine, mais c'est le cœur qui modèle.»
Rodin, cité in *Pensées inédites de Rodin*, *L'Indépendance Roumaine*, 13 novembre 1915.

«S'il n'y avait pas de modelé intérieur, le contour ne pourrait pas être gras, souple: il serait sec avec une ombre droite.»
Rodin, cité in *Pensées inédites de Rodin*, *L'Indépendance Roumaine*, 13 novembre 1915.

[...] «Pourquoi enseigne-t-on l'art décoratif? L'art décoratif n'existe pas. Il n'y a que l'art tout court. Apprenez à dessiner ou à modeler un dos, une jambe, vous saurez dessiner une table ou une cuillère. Seule, l'étude de la nature donne le goût, c'est-à-dire la science des proportions.» [...]
Dessins d'enfants, in *Le Cri de Paris*, 10 juin 1917.

«Il veut qu'on aime et que l'on prie la forme. Toute sa technique est de presser la vie, de lui révéler sa confidence sacrée. ''Il s'agit, dit-il, de capter l'âme par la succession complète des profils.'' [...]
»''Je commence à la seconde où mon crayon est taillé, quand ma terre est molle. [...] N'oubliez pas que le style en dessin, c'est l'unité et non pas une sorte d'inspiration idéale, c'est la patience en un mot, qui est la sculpture; le style est une unité organisée, alors il est vivant; il existe. Le dessin de tous côtés est en sculpture l'incantation qui fait enfermer l'âme dans la pierre. Le dessin de tous côtés donne tous les profils de l'âme en même temps. C'est une conjuration mystique des lignes.''» [...]
Aurel: *Rodin et la femme,* in *La grande Revue*, décembre 1917.

«Tous les grands peintres sondent l'espace. C'est dans la notion d'épaisseur que réside leur force. Souvenez-vous de ceci: il n'y a pas de trait, il n'y a que des volumes. Quand vous dessinez, ne

vous préoccupez jamais du contour, mais du relief. C'est le relief qui régit le contour.»
Auguste Rodin, *L'Art* entretiens réunis par Paul Gsell, 1924, p. 10.

[...] «Depuis que je m'y suis mis, j'ai l'impression de savoir dessiner... Et je sais pourquoi mes dessins ont cette intensité: c'est que *je n'interviens pas*. Entre la nature et le papier j'ai supprimé le talent. Je ne raisonne pas, je me laisse faire... C'est l'aboutissant de ma vie.» [...]
»De tout temps il y eut de bons dessinateurs. Les artistes des grottes, les Chinois, les Gothiques... et puis, le même peut faire bien et mal, presque dans le même temps. Voyez, Raphaël: son dessin est généralement merveilleux et puis on vous montre des choses de lui qui ne ferait honneur à personne. Mais les gens ne voient que le nom. Raphaël, pour eux, c'est pur, c'est nettoyé, fignolé. Certaines de ses fresques, si on les montrait à part, personne ne croirait qu'elles sont de sa main. C'est peint à coup de sabre. C'est les meilleures... On prend Ingres pour un dessinateur...
»[...] [A propos d'un dessin d'Ingres] Regardez... Suivez la ligne qui descend de l'oreille, le long du cou... suivez-la, *elle ne s'arrête pas*: arrivée au bas de l'épaule, elle passe à la dentelle du col, elle fait des lacets, et puis elle suit le contour du sein, et puis elle revient au corsage, et puis elle arrive à la main... sans lever le crayon, et le crayon ne frémit pas plus sur le sein que sur l'étoffe... Il s'en fiche... Pour lui tout est mort.»
J. E. S. Jeanes, *Souvenirs d'une époque heureuse – Rodin chez lui*, in *Candide*, 6 décembre 1934.

Propos de Rodin extraits de la correspondance:

Avertissement: l'orthographe et la ponctuation, parfois incorrectes, respectent celles des documents originaux.

«...mes moyens naturels sont la terre et le crayon.» [...]
Lettre de Rodin à Hélène Wahl, Paris ou Meudon, peu après le 25 octobre 1895. (L. 691; Archives, Musée Rodin, Paris.)

[...] Que faites vous en dehors des admirations que vous avez dans ces belles montagnes peignez vous, faites vous au moins des croquis? faites comme moi ne regardez pas le papier et dessinez j'ai recommandé cette façon a quelqu'un qui m'a donné des choses plus interessantes qu'avec l'autre manière [...]
Lettre de Rodin à Hélène Wahl, Château de Montrozier (Aveyron), 7 septembre 1897. (L. 686; Archives, Musée Rodin, Paris.)

[...] Car j'ai lu beaucoup de critiques, qui ne les trouvent, ces dessins que bien peu à leur goût ne les trouvant ni assez travaillés, ni assez drapés.

Mais avec des Artistes qui en ont chez eux, vous m'avez aidé à les faire sortir de l'indifférence où on les laissaient ne s'appercevant pas que la souplesse du squelette, est dans tous; mais vous êtes la grande artiste, qui chante des choses immortelles des maitres, et qui m'avez charmé par le grand caractère que vous leur laissiez. Que mes petites feuilles de papier soient louées d'avoir été choisies par vous. Merci [...]
Lettre de Rodin à Sonia de Hindenburg, Paris, 2 février 1904. (L. 783; Archives, Musée Rodin, Paris.)

Madame de Hindenburg, et vous, me faites le grand honneur de choisir quelques dessins,...
Il sera vôtre ce dessin, et vous pourrez savoir la joie que j'en aurai quand vous le regarderez; quel est celui entre tous mes dessins qui aura cette gloire; quand je l'ai crayonné, je ne savais pas qu'il serait si distingué par vous.
et puis, ces dessins ont maintenant une destinée, un avenir. C'est peut être à vous, à quelques artistes de Berlin, que je dois de les voir se débarrasser de l'indifférence, qu'ils rencontraient. [...]
De cette exposition je vous en supplie, donnez moi vos impressions, vos critiques, j'ai tant peur que tant de choses dites contres ces pauvres feuilles, vous aient donné quelque ennuies
Ces feuilles à Berlin devant un public nombreux, ont elles tenues un peu d'effet, n'etaient elles pas monotones, mais c'est trop vous demander sur ces dessins
Lettre de Rodin à Hélène de Hindenburg, Paris, 2 février 1904. (L. 784; Archives, Musée Rodin, Paris.)

[...] je dois aussi vous parler de nombreux dessins de Psyché que j'ai envoyé a Vienne, il y en a d'autres chez moi ou autre part, J'ai pensé à vous pour régenérer une histoire fabuleuse si belle moi j'en ai fait des dessins qui m'entraînent au delà de tout. C'est lhistoire si délicieuse de la femme et de son entrée dans la vie
mes dessins sont un peu français du 18e siecle mais toujours avec un fond de formes qui touchent au grec.
Je n'ai peut être pas assez envoyé de Cambodgiennes, qui sont autant de Psychées si je puis dire. parceque je n'ai pu entrer malgre mon désir impetueux dans cette profonde danse si belle, et ma traduction, est un peu 18 siècle.
Mais cette fusion a des grâces les cambodgiennes sont au delà de la beauté que nous pouvons, où que j'ai pu saisir. [...]
Lettre de Rodin à Rainer Maria Rilke, Paris ou Meudon, 8 novembre 1907. (L. 412; Archives, Musée Rodin, Paris.)

[...] Quand à son projet de publier, avec des reproductions de mes dessins, l'histoire des danseuses cambodgiennes en France: je crois, pour ma part devoir y renoncer. Mes dessins ne sont pas bons au point de vue proprement cambodgien, et ils ne sont qu'une sorte d'entre-deux entre l'européen et le cambodgien. [...]
Lettre de Rodin à Georges Bois, Paris ou Meudon, 31 août 1910. (L. 1307; Archives, Musée Rodin, Paris.)

Concordances

Jalons d'une vie			*Rodin dessinateur*	*Diffusion des dessins*
1840		12 novembre: Naissance de Rodin à Paris		
1848	8 ans	Rodin entre à l'Ecole de la Doctrine chrétienne		
1850	10 ans		Rodin commence à dessiner «Tout jeune, aussi loin qu'il me souvienne, je dessinais. »Un épicier, chez lequel ma mère se servait, enveloppait ses pruneaux dans des sacs de papier faits avec des pages de livres illustrés et même avec des gravures. Je les copiais. Ce furent mes premiers modèles.» (Dujardin-Beaumetz: *Entretiens avec Rodin*, Paris, 1913, p. 111)	
1851	11 ans	Il entre en pension chez son oncle à Beauvais		
1854	14 ans	Il entre à l'Ecole spéciale de dessin et de mathématiques, dite «la Petite Ecole» et suit les cours de Lecoq de Boisbaudran et du peintre Belloc	Entre 1854 et 1857?: Académies, dessins d'atelier, copies de gravures et dessins du XVIIIe siècle. L'après-midi, dessin au Louvre soit d'après les antiques, soit d'après une *Histoire du costume dans l'Antiquité*. [...] «Pour copier les Antiques, au contraire, je n'avais besoin que de papier et de crayons.» [...] (Auguste Rodin: *L'Art* – entretiens réunis par Paul Gsell, Paris, Bernard Grasset, 1911, p. 274) «La Petite Ecole avait gardé quelques traces de l'enseignement du XVIIIe siècle; la vie, le sentiment, la grâce n'y étaient pas proscrits ; cela se montrait clairement dans mes dessins.» (Dujardin-Beaumetz: *Entretiens avec Rodin*, Paris, 1913, p. 112) «Je me rappelle avoir copié des sanguines d'après Boucher.» (Dujardin-Beaumetz: *Entretiens avec Rodin*, Paris, 1913, p. 111)	
1855	15 ans	Rodin découvre la sculpture	Il entre dans la classe du sculpteur Fort après avoir reçu une médaille de bronze en dessin. «L'après-midi, j'allais au Louvre dessiner les Antiques, ou à la Bibliothèque Impériale, dans la galerie des Estampes. [...]	

Jalons d'une vie			Rodin dessinateur	Diffusion des dessins
1855	15 ans		»Il y avait un cours de dessin à la Manufacture des Gobelins, de cinq heures à huit heures du soir; j'y allai. »On y travaillait trois heures de suite, soit dix-huit heures par semaine, d'après le modèle vivant.» (Dujardin-Beaumetz: *Entretiens avec Rodin*, Paris, 1913, p. 112) Dante fait déjà partie de ses lectures	
1857	17 ans	Rodin quitte la Petite Ecole Il tente le concours d'entrée à l'Ecole des Beaux-Arts et échoue trois fois	Il reçoit une médaille d'argent de 2e classe en dessin	
1858	18 ans	Rodin travaille chez plusieurs décorateurs		
1860	20 ans	Buste de son père, Jean-Baptiste Rodin (1803-1883) (première œuvre sculptée conservée)		
1862	22 ans	Décembre 1862: mort de sa sœur Maria. Frappé par ce décès, Rodin entre chez les Pères du Très-Saint-Sacrement jusqu'en mai-juin 1863		
1863	23 ans	Rodin retourne à la vie laïque, il rencontre Carpeaux	Vers 1863?: copie d'après la frise du Parthénon	
1864	24 ans	Début de la collaboration avec Carrier-Belleuse Rodin rencontre Rose Beuret *L'Homme au nez cassé* est refusé au Salon Il loue un logement 96, rue Lebrun, à deux pas du Marché aux chevaux du boulevard Saint-Marcel	Il commence à travailler pour Carrier-Belleuse: dessins d'ornements et de motifs décoratifs Il dessine des chevaux du marché Saint-Marcel «J'allais aussi au marché aux chevaux, dessinant de tous les côtés. Ce que j'y ai été bousculé, piétiné! J'ai fait beaucoup d'animaux ; mais je regretterai toujours de n'avoir pas fait de statue équestre.» (Dujardin-Beaumetz: *Entretiens avec Rodin*, Paris, 1913, p. 113) Etudes de squelettes et d'écorchés au Muséum d'histoire naturelle et à l'amphithéâtre d'anatomie. Il assiste aux cours de Barye. Album Mastbaum, Rodin Museum (Philadelphia Museum of Art)	
1865	25 ans	Il participe à la décoration de l'hôtel de la Païva		
1866	26 ans	18 janvier: naissance de son fils Auguste-Eugène Beuret	Dessins d'enfants, de maternités	
1867	27 ans	Il travaille comme praticien chez divers ornemanistes		
1870	30 ans	Mobilisé, il est incorporé comme caporal dans la Garde nationale, puis réformé pour sa myopie		
1871	31 ans	Février: il part pour la Belgique rejoindre Carrier-Belleuse et réalise avec lui divers travaux de décoration architecturale dont le Palais de la Bourse à Bruxelles Première exposition de Rodin (Bruxelles ou Anvers)	Entre 1871 et 1877, il peint et dessine à la sanguine des paysages de Belgique Entre 1871 et 1877?: esquisse de personnages d'après la chapelle du Saint-Sang de Bruges?	

Jalons d'une vie			Rodin dessinateur	Diffusion des dessins
1872	32 ans	Rose rejoint Rodin à Bruxelles Fin de la collaboration avec Carrier-Belleuse qui rentre à Paris		
1873	33 ans	Vers janvier: première exposition hors de Belgique: Exposition internationale de Londres 12 février 1873 au 31 août 1877: il s'associe par contrat avec le sculpteur belge Antoine Van Rasbourgh Entre juillet et octobre: Exposition internationale et universelle de Vienne		
1874	34 ans	Il participe au décor du Palais des Académies à Bruxelles	Vers 1874?: dessins de courses de chevaux?, carnet de vases, aiguières, croquis de frises, de mobilier	
1875	35 ans	Il entreprend *L'Age d'airain* 1er mai au 20 juin: première exposition en France: Salon de Paris Fin 1875: il part de Belgique pour un long séjour en Italie (environ jusqu'en mars (?) 1876) Entre la Belgique et l'Italie, il passe à Lausanne et à Genève	Entre la Belgique et l'Italie, Rodin s'arrête à Reims: «... Reims sa cathédrale d'une beauté que je n'ai pas encore rencontrée en Italie...» (Lettre de Rodin à Rose Beuret, début mars (?) 1876, Rome) Feuilles de croquis d'après Michel-Ange «[...] j'ai fait des croquis le soir chez moi, non pas d'après ses œuvres [Michel-Ange] mais d'après tous les echafaudages les systèmes que je fabrique dans mon imagination pour le comprendre, eh bien je réussi selon moi à leur donner l'allure ce quelque chose sans nom que lui seul sait donner [...]» (Lettre de Rodin à Rose Beuret, début mars (?) 1876, Rome) *L'Enfer* de Dante devient un des livres de chevet de Rodin à son retour d'Italie	
1876	36 ans	Première exposition américaine: Exposition internationale et universelle de Philadelphie		
1877	37 ans	Janvier: *L'Age d'airain* est exposé au Cercle artistique de Bruxelles, ce qui déclenche une polémique: Rodin est accusé de moulage sur nature. 1er mai au 20 juin: *L'Age d'airain* est exposé au Salon de Paris A l'automne, Rodin fait sa première grande tournée des cathédrales du centre de la France *L'Homme qui marche*	Période des grands fusains d'après Michel-Ange faits d'après les moulages de la chapelle de l'Ecole des Beaux-Arts à Paris, et sans doute des études d'après le *Faune* de Vienne, le *Narcisse* de Valerio Cioli «[...] j'ai obtenu une carte du Louvre et une permission spéciale de dessin pour le musée Egyptien [...]» (Lettre de Rodin à Rose Beuret, Paris, début avril)	Charles Tardieu: «Le salon de Paris», in *L'Art*, 9e vol., p.198: premier dessin sans doute publié: fac-similé de *L'Age d'airain*, Louvre, RF6901
1878	38 ans	*Saint Jean-Baptiste*		
1879	39 ans	Rodin travaille à Marseille pour le sculpteur Fourquet à la décoration du palais des Beaux-Arts, puis à Nice, pour le sculpteur Cordier à la décoration de la villa Neptune Juin 1879: il entre à la Manufacture de Sèvres jusqu'en décembre 1882 Rodin à Strasbourg, de l'automne au début 1880	Il use parfois de la polycopie, ou chromographie au violet de Paris, encre aniline. Entre 1879 et 1882 (?): études de vases	
1880	40 ans	26 mai: achat par l'Etat de *L'Age d'airain* en plâtre puis en bronze Juillet: il occupe son premier atelier du Dépôt des marbres au 182, rue de l'Université, jusqu' à sa mort	Il dessine en lisant Dante «[...] J'ai vécu un an entier avec Dante, ne vivant que de lui et qu'avec lui, et dessinant les huit cycles de son Enfer [...].	

Jalons d'une vie			*Rodin dessinateur*	*Diffusion des dessins*
1880	40 ans	18 août: commande de *La Porte de l'Enfer* par l'Etat pour le futur musée des Arts décoratifs. Il y travaillera jusqu'à la fin de ses jours sans jamais la faire livrer ni la fondre en bronze	Au bout d'un an, je me suis aperçu que ces dessins, s'ils rendaient ma vision de Dante, n'étaient pas assez proches de la réalité. Et j'ai tout recommencé, d'après nature, travaillant avec mes modèles [...]» (Rodin, rapporté par Serge Basset: *La Porte de l'Enfer*, in *Le Matin*, 19 mars 1900) Dessins sur des carnets de moulures pour *La Porte de l'Enfer* En octobre 1880, il écrit à Edmond Turquet, sous-secrétaire d'Etat: «J'ai fait beaucoup de dessins et des esquisses en terre [de la Porte] que je crois pouvoir soumettre à votre appréciation...» (Lettre de Rodin à Edmond Turquet, octobre 1880 ; Archives nationales, Paris)	Paul Leroi: «Le Salon de 1880: l'eau-forte» in *L'Art*, tome III, 1880, p. 124 (1 dessin)
1881	41 ans	Première exposition en province (Dunkerque) 5 juillet: achat du *Saint Jean-Baptiste* en bronze par l'Etat Après le 22 juillet et avant le 1er septembre: premier voyage en Angleterre	Il apprend la gravure auprès d'Alphonse Legros, à Londres	
1882	42 ans	Décembre: il quitte officiellement la Manufacture de Sèvres	Dessin d'après la photographie du plâtre: *Buste de Carrier-Belleuse* (1824-1887)	
1883	43 ans	Il rencontre Camille Claudel, alors âgée de 19 ans Buste de *Victor Hugo* (1802-1885) 1er mars au ?: première exposition aux Pays-Bas: Exposition universelle d'Amsterdam Août: Exposition internationale de Munich 26 octobre: mort de son père Jean-Baptiste Rodin	1883: Coupures de presse de l'année utilisées comme supports de dessins Victor Hugo refuse de poser mais le reçoit avenue d'Eylau: «Venez dîner. Vous prendrez des croquis comme on prend des notes. Et vous verrez, cela suffira.» [...] «Je vins donc et je crayonnai au vol un grand nombre de croquis afin de faciliter mon travail de modelage.» [...] (Auguste Rodin: *L'Art* – entretiens réunis par Paul Gsell, Paris, Bernard Grassel, 1911, p. 177) 13 mai 1883, lettre de Rodin à Léon Gauchez: il parle de ses illustrations de Dante Vers 1883?: dessin d'après son père Novembre 1883: étude à la plume de *L'Age d'airain*, d'après la sculpture	Février-mars: première exposition de dessins: PARIS, Cercle des Arts Libéraux, «Exposition des Arts Libéraux»: plus de 7 dessins en rapport avec *La Porte de l'Enfer* et dédiés à Roll «Les beaux et savants croquis de M. Rodin attestent clairement aux connaisseurs que cet éminent statuaire est un dessinateur hors de pair, aux appétits tour à tour gothiques et michelangesques» Fourcaud, in *Le Gaulois*, 25 février 1883
1884	44 ans	Rodin prend un atelier au 71, rue de Bourgogne. Il y restera jusqu'en octobre 1890 *Projet de monument au général Victor Margueritte* (1823-1870) *Buste de W.E Henley* (1851-1903): poète, critique et auteur dramatique anglais. Il fut rédacteur en chef du *Magazine of Art* *Buste d'Antonin Proust* (1832-1905): publiciste et homme politique	Illustrations pour *Enguerrande* d'Emile Bergerat. Le dessin *Eve* sera finalement utilisé en 1900 comme frontispice des *Contes surhumains* de Victor Emile Michelet Vers 1884?: études des mensurations pour un monument au général Marguerite Etudes pour la niche du *Buste de Henley* Vers 1884?: dessins des Châteaux de Saint-Aignan, de Blois	Emile Bergerat: «Enguerrande: poème dramatique, avec deux compositions du statuaire Auguste Rodin», Paris, Frinzine, Klein

Jalons d'une vie			Rodin dessinateur	Diffusion des dessins
1885	45 ans	28 janvier: commande du *Monument des Bourgeois de Calais* par la Municipalité 26 juillet au 2 août: Rodin va à Calais	Vers 1885?: étude pour un *Tombeau de Victor Hugo*	
1886	46 ans	Commande du *Monument à Bastien-Lepage* Commande pour les monuments à Vicuna Mackenna et au général Lynch à Santiago du Chili Rodin multiplie les représentations de Camille *(La Pensée, Camille Claudel au bonnet)* et les figures pour la *Porte de l'Enfer* *Le Baiser* 1er janvier: atelier, 117, boulevard de Vaugirard 29 mai au ? juin: Rodin est à Londres	Vers 1886: photographies de dessins par Charles Bodmer, que Rodin retouchera (Album Bodmer) Entre 1886 et 1891?: études du *Monument Benjamin Vicuna Mackenna* pour Santiago du Chili	
1887	47 ans	Décembre: Rodin est membre de la sous-commission de l'Exposition universelle de 1889 31 décembre: il est nommé chevalier de la Légion d' honneur Premier voyage en Touraine, avec Camille Claudel	Le 5 janvier, Goncourt rapporte dans son Journal «Rodin en pleine faunerie» devant des estampes japonaises Octobre: Rodin reçoit de Gallimard l'exemplaire de l'édition originale des *Fleurs du Mal* pour l'illustrer. Il semble y travailler jusqu'au 31 janvier 1888 Vers 1887?: dessins d'après la Collégiale des Roches, d'Avon-les-Roches	
1888	48 ans	Location du Clos Payen, atelier de Camille Claudel et Rodin 31 janvier: l'Etat commande *Le Baiser* en marbre pour l'Exposition universelle de 1889 Vers octobre: première exposition du *Penseur* à Copenhague (petit modèle en plâtre) *Buste de Mrs Russel* (1865-1908)	«Je ne prends pas assez peut-être de croquis dans la rue» (Rodin, cité par Jean Dolent: *Amoureux d'art*, Paris, A. Lemerre, 1888, p. 150)	
1889	49 ans	Membre fondateur de la Société nationale des Beaux-Arts 8 avril: commande du *Monument à Claude Lorrain* Membre de la commission du Salon des Artistes français et du jury de l'Exposition universelle 21 juin au ? août: exposition Monet-Rodin, Galerie Georges Petit Juillet: Rodin visite les châteaux de la Loire 16 septembre: commande du *Monument à Victor Hugo* au Panthéon 29 septembre: inauguration du *Monument Bastien-Lepage* à Damvillers	Entre 1889 et 1892?: portraits de Claude Gellée dit *Le Lorrain* Juillet 1889?: dessins de Blois, Chambord, Amboise, Azay-le-Rideau et de Saint-Aignan? Août 1889: dessins à Toulouse, Albi, Rodez Vers 1889?: dessins, études pour *La Porte de l'Enfer*	23 janvier - 14 février: première exposition connue d'estampes, Salon des Peintres-Graveurs, PARIS, Galerie Durand-Ruel
1890	50 ans	Il s'installe à Bellevue Avril puis septembre-octobre: voyage en Touraine et en Anjou 19 juillet: refus du projet pour le *Monument à Victor Hugo*	Saumur, été 1890, lettre de Rodin à Rose: «...Ne me donne pas d'inquiétudes, que je puisse travailler très bien à mes études d'architecture.» (Judith Cladel: *Rodin, sa vie glorieuse, sa vie inconnue*. Grasset, 1936, p. 238) Dessins à Azay-le-Rideau, Chinon, Tours, Saumur	15 mai au 30 juin: PARIS, Palais des Beaux-Arts, Exposition de la Société Nationale des Beaux-Arts: 1 dessin exposé avec des sculptures

Jalons d'une vie			*Rodin dessinateur*	*Diffusion des dessins*
1890	50 ans		Entre 1890 et 1897?: dessins à Houdan, Montfort-l'Amaury? Vers 1890?: dessins de femmes dits de transition	
1891	51 ans	19 juin: Rodin obtient une autre commande d'un *Monument à Victor Hugo* pour le Luxembourg, représentant le poète assis Juillet: la Société des Gens de Lettres commande un *Monument à Balzac* Août-octobre: voyage à Tours et dans la vallée de l'Indre	Entre 1891 et 1898?: études pour ou d'après le *Balzac* Edmond de Goncourt, Journal du 23 juillet 1891: Rodin lui confie son admiration pour les danseuses javanaises présentes à l'Exposition universelle de 1889: il lui parle des «croquis qu'il en a faits, croquis rapides, pas assez pénétrés de leur exotisme et qui ont quelque chose d'antique. [...] »Il trouve nos danses trop sautillantes, trop brisées, tandis que, dans ces danses, c'est une succession de mouvements engendrant et produisant un serpentement, une ondulation.»	4 au 30 avril: PARIS, galerie Durand-Ruel: «Société des Peintres-Graveurs français – Troisième Exposition» Décembre: l'exemplaire de Gallimard des *Fleurs du Mal* est exposé à l'exposition «La Reliure Française», au Cercle de la Librairie à Paris
1892	52 ans	6 juin: inauguration du *Monument Claude Lorrain* à Nancy 19 juillet: Rodin est promu officier de la Légion d'honneur Septembre: voyage à L'Islette (Azay-le-Rideau)	Juin et début août 1892: dessins à Nancy Triple portrait de Mirbeau pour le *Sébastien Roch* de Goncourt. «Ce n'est pas une eau-forte que je vous ai demandée. C'est un dessin que vous ferez comme vous voudrez, à la plume, au crayon noir, au lavis, sur le plat du livre relié en velin blanc. Ce serait peut-être original de faire deux croquetons de sa tête à l'instar de votre eau-forte de Victor Hugo... je serais tout heureux et tout fier d'avoir votre nom parmi les illustrateurs de ma petite bibliothèque.» (Lettre d'Edmond de Goncourt à Rodin, juillet 1892) 1892: dessins à Amboise?, château de L'Islette à Cheillé?, Azay-le-Rideau?	
1893	53 ans	Rodin succède à Dalou au poste de président de la section sculpture et vice-président à la Société nationale des Beaux-Arts Août: voyage à Guernesey avec Gustave Geffroy et Eugène Carrière *Masque de Séverine* (1855-1929): femme de lettres et journaliste	Vers 1893: projets pour le *Monument à Victor Hugo* au Panthéon? Dessins de Séverine	12 juin au ?: PARIS, Galerie Georges Petit, «Exposition des Portraits des écrivains et journalistes du siècle, 1793-1893», 1 dessin
1894	54 ans	Rodin s'installe à Meudon dans une maison dite du "Chien-Loup" au 8-8*bis*, chemin Scribe, dans le quartier de "Bellevue" Août: voyage dans le centre et le sud de la France: Auvergne, Nièvre et Aveyron Octobre-novembre: premières attaques contre le *Balzac* 28 novembre: il rencontre Cézanne chez Claude Monet à Giverny 30 novembre: commande pour le *Monument à Sarmiento* à Buenos Aires	Parution des *Chansons de Bilitis* de Pierre Louÿs. Rodin s'en inspirera dans plusieurs dessins Entre avril et octobre 1894: dessins à La Charité-sur-Loire 1894?: études d'après le président argentin Sarmiento et projet pour le piédestal du *Monument à Sarmiento*	
1895	55 ans	16 janvier: Rodin préside le banquet Puvis de Chavannes 3 juin: inauguration du *Monument des Bourgeois de Calais* en présence de Rodin	Entre 1895 et 1898: projets de piédestal pour le *Balzac* Vers 1895?: dessins de l'église Saint-Maclou de Pontoise; Bar-le-Duc	

Jalons d'une vie			Rodin dessinateur	Diffusion des dessins
1895	55 ans	21 au 22 août: Séjour à Zurich et à St Moritz, peut-être en vue de préparer l'exposition de 1896 au Musée Rath de Genève 30 août: séjour à Menaggio (lac de Côme) 2 au 3 septembre: Séjour à Milan 3 au 5 septembre: Séjour à Lugano 5 au 7 septembre: Séjour à Andermatt, au pied du Saint-Gothard 19 décembre: il achète la villa des Brillants à Meudon		
1896	56 ans	1896 (?): *Minerve, Pallas au casque*	Dessin de Mrs Russel? pour *Minerve* ou *Pallas au casque*	1er ou 2 février au 13 ou 14 février: GENÈVE, Musée Rath, «P. Puvis de Chavannes, Auguste Rodin, Eugène Carrière»: 7 dessins 9 juin à fin juin: PARIS, Galerie Bing (L'Art Nouveau), «Exposition internationale du Livre Moderne»: exposition des *Fleurs du Mal* (exemplaire de Gallimard)
1897	57 ans	*Buste monumental de Victor Hugo* 4 octobre: Rodin à Assier, visite les ruines du château	1897: Toulouse, Rodez, Montrozier où Rodin fait un séjour chez Maurice Fenaille (1855-1937), industriel, historien et amateur d'art: dessins de la *Porte*, projets de mise en place de la *Porte*, études pour le buste de Mme Fenaille? Dessins des danseuses de bourrée chez Maurice Fenaille à Montrozier dans l'Aveyron 1897?: dessins à Valençay, Châteaudun, Montsoreau, Montreuil-Bellay Entre 1897 et 1902?: dessins à Provins	Fenaille fait publier une suite de dessins de Rodin, avec une préface de Mirbeau dit «album Goupil» (du nom de l'éditeur) ou «album Fenaille» (du nom du mécène) Auguste Lepère et Emile Froment gravent des dessins pour l'article de Roger Marx: *Cartons d'artistes: Auguste Rodin* in *L'Image*, n° 10, septembre 1897; Froment grave un centaure
1898	58 ans	Rupture avec Camille Claudel, alors âgée de 34 ans A partir de 1898, Rodin exécute plusieurs bustes de Mme Fenaille 1er mai au 30 juin: Salon de la Société nationale des Beaux-Arts: première présentation du *Balzac* en plâtre et du *Baiser* en marbre Le *Balzac* est refusé par la Société des Gens de Lettres	En juin, séjour au Clos Saint-Blaise, propriété de Mirbeau à Carrière-sous-Poissy Vers le 11 novembre: autoportrait d'après une photographie prise par Bergerat, qui sera publiée par Yveling Rambaud en 1899 Rencontre avec le graveur Jules-Léon Perrichon (1866-1946) chez Jean Dolent 1898-1900 ou vers 1898: études pour la *Tour du Travail* Entre 1898 et 1907: cycle des *Psyché* à la mine de plomb	Janvier?: PARIS, Galerie Vollard, «Exposition de la deuxième année de l'Album d'Estampes Originales»: dessin ou lithographie La reproduction du triple portrait de Mirbeau dessiné sur la reliure de *Sébastien Roch* appartenant à Edmond de Goncourt, est publiée dans l'ouvrage d'Octave Uzanne: *L'Art dans la décoration extérieure des livres en France et à l'étranger: les couvertures illustrées, les cartonnages d'éditeurs, la reliure d'art*, Paris, L. H. May, 1898
1899	59 ans	27 mars: commande d'un *Monument à Puvis de Chavannes* Mai à novembre: exposition en Belgique et aux Pays-Bas Il prépare son Pavillon pour l'Exposition universelle. Fin 1899: projet de création d'une école de sculpture et dessin	10 février: contrat avec Mirbeau et Vollard pour la seconde édition du *Jardin des Supplices* Mi-octobre: Rodin à Evian chez le baron Vitta pour qui il dessinera peu après des jardinières pour l'entrée de sa villa de la Sapinière Dessin pour le frontispice du *Jardin des Supplices:* lithographié par Auguste Clot	8 mai au ? novembre: Exposition itinérante: BRUXELLES, ROTTERDAM, AMSTERDAM, LA HAYE. La première grande exposition de dessins: une centaine de dessins Décembre? au 24 février 1900: LONDRES, Carfax & Co's Gallery, «Rodin»: 26 dessins Première édition du *Jardin des Supplices*

Jalons d'une vie			Rodin dessinateur	Diffusion des dessins
1899	59 ans			d'Octave Mirbeau avec un dessin en couleur d'Auguste Rodin, imprimé par A. Clot, Paris, chez Charpentier et Fasquelle Parution de *Silhouettes d'artistes* d'Yveling Rambaud avec un des rares autoportraits de Rodin Léon Maillard édite des croquis inédits, dont la tête de Victor Hugo, gravés par l'aquafortiste Charles Courty (1846-1897), des graveurs sur bois: Auguste Léveillé (1840-1900), Auguste Lepère (1849-1918) et Jacques Beltrand (1874-1977), Léon Maillard: *Auguste Rodin Statuaire*, Paris, Floury, 1899
1900	60 ans	25 mai: inauguration du *Monument à Sarmiento* à Buenos Aires 31 mai: Rodin est nommé chevalier de l'Ordre de Léopold de Belgique 1er juin: inauguration du Pavillon Rodin, place de l'Alma à l'Exposition universelle de 1900 12 juillet: Rodin est membre de l'Académie royale des Arts plastiques de Dresde		Avril: PARIS, Maison Moderne, Exposition de 20 estampes illustrant *Germinal* de Zola dont 1 lithographie d'après un dessin de Rodin 1er juin à fin novembre: PARIS, Pavillon Rodin, place de l'Alma, «Exposition de l'Alma – L'œuvre de Rodin»: 128 dessins exposés par roulement Dessins gravés par Perrichon in *La revue Blanche*, 15 juin 1900, et *La Plume* du 15 octobre et du 15 novembre 1900 Parution des *Contes surhumains* de Victor Emile Michelet 15 août au 9 septembre: LAGNY, Union Artistique et Littéraire du canton de Lagny, «2e Exposition Régionale des Beaux-Arts»: 1 dessin Numéro spécial de *La Plume*: «Auguste Rodin et son œuvre»
		Septembre 1900: Dreux, Alençon, Chartres	Deuxième quinzaine de septembre: dessins à Dreux, Alençon, Chartres	
1901	61 ans	Mars: le Pavillon Rodin de l'Exposition universelle de 1900 est démonté et reconstruit à Meudon sur le terrain de la villa des Brillants. Il devient un atelier 22 septembre – début octobre: Rodin avec Rose Beuret chez les Thaulow à Trévoazek, près de Quimperlé	Vers 1901?: dessins à Quimperlé et à Quimper Série des pyjamas aquarellés (?)	13 janvier au ? février: VIENNE, «IX. Kunst-Austellung der Vereinigung Bildender Künstler Österreichs Secession» (9e Exposition de la Sécession): 8 dessins Ces mêmes dessins sont sans doute exposés ensuite à Venise la même année 22 avril au 31 octobre: VENISE: «IVa Esposizione Internazionale d'Arte della città di Venezia» (4e Exposition internationale d'Art) 8 dessins en provenance de Vienne? 15 juin à fin juillet: LONDRES, The Galleries of the Royal Institute of Painters, «3rd Exhibition of the Pastel Society» (3e Exposition de la Pastel

Jalons d'une vie			*Rodin dessinateur*	*Diffusion des dessins*
1901	61 ans	25 octobre – c. 12 novembre: Rodin en Italie **Au retour, il s'arrête peut-être au Restaurant-Café vaudois, Constant Feller, de Lausanne**	25 octobre – c. 12 novembre: Rodin à Turin, Livourne, Sarravezza, Pise, Florence et Ardenza dans la villa Margherita (avec Hélène de Nostitz et Sonia de Hindenburg). Il fait des portraits d'Hélène de Nostitz jouant au piano 1901-1902?: dessins de tombeaux italiens Jules Perrichon illustre l'article de Milos Jiranek à Prague dans *Volné Smèry* d'après des dessins Entre 1901 et 1909?: dessins de la cathédrale Saint-Julien du Mans Vers 1901?: études, mensurations, projet pour le marbre de *Victor Hugo* au Panthéon	Society): 13 ou 14 dessins + 1 reproduction envoyés Jiranek Milos: «Kresby A. Rodina» (Les Dessins d'A. Rodin) in *Hommage de soumission à Auguste R*, *Volné Smèry*, n° 5-6, 1901, pp. 124-134
1902	62 ans	Buste de *Mrs Simpson* (épouse de John Woodruff, homme de loi et collectionneur de New York) 1er et 2 mai: Rodin à Evian chez le baron Vitta 14 au 20 mai: séjour à Londres. 28 au 30 mai: Rodin va à Prague pour son exposition. 1er septembre: Rodin rencontre Rainer Maria Rilke (1875-1926): homme de lettres autrichien d'origine tchèque. Il fut le secrétaire de Rodin du 15 septembre 1905 au 12 mai 1906 28 octobre au 6 novembre: Rodin à Florence, chez Sophie de Hindenbourg à la villa Margherita d'Ardenza... **Sur le chemin du retour, entre le 6 et le 22 novembre, Rodin s'arrête à Bâle où il descend à l'Hôtel Euler** Rodin rencontre Isadora Duncan (1877-1927): danseuse et chorégraphe d'origine américaine	Lettre du 23 octobre 1902: Perrichon emporte une première fois vingt-trois *Psyché* à graver et une autre fois huit, ce qui laisse à penser que Rodin concevait une suite sur ce thème. Rodin retouche ses dessins après leur passage chez Perrichon. Entre 1901 et 1903, il y a une dizaine de reçus pour la reproduction de quelque cent dessins Perrichon fait un portrait de Rodin en présence du Maître pour l'initier à la taille sur bois de fil, sans succès semble-t-il Entre le 28 octobre et le 6 novembre?: dessin d'un monument italien et 2 esclaves, architectures de Florence Illustrations pour la seconde édition du *Jardin des Supplices* avec des lithographies de Clot que Rodin recommande à Rilke dans une lettre du 2 juillet 1902 pour un ouvrage sur l'œuvre du sculpteur	Mars à mai: ROME, Palais des Beaux-Arts, «1a Esposizione Artistica Internazionale di "Bianco e Nero» (première Exposition Artistique internationale de «Blanc et Noir»): 40 ou 50 dessins + «album Goupil»? 10 mai au 10 août: PRAGUE, Pavillon Manès, Jardin Kinsky, (4e Exposition de l'Association des Artistes tchèques des Beaux-Arts «Manès»): 70 ou 75 dessins ? au 30 juin: PARIS, Galerie Vollard, 20 dessins pour le «*Jardin des Supplices*» d'Octave Mirbeau BERLIN, Paul Cassirer ? «Sechsten Kunstaustellung der Berliner Secession - Zeichnende Künste» (6e Exposition de la Sécession de Berlin-Arts graphiques): 1 dessin Parution de la seconde édition du *Jardin des Supplices* d'Octave Mirbeau, avec vingt compositions originales d'Auguste Rodin, lithographiées par Clot, chez A. Vollard
1903	63 ans	*Buste de Mrs Potter-Palmer* Février: acquisition de la maison de la Goulette, sise en bordure du chemin Fleury à Meudon 20 mai: commandeur de la Légion d'honneur Novembre: il succède à Whistler à la présidence de la Société internationale de Londres	Vers 1903?: Etude pour *Buste de Mrs Potter-Palmer* 30 juin: banquet en l'honneur de Rodin à Vélizy, illustré par Perrichon d'après des dessins Septembre 1903?: portraits de Jeanne Simpson (1897-1981), fille de Kate Simpson	Les *Maîtres-Artistes*, 15 octobre avec une lithographie 1er novembre - décembre: PARIS, Petit Palais, Salon d'Automne: 1 gravure sur bois de Perrichon d'après un dessin 5 novembre au 1er janvier 1904: PITTSBURGH, Carnegie Institute, «Eighth Annual Exhibition at the Carnegie Institute» (8e Exposition annuelle au Carnegie Institute): 2 dessins 14 novembre au 10 janvier 1904: BERLIN, Paul Cassirer ? «Achten Kunstaustellung der Berliner Secession - Zeichnende Künste» (8e Exposition de la Sécession de Berlin – Arts Graphiques) 300 dessins et lithographies environ. 50 dessins seront envoyés à Dresde après l'exposition 20 décembre au 10 janvier 1904: HAMBOURG, Gesellschaft hamburgischer Kunstfreunde, «Graphische Austellung 1903/04» (Exposition d'Art Graphique): 1 dessin

Jalons d'une vie			Rodin dessinateur	Diffusion des dessins
1904	64 ans	Rodin rencontre la duchesse de Choiseul 9 janvier au ? mars: première exposition du grand *Penseur* à la Société internationale de Londres		9 janvier au 27 mars: CINCINNATI-CHICAGO, «The International Society of Sculptors, Painters and Gravers - 1st American Exhibition» (1re Exposition américaine de la Société internationale des Sculpteurs, Peintres et Graveurs): 2 dessins
		Liaison avec Gwendolen Mary John (1876-1939): peintre et femme de lettres britannique, sœur du peintre Auguste John. Elle fut la maîtresse de Rodin et lui servit de modèle pour *La muse Whistler*	Fin 1903: Etudes pour le *Monument Whistler* pour lequel Rodin ne réalisa qu'une muse d'après le modèle Gwen John 1904-1908: études de socle pour le *Monument Henry Becque*	12 avril à mai: KREFELD, Kaiser-Wilhem-Museum, «Linie und Form»: 5 aquarelles 17 avril au 30 juin: PARIS, Grand Palais, «Société nationale des Beaux-Arts – XIVe Exposition»: dessins de Perrichon faits en vue de la gravure sur bois d'après Rodin
		Exposition internationale des Beaux-Arts de Düsseldorf. Exposition de Dresde, Weimar et Leipzig		1er mai au 23 octobre: DÜSSELDORF, Städtischen Kunstpalast, «Internationale Kunst-Austellung» (Exposition internationale des Beaux-Arts): 170 cadres de dessins 1er mai à fin novembre: DRESDE, Albertinum, «Grosse Kunstaustellung», environ 50 dessins en provenance de Berlin 6 juillet au 15 août: WEIMAR, Museum für Kunst und Kunstgewerbe, «Rodin»: 33 dessins qui partent ensuite à Leipzig pour l'exposition de novembre: scandale des dessins érotiques (dessins «nauséabonds») Avant le 26 août - après le 8 octobre: LEIPZIG, Kunsthalle Beyer & Sohn, «Neue Französische Graphik»: 1 aquarelle ou lithographie?
			Le graveur Henri Boutet exécute à ses frais 10 eaux-fortes en couleurs d'après des dessins, qu'il publie la même année à compte d'auteur à Paris	15 octobre - 15 novembre: PARIS, Grand Palais des Champs-Elysées, «2e Salon d'Automne»: 20 eaux-fortes en couleurs d'Henri Boutet d'après Rodin 26 novembre? au 2 janvier 1905: LEIPZIG, Musée de la ville, «Rodin»: 33 dessins en provenance de Weimar
1905	65 ans	9 février à fin mars: exposition au musée du Luxembourg des bas-reliefs destinés à la villa du baron Vitta à Evian 10 février: Rodin est nommé membre du Conseil supérieur des Beaux-Arts		
		19-c. 28 février: Rodin à Londres 9 mai: Rodin est nommé docteur *honoris causa* de l'Université d'Iéna 27 mai: le musée des Arts décoratifs est inauguré sans *La Porte de l'Enfer* 3 au 12 juin: Rodin en Espagne avec Ignacio Zuloaga (1870-1945), peintre espagnol c. 21 juillet: Rodin à Laon 15 septembre: Rilke devient son secrétaire 18 octobre au 25 novembre: Rodin expose pour la première fois au Salon d'automne	Rodin à Londres: copies au British Museum le 20 février? Mai: Rodin absent laisse un mot afin que Pierre Louÿs ait toutes les facilités pour étudier ses dessins (lettre de Rodin à Mme Simon, Paris, 21 mai 1905) En mai 1905, il offre quatorze dessins qu'il dédie au grand-duc Guillaume de Saxe-Weimar Vers 1905?: dessins de la cathédrale de Laon et de l'église de Nouvion-le-Vineux Vers 1905?: dessins de Senlis, de la cathédrale de Reims, statue de Louis XV à Reims	9 janvier à juin: LONDRES, MANCHESTER, BURNLEY, «The International Society of Sculptors, Painters and Gravers – The fifth Exhibition» (5e Exposition de la Société internationale des Sculpteurs, Peintres et Graveurs): 2 dessins 15 avril au 30 juin: PARIS, «Société nationale des Beaux-Arts – XVe Exposition»: 4 lithographies en couleurs d'Auguste Clot 18 octobre au 25 novembre: PARIS, Grand Palais des Champs-Elysées, «IIIe Salon d'Automne»: Dessins exposés avec les deux éditions de 1899 et 1902 du *Jardin des Supplices* d'Octave Mirbeau
			Le capitaine au long cours et ami Bigand-Kaire envisage une illustration des poèmes de Valère Bernard sur les dessins de Rodin	H.-D. CARR: *Rosa Mundi: a poem with an original composition by Auguste Rodin*, London, Chiswick Press, 1905, 1 dessin lithographié par Clot

Jalons d'une vie			*Rodin dessinateur*	*Diffusion des dessins*
1906	66 ans	*Buste de Nathalie de Goloubeff* (1879-1941): femme de lettres Janvier: Rodin est nommé docteur *honoris causa* de l'Université de Glasgow c. 20-26 janvier: Rodin à Chartres avec Rilke et Rose Beuret 21 avril: le *Penseur* est placé devant le Panthéon Mai: Rodin est nommé membre titulaire de l'Académie des Beaux-Arts de Berlin 15 au 21 juillet: Rodin à Marseille pour l'Exposition coloniale. Il y rencontre la danseuse japonaise Hanako (1868-1945) qui pose pour lui en 1907 pour la première fois	Dessin d'après *Nathalie de Goloubeff* Dessins de la cathédrale de Chartres Le 10 juillet, au Pré-Catelan se produit la troupe de ballet du roi cambodgien Sisowath Rodin fait des portraits du roi Sisowath Il part en train à Marseille pour dessiner les danseuses à l'Exposition coloniale «Je voulais fixer mes impressions ; mais comme toutes les papeteries étaient fermées et que j'étais démuni de papier, je fus obligé d'aller demander à un épicier de vouloir bien me vendre du papier d'emballage pour dessiner. Ce papier est devenu très beau, ajouta-t-il, il a pris la couleur grise et perle des vieilles soies du Japon. Le crayon en main et le papier sur les genoux, je dessinais et j'étais émerveillé de la suprême beauté et du grand caractère de leurs chœurs de danse» (Mario Meunier: *Les souvenirs de Rodin sur Marseille*, in *Petit Provençal*, 2 mai 1912) [...] «J'ai dessiné avec un plaisir infini les petites danseuses cambodgiennes qui vinrent naguère à Paris avec leur souverain. Les gestes menus de leurs membres graciles étaient d'une séduction étrange et merveilleuse.» [...] (*L'Art* – Entretiens réunis par Paul Gsell, Paris, Bernard Grasset, 1911, pp. 151-152) [...] «Je viens de Marseille j'ai dessiné les Cambodgiennes. J'ai vu qu'il y a des choses bien nouvelles pour moi.» [...] (Lettre de Rodin à Nathalie de Goloubeff, Paris ou Meudon, peu après le 20 juillet 1906.)	Janvier à mars: Weimar, Museum für Kunst und Kunstgewerbe. Le musée de WEIMAR expose les 14 dessins offerts l'année précédente à Guillaume de Saxe-Weimar 2 février à fin mars?: BORDEAUX, «54e Salon des Amis des Arts»: 12 dessins? 22 février au ?: LONDRES, New Gallery, «International Society of Sculptors, Painters and Gravers» – Sixth Exhibition» (6e Exposition de la Société internationale des Sculpteurs, Peintres et Graveurs): 12 dessins? Auguste Rodin publie: *Äusserungen über die kambodschanischen Tänzerinnen*, (Commentaire sur les danseuses cambodgiennes), in *Kunst und Künstler*, Bd. IV, pp. 531-532 Georges Bois: *Le sculpteur Rodin et les danseuses cambodgiennes,* in *L'illustration*, n° 3309, 28 juillet 1906, pp. 64-65, 5 aquarelles 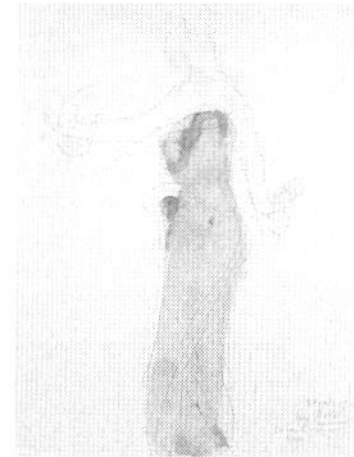
			Vers 1906-1907?: portraits d'Hanako A Marseille, Rodin découvre la danseuse Hanako, engagée par Loïe Fuller: «Elle n'a point du tout de graisse. Les muscles sont découpés et saillants comme ceux des petits chiens qu'on nomme fox-terriers ; ses tendons sont si forts que les articulations auxquelles ils s'attachent ont une grosseur égale à celle des membres eux-mêmes.» «Elle est tellement robuste qu'elle peut rester aussi longtemps qu'elle le veut sur une seule jambe en levant l'autre devant elle à angle droit. Elle paraît ainsi enracinée dans le sol comme un arbre.» (*L'Art* – Entretiens réunis par Paul Gsell, Paris, Bernard Grasset, 1911, p. 152)	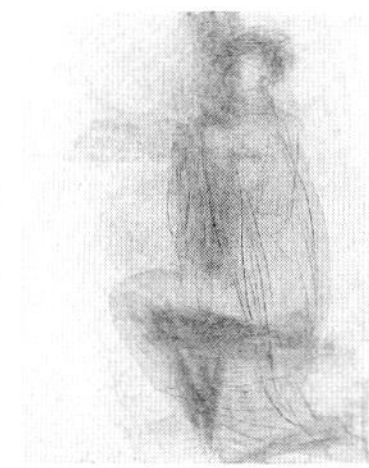 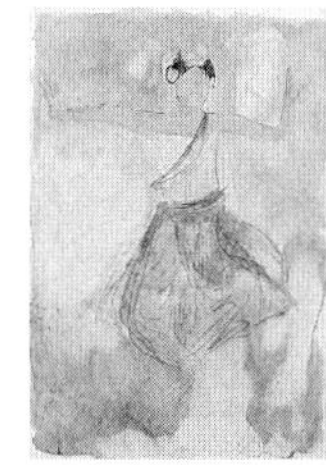
			«Comme j'avais reconnu la beauté antique dans les danses du Cambodge, peu de temps après mon séjour à Marseille, je reconnus la beauté cambodgienne à Chartres, dans cette attitude du grand Ange, laquelle n'est pas, en effet, très éloignée d'une attitude de danse.» (*Les Cathédrales de France*, 1914, pp. 173-176)	6 octobre au 15 novembre: PARIS, Grand Palais, «4e Salon d'automne» – Exposition du Livre (l'exemplaire Gallimard des *Fleurs du Mal*)

Jalons d'une vie			*Rodin dessinateur*	*Diffusion des dessins*
1906	66 ans		Avant le 20 septembre: portraits de Nourye de Châteauneuf qui deviendra comtesse de Rohozinska en 1908	
			En novembre, projet de publication d'un album de reproductions de cent dessins de Rodin, édité à Berlin, chez Marquardt. Sans suite après sept essais. (Lettre de Rodin à Hélène de Nostitz, Paris ou Meudon, peu après le 1er novembre 1906.) 1906?: dessin de la façade du château d'Issy pour Meudon Entre 1906 et 1910?: dessin de Mlle de Berlin, actrice? Rodin rencontre la danseuse américaine Ruth St Denis?	
		31 décembre: l'Etat acquiert le marbre du *Monument à Victor Hugo*	Entre décembre et janvier 1907, Rodin visite et dessine les cathédrales de l'ouest de l'Ile-de-France Vers 1906?: dessins de l'église collégiale Notre-Dame à Mantes, église Notre-Dame-des-Ecueils à Vétheuil Entre 1906 et 1913?: dessins de la cathédrale de Beauvais et de l'église Notre-Dame de Marissel	
1907	67 ans	Du 1er au 3 mars, Rodin, Besnard et Cottet à Strasbourg Mai: Rodin est nommé docteur *honoris causa* de l'Université d'Oxford	Apparition des premiers titres symboliques dans le catalogue Bernheim «Là, de nouveau, Rodin a su, non sans raffinement, tirer parti des moindres hasards: un papier calque fin, brun, qui une fois tendu, présente mille petits plis variés évoquant l'écriture persane. Et là dessus un ton rose émail, un bleu dense comme emprunté aux plus précieuses miniatures et quelque chose néanmoins, comme toujours dans ses dessins, de tout à fait primitif.» (Lettre de Rainer Maria Rilke à Clara Westhoff, 15 octobre 1907, à propos des Cambodgiennes de Bernheim.)	7 janvier au 30 mars: LONDRES, New Gallery, «7th Exhibition of the International Society of Sculptors, Painters and Gravers» (7e Exposition de la Société internationale des Sculpteurs, Peintres et Graveurs): 2 dessins 1er au 22 octobre: PARIS, Grand Palais, Salon d'Automne – 5e Exposition. Rodin n'expose pas. Les dessins prévus arrivent trop tard et sont exposés chez Bernheim 10 au 30 octobre: PARIS, Galerie Bernheim-Jeune: «Les dessins de Rodin»: 303 ou 366 dessins. 35 dessins se rapportent au Cambodge. «Certaines figures étaient d'une impudeur à faire rougir un singe» R. de Bettex: *Les dessins de M. Auguste Rodin*, in *La République*, 10 octobre 1907 La plupart de ces dessins partent en janvier 1908 à Vienne, Kunstsalon Hugo Heller

Jalons d'une vie			*Rodin dessinateur*	*Diffusion des dessins*
1907	67 ans		«C'est à se demander si cet homme se moque de nous ou s'il est entouré d'admirateurs qui se moquent de lui. Figurez-vous que ces dessins ne représentent rien du tout. [...] Imaginez des gribouillis informes, quelques traits de crayon et là dessus des taches de couleur, des bavures d'aquarelles [...] (Eugène Tardieu: *Les dessins de Rodin*, in *L'Echo de Paris*, 2 novembre 1907) A la suite de sa visite de l'exposition des dessins de Rodin à la Galerie Bernheim, Dujardin-Beaumetz commande officieusement à l'artiste les fresques pour la décoration de l'ancien séminaire de Saint-Sulpice. La commande officielle ne se fera qu'en décembre 1910 Entre 1908 et 1910?: études pour Saint-Sulpice? Dessins au calque? «Depuis pas mal d'années déjà [...] je m'essaie en cet art de la fresque, particulièrement difficile. Mais je n'ai jamais rien voulu produire, pour le public, avant d'être sûr de moi-même. Aujourd'hui je me crois capable d'exécuter aussi bien que possible l'œuvre qu'on m'a confiée. Il y a quelques mois à la suite d'une visite qu'il voulut bien me faire, M. Dujardin-Beaumetz trouva qu'il y avait dans les dessins que je lui présentais, le mouvement linéaire de la fresque. [...] Je ne sais pas encore le sujet que je vais traiter car je ne connais pas la longueur de la salle que j'aurai à orner. mais j'attends avec impatience le moment de me mettre à l'œuvre. Je suis si content de peindre une fresque en plein mortier, selon les procédés anciens. « R. de V.: «Rodin, peintre de fresques», in *La Liberté* (?), 31 mars 1908 Entre 1907 et 1909?: dessin d'après Julia Benson?	Décembre: BUDAPEST, Palais des Beaux-Arts?, Nemzeti Szalon (Salon national) «Modern Francia Nagymesterek Tàrlata» (Les Grands Maîtres Français Modernes): 73 dessins Décembre: publication in *L'Art et les artistes* d'un dessin ayant pour modèle Hanako Aleister Crowley: *Auguste Rodin, Seven lithographs from the Water-colour of Auguste Rodin by Clot with a chaplet of verse*, imprimé pour l'auteur, Chiswick Press, Londres 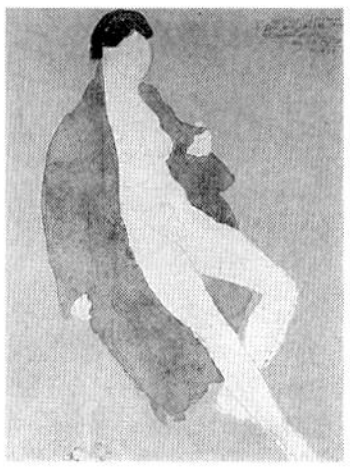
1908	68 ans	*La Cathédrale* 6 mars: Edouard VII visite l'atelier de Rodin à Meudon 1er juin: inauguration du *Monument à Henry Becque*, Paris Rilke fait découvrir à Rodin l'Hôtel Biron, où le sculpteur s'installe le 15 octobre *Buste de la duchesse de Choiseul* (1864-1919)	[...] «Je dois aussi vous parler de nombreux dessins de Psyché que j'ai envoyés à Vienne, il y en a d'autres chez moi ou autre part, J'ai pensé à vous pour régenérer une histoire fabuleuse si belle moi j'en ai fait des dessins qui m'entraînent au delà de tout. C'est l'histoire si délicieuse de la femme et de son entrée dans la vie »mes dessins sont un peu français du 18e siecle mais toujours avec un fond de formes qui touchent au grec. »Je n'ai peut-être pas assez envoyé de Cambodgiennes, qui sont autant de Psychés si je puis dire. parce que je n'ai pu entrer malgré mon désir impétueux dans cette profonde danse si belle, et ma traduction, est un peu 18e siècle.» (Lettre de Rodin à Rainer Maria Rilke, Paris ou Meudon, 8 novembre 1907) Entre 1907 et 1912: portraits de la duchesse de Choiseul	4 janvier à fin janvier: VIENNE, Kunstsalon Hugo Heller, «Auguste Rodin», 120 dessins et pointes-sèches 2 au 21 janvier: NEW YORK, Photo-Secession Gallery, «Rodin's drawings» (Les dessins de Rodin): 58 dessins 1er février à fin mars?: BORDEAUX, Terrasse du Jardin Public, «56e Exposition de la Société des Amis des Arts»: 6 dessins 1er mars au 5 avril: BRUXELLES, Musée Royal de la Peinture, «Salon Jubilaire de la Libre Esthétique» (15e Salon de la Libre Esthétique): 53 dessins 21 mars au 26 avril: ANVERS, Kunst van Heden, «Salon de l'Art Contemporain»: 20 dessins? 15 mai au 15 juillet (prolongée jusqu'au 10 août): PRAGUE, Pavillon Manès, jardin Kinsky, «Exposition de la Société des Artistes Tchèques Manès»: 73 dessins

Jalons d'une vie			*Rodin dessinateur*	*Diffusion des dessins*
1908	68 ans	Fin novembre: Rodin à Dijon 18 décembre: Rodin à Nevers	«Que sont, au juste, ces dessins? des images d'un seul jet, jaillies comme un cri, sans faux traits, sans repentirs. Point de sujet, d'attitude d'atelier, de hanchements scolaires. Des recherches de volumes, des réductions de formes vivantes au schéma géométrique, des instantanés, des lectures de mouvements à première vue. »Un modèle nu se meut, se vêt, se dévêt dans l'atelier, court, saute, rit; des filles allongées, sveltes, nerveuses s'étendent sur un divan, sur le sol [...] Rodin ne leur demande pas d'être chastes, mais de vivre sous ses yeux. Il les suit du regard et, le crayon à la main, saisit l'être en plein mouvement, jette la silhouette sur le papier.[...] »A seule fin de fixer les valeurs, l'artiste emplit son croquis d'une teinte ocre, bistre, gris bleuté, terre de Sienne, d'aquarelle ou de gouache. Et c'est tout.» (Louis Vauxcelles: *Les dessins de Rodin*, in *Le Gil Blas*, 17 octobre 1908, à propos des dessins de l'exposition Devambez) Vers 1908 ou 1909?: dessins du Palais de Justice de Dijon 1908-1909: dessins à Nevers Vers 1908?: profils de socle pour le *Monument à Stendhal* Claude Monet aurait été chargé d'une mission temporaire pour aider au classement des dessins	Septembre à mi-octobre: LEIPZIG, Kunstverein, 103 dessins 19 octobre au 5 novembre: PARIS, Galerie Devambez, «Exposition de dessins d'Auguste Rodin»: 148 dessins. Préface par Louis Vauxcelles. «Dessins instantanés» 28 novembre au 20 décembre: PARIS, Ecole des Beaux-Arts, «3e Exposition des acquisitions et commandes de l'Etat livrées en 1908»
1909	69 ans	*Buste de Napoléon* Juin: première décision de vente de l'Hôtel Biron 30 septembre: inauguration du *Monument Victor Hugo* au Palais Royal Novembre: deuxième décision de vente de l'Hôtel Biron Fin 1909: premier projet de donation à l'Etat, rédigé par Paul Escudier	Dessins pour le buste de Napoléon Vers 1909: dessins de nus à la mine de plomb estompée	1er février au 31 mars: BORDEAUX, «57e Exposition de la Société des Amis des Arts» Février à avril: PARIS, Cercle de la librairie, «2e Exposition de la Société d'Art Français»: une trentaine de dessins 1er au 16 octobre: PARIS, Galerie Devambez, «Exposition de dessins d'Auguste Rodin», 140 dessins 14 au 29 novembre: LIÈGE, Bibliothèque Centrale, «Salon du dessin» 20 novembre au?: PARIS, Galerie J. Allard, Exposition de «La Gravure Originale en Noir», 4 dessins. Auguste Rodin publie «Nous laissons mourir nos cathédrales» in *Le Matin* du 28 décembre

Jalons d'une vie			Rodin dessinateur	Diffusion des dessins
1910	70 ans	Fin mars à début avril: Rodin à Blois et Tours 16 mai: grand officier de la Légion d'honneur 2 décembre: signature d'un contrat allouant à Rodin la somme de 10000 francs pour exécuter une partie de la fresque de Saint-Sulpice	Vers 1910?: dessins de Blois, et de l'église Saint-Liphard à Meung-sur-Loire Vers 1910: dessins érotiques A partir de 1910: dessins à la mine de plomb estompée d'après Alda Moreno, danseuse acrobate de l'Opéra-Comique	11 mars: parution d'un article de Rodin in *Le Gaulois* sur Notre-Dame-du-Fort à Etampes 31 mars au 18 avril: NEW YORK, Photo Secession Gallery, «Drawings of Rodin», environ 30 dessins? juillet au 3 novembre: BUENOS AIRES, Palais de la place San Martín «Exposición internacional de Arte del Centenario» (section Beaux-Arts), 16 dessins 18 septembre: ROUBAIX, Salle des Fêtes de la rue des Hospices, «XXXIe Exposition de la Société Artistique Roubaix-Tourcoing»: 1 gravure ou 1 dessin? 17 octobre au 6 novembre: PARIS, Salle des Fêtes du *Gil Blas*, «Dessins de Rodin», 66 dessins + 5 cadres de gravures d'après des dessins Compte rendu d'une interview d'Auguste Rodin par René Benjamin Quatre hors-texte de Rodin tirés sur photographie pour illustrer le grand recueil des *Poèmes* de Germain Nouveau
1911	71 ans	20 janvier au ? mars: exposition à l'Académie royale des Beaux-Arts à Berlin 26 février: commande par l'Etat d'un *Buste de Puvis de Chavannes* pour le Panthéon 31 mars au 30 novembre: Exposition internationale de Rome 24 au 28 juillet: Rodin à Amiens Novembre: acquisition des *Bourgeois de Calais* par l'Angleterre pour les jardins de Westminster 23 décembre: *L'Homme qui marche* est installé au palais Farnèse	«Je veux te faire une grande surprise pour l'installation de tes dessins au 1er étage de l'hôtel Biron, car ce qui était, était trop épouvantable pour rester.» (Lettre de Claire de Choiseul à Auguste Rodin, 17 février 1911) «Dans les vastes salles de l'ancien Hôtel Biron, en une solitude impressionnante et quasi monacale, le maître illustre fixe des croquis ou classe des études. L'atelier où je pénètre a, pour seul décor, un délicieux nu de Renoir.» (*Les enquêtes de Comoedia*, in *Comoedia*, 20 février 1911) Fin mai - début juin: séjour en compagnie de la duchesse de Choiseul chez Gabriel Hanotaux (1853-1944): homme politique, journaliste et historien. Cf. dessins d'après la duchesse de Choiseul et dessins d'après Rembrandt sur papier à en-tête: «Le Pressoir, Pargnan par Beaurieux, Aisne» Entre avril et juillet 1911?: dessin d'après le modèle Clotilde Gérard? Vers 1911?: dessins de la cathédrale d'Amiens Bulletin-programme de *L'Œuvre n° 11* publié en novembre avec 3 dessins d'après Isadora Duncan Rodin a fait 8 dessins d'Isadora Duncan. Ces dessins lui seront demandés par l'intermédiaire de Mario Meunier pour illustrer le programme de danse des représentations données au Châtelet Il travaille encore au projet des fresques de Saint-Sulpice, selon un article de *La Construction moderne* du 26 novembre 1911: «il affirme qu'il a déjà bien des croquis qu'il utilisera» Entre 1911 et 1913?: dessins de paysages	Après le 11 avril: DÜSSELDORF, 6 dessins 16 juin à septembre: TURIN, Pavillon français d'Art décoratif moderne, «Exposition internationale des Industries et du Travail», 1 dessin 16 novembre à fin mars? 1912: BUFFALO, CHICAGO, ST LOUIS, BOSTON, «Exhibition of works by the members of the Société des Peintres et Sculpteurs», 7 dessins, 4 seulement à Boston Fin novembre-décembre: naissance du projet d'édition des *Cathédrales de France* avec Charles Morice sous le titre *Pierres vives de France* Parution de *L'Art*, entretiens réunis par Paul Gsell, Paris, Bernard Grasset. Le chapitre V est consacré au dessin et à la couleur

Jalons d'une vie			Rodin dessinateur	Diffusion des dessins
1912	72 ans	Fin janvier - début février: voyage en Italie Février: Exposition Rodin à Tokyo. 2 mai: inauguration du fonds Rodin au Metropolitan Museum of Art de New York Août 1912: rupture avec la duchesse de Choiseul	Vers 1912?: croquis d'après Michel-Ange, chapelle des Médicis à Florence, tombeau d'Hadrien à Rome Attaque de M. Calmette contre les dessins de la chapelle: «Aujourd'hui on nie la moralité de mon crayon et on me reproche la licence de mes pensées! je n'ai jamais exposé certains dessins qui n'étaient qu'un travail personnel, une recherche intime, études exécutées pour mon seul usage et qui ne sont point sorties de mes cartons. Ceux qui les ont vus les ont bien voulu voir et sont venus chez moi librement. Ceux qui ne veulent pas voir des instruments de chirurgie ou des nudités ne vont pas chez le chirurgien et le professeur d'anatomie... Quant à mes dessins exposés tant de fois, ils sont tout sauf licencieux: ce sont, bien plutôt, des schémas aussi peu clairs aux profanes que des problèmes d'algèbre. Et si l'on affichait ces dessins aux kiosques du boulevard, je crois bien qu'on n'en vendrait aucun, même à un sou, aux amateurs de gaudrioles!» (Raoul Aubry, *Une après-midi chez Rodin*, in *Gil Blas*, 7 juin 1912)	Février: TOKYO, Salon de la Comtesse d'Almeyda?, Exposition d'œuvres de Rodin, collection de la revue *Shirakaba* Février: SAINT-PÉTERSBOURG, Hôtel du Comte Soumarokoff-Elston, Institut français, «Centennale de l'art français» 1 dessin et 5 lithographies? 12 avril à fin avril?: BRUXELLES, Galerie Georges Giroux, «Exposition A. Rodin et K.X. Roussel», une douzaine de dessins Avril: LEIPZIG, Exposition annuelle, 2 dessins 1er au 15 mai: MARSEILLE, Ateliers du quai Rive-Neuve, «Salon de Mai – 1re exposition», 2 dessins 11 mai au 10 juin: LYON, Nouvelle Bibliothèque, Palais de l'ancien archevêché, «Exposition de dessins de Rodin», 222 dessins et gravures 15 mai au 15 juillet: PARIS, Petit Pavillon de Bagatelle, «La Musique, la Danse», 6 dessins 18 juillet à fin septembre: FRANCFORT-SUR-LE-MAIN, Salle de la Société des Amis des Beaux-Arts de Francfort, «La peinture classique de la France au XIXe siècle», dessins
1913	73 ans	Internement de Camille Claudel 17 au 26 mars: exposition à la Faculté de médecine à Paris Après 29 mars: exposition à Tokyo 25 mai - c.12 juin: voyage à Londres afin de surveiller l'installation des *Bourgeois de Calais* dans le jardin du Parlement à Londres 1er juin au 31 octobre: XIe Exposition internationale de Munich	Après 1912: études pour le buste de la Défense 1913?: Londres, British Museum: copies de frises assyriennes	17 février au 18 mai: NEW YORK, CHICAGO, BOSTON, «The Armory Show», 7 dessins 17 au 26 mars: PARIS, Faculté de médecine, Salle des Pas Perdus, «Exposition de l'Education Physique et des Sports – Œuvres et dessins de M. Auguste Rodin» 5 mai au ? octobre: GAND, Palais des Beaux-Arts, «Exposition universelle et internationale», 1 dessin 10 octobre au ?: PARIS, Salle des Fêtes de la Mairie du 13e Arrondissement, «Exposition du Cercle des Gobelins et des Beaux-Arts du 13e Arrondissement», 1 dessin. PARIS, Salon d'Hiver *A Turkish woman's European impressions» par Zeyneb Hanoum, héroïne of the Pierre Loti's novel «Les désenchantées»*, Londres, Seeley, 1913 (1 dessin reproduit)
1914	74 ans	29 juin - 3 juillet: voyage à Londres pour l'exposition de ses œuvres à Grosvenor House. Puis séjour dans le Midi pour raisons de santé 5-c. 25 septembre: voyage en Angleterre avec Rose Beuret et Judith Cladel (1873-1958): femme de lettres et journaliste	Mario Meunier parle, lors d'une visite chez Rodin à Meudon, d'un grand nombre d'aquarelles semées sur le sol. (Mario Meunier, *Rodin dans son art et dans sa vie*, in *Les Marges*, 13 avril 1914, pp. 250-251, avec un portrait reproduit de la duchesse de Choiseul) A l'automne, promenade avec Judith Cladel à Cheltenham, en Angleterre. Elle l'a vu contempler deux heures durant un crayon à la main l'anatomie des plantes	Auguste Rodin publie «Fresques de Danses» in *Montjoie!* n° 1-2 de janvier-février 17 janvier au ?: PARIS, Cercle de la Librairie, «Imagiers modernes»: 1 gravure de Léon Bazin d'après Rodin Mars: *Les Cathédrales de France*, première publication des nombreux dessins d'architecture, 100 fac-similés par Auguste Clot et introduction de Charles Morice, Paris, Armand Colin

Jalons d'une vie			Rodin dessinateur	Diffusion des dessins
1914	74 ans	18 novembre - peu avant le 27 février 1915: séjour de Rodin et Rose Beuret à Rome, chez les Marshall	(*Rodin, sa vie glorieuse, sa vie inconnue*, Grasset, 1936, p.274) Vers 1914?: carnet d'études de fleurs et de plantes et de fruits Noël 1914: à Rome chez John Marshall, dessin de femme nue debout, à la mine de plomb estompée 1914-1915?: dessins du château Saint-Ange à Rome?, copies de Vierge à l'enfant d'après Pérugin? 1914?: dessins d'après la fontaine des Tortues, de la place Mattei à Rome «Je ferai mes conférences sur les antiques, sur mes tableaux, sur mes dessins, sur mes Egyptiens et ce sera le catalogue le grand des chefs-d'œuvre» (carnet 12).	15 mai au 30 juin: COPENHAGUE, Musée Royal, «Fransk Malerkunst fra det 19nde Aarhundrede» (Exposition d'art français du XIXe siècle): 10 dessins Mai à juillet: MANNHEIM, Kunsthalle, «Austellung von Zeichnungen und Plastiken neuzeitlicher Bildhauer» (Dessins et sculptures de sculpteurs contemporains), 18 dessins Juin?: ROUEN: «5e Exposition de la Société normande de peinture moderne»: l'exemplaire Gallimard des *Fleurs du Mal* est exposé
1915	75 ans	Début janvier 1915: le monument acquis par l'Etat anglais début 1912, *Les Bourgeois de Calais*, est en place devant le Parlement de Londres 8 avril au 11 mai: nouveau séjour en Italie, visite au pape Benoît XV pour son buste, avec un court voyage à Florence 19 juillet: le monument des *Bourgeois de Calais* est dévoilé officiellement à Londres sans cérémonie Septembre: exposition de seize des dix-huit œuvres données à l'Angleterre, à la Royal Scottish Academy d'Edimbourg	1915: Etudes pour le portrait de *Benoît XV* Vers 1915?: études d'après le tombeau d'Urbain VIII par le Bernin à Saint-Pierre de Rome, études d'après le monument de Victor-Emmanuel à Rome	Novembre: WASHINGTON, National Gallery of Art, «A collection of eighty-two drawings (...) executed by eminents contemporary french artists (...)», (Une collection de 82 dessins d'artistes français contemporains): 1 dessin
1916	76 ans	Mars: Rodin est gravement malade Trois donations successives des collections Rodin à l'Etat (1er avril, 13 septembre, 25 octobre) 15 septembre: la Chambre des Députés vote l'acceptation de la donation 9 novembre: le Sénat confirme la décision de la Chambre par 209 voix contre 26 15 décembre: l'Assemblée nationale vote l'établissement du Musée Rodin à l'Hôtel Biron 26 décembre: Rodin reçoit une commande pour un monument à la mémoire de la défense de Verdun	«A l'Hôtel Biron, plusieurs salles seront réservées aux dessins de Rodin.» (Louis Vauxcelles, cité in *L'Indépendance Roumaine*, 12 juin)	Février: PARIS, Galerie Druet (exposition collective de dessins et aquarelles)
1917	77 ans	29 janvier: mariage avec Rose Beuret à Meudon 14 février: mort de Rose 17 novembre: mort de Rodin 24 novembre: Rodin est enterré à Meudon, à côté de Rose. Leur tombe est dominée par *Le Penseur*		6 novembre au ?: PARIS, Galerie Haussman, «Rodin» (préface à l'ouverture, du Musée Rodin), retardée par la guerre, 32 dessins et aquarelles *Les Arts Français*, n° 2, 1917, deux dessins publiés.
1918				3 avril au 8 décembre: exposition d'une centaine de dessins à **Bâle, Zurich, Genève, Berne:** «Auguste Rodin – Exposition de sculptures, aquarelles, dessins et estampes originales du maître», 12 dessins disparaissent
1919		12 mars: un décret porte statut d'établissement du Musée Rodin 4 août: le Musée Rodin ouvre ses portes au public		

• Avertissement: L'orthographe et la ponctuation, parfois incorrectes, respectent les documents originaux

Bibliographie sélective après 1917

Bénédite Léonce, *«Dante et Rodin»*, in *Dante*, mélanges de critique et d'érudition françaises publiés à l'occasion du VIe centenaire de la mort du poète, Paris, Librairie française, 1921, pp. 208-219.

Gsell Paul, *«Anatole France chez Auguste Rodin ou le déjeuner de Meudon»*, in *Propos d'Anatole France* recueillis par Paul Gsell, Paris, B. Grasset, 1922, Les Matinées de la Villa Saïd, pp. 215-216.

Dayot Armand, *«En sortant du Musée Rodin: les dessins du maître»*, in *L'Art Vivant*, janvier 1926, pp.128-130.

Riotor Léon, *Rodin* (chap. 7: *«Rodin dessinateur et graveur»*), Paris, F. Alcan, 1927 (Art et esthétique), pp. 75-81.

Grappe Georges, *«Les Dessins de Rodin pour La Porte de l'Enfer»*, in *Formes*, n° 30, 1932, pp. 318-321.

Dayot Armand, *«Avec Rodin: les dessins du maître»*, in *L'Heureuse traversée*, Paris,Vizzavona,1933, pp. 258-260.

Auguste Rodin, Yverdon, Hôtel de Ville, 8 août-27 septembre 1953.

Elsen Albert E., Varnedoe J. Kirk T., *The Drawings of Rodin*, with additional contributions by Victoria Thorson, and Elisabeth Chase Geissbuhler, New York, Praeger, 1971.

Varnedoe Kirk, *«Early drawings by Auguste Rodin»*, in The *Burlington Magazine*, n° 853, avril 1974, pp. 197-202.

Thorson Victoria, *Rodin graphics: a catalogue raisonné of drypoints and book illustrations*, The Fine Arts Museums of San Francisco, 1975, publié à l'occasion de l'exposition du même nom, California Palace of the Legion of Honor, 1975.

Keisch Claude, *«Zeichnungen»*, in *Auguste Rodin: Plastik, Zeichnungen*, Graphik, Berlin (RDA), Nationalgalerie,1979, pp. 170-171.

Elsen Albert E. Ed., *Rodin rediscovered:* Catalogue de l'exposition, National Gallery of Art, Washington,1981-1982, Washington.

Judrin Claudie, *Les Centaures*, Catalogue de l'exposition, Paris, Musée Rodin, 1981, Cabinet des dessins, dossier 1, ill.

Judrin Claudie, *Ugolin*, Catalogue de l'exposition, Paris, Musée Rodin, 1982, Cabinet des dessins, dossier 2, ill.

Elsen Albert, *«Rodin et Matisse: différences, affinités et influences» (l'influence des dessins de Rodin)*, in *Rodin et la sculpture contemporaine:* compte rendu du colloque, Paris, Musée Rodin,1982; Musée Rodin, 1983, pp. 65-87.

Judrin Claudie, *Dante et Virgile aux Enfers*, Catalogue de l'exposition, Paris, Musée Rodin,1983, Cabinet des dessins, dossier 3, ill.

Judrin Claudie, *«Comment Rodin a illustré Les Fleurs du Mal»*, in Baudelaire, *Les Fleurs du Mal*, Paris, La Bibliothèque des Arts, 1983.

Güse Ernst-Gerhard Hrsg., *Auguste Rodin, Zeichnungen und Aquarelle*, Westfälisches Landesmuseum Münster, Museum Villa Stuck München, 1984-1985, Stuttgart, G. Hatje, 1984.

Beausire Alain *et al.*, *Correspondance de Rodin: tome 1 (1860-1899), tome 2 (1900-1907), tome 3 (1908-1912)*, Paris, *tome 4 (1913-1917)* Ed. du Musée Rodin, 1985-1992.

Lampert Catherine, *Rodin: sculpture and drawings*, London, Hayward Gallery, 1986-1987, London, Arts Council, 1986.

Gilmour Pat, *«Cher Monsieur Clot: Auguste Clot and his role as a colour lithographer»*, in Gilmour Pat Ed., *Lasting impressions: lithography as art*, London, Alexandria Press,1988, pp. 129-182.

Gassier Pierre *et al.*, *Rodin*, catalogue de l'exposition, Martigny, Fondation Pierre Gianadda, 1984.

Judrin Claudie, *Inventaire des dessins*; Paris, Musée Rodin, 1984-1992.

Crone Rainer, Salzmann Siegfried, *Rodin – Eros und Kreativität*, Munich, Prestel Verlag, 1991.

Fath Mannfred Hrsg., *Auguste Rodin – das Höllentor*, Munich, Prestel Verlag, 1991.

Judrin Claudie, *Quatre-vingts dessins de Rodin*, Paris, Musée Rodin, 1992.

Crédits photographiques

© Photographies Denis BERNARD et © Musée Rodin, Paris:
cat. nos 6, 9, 10, 12, 13, 14, 15, 17, 19, 21, 23, 25, 32, 33, 34, 35, 36, 50, 63, 65, 67, 70, 74, 77, 80, 82, 92, 93, 97, 98, 99, 101.
© Photographies Bruno JARRET/ ADAGP et © Musée Rodin, Paris:
cat. nos 8, 39, 44, 47, 53, 64, 66, 69, 72
© Photographie Luc et Lala JOUBERT et © Musée Rodin, Paris:
cat. n° 94
© Photographies Adam RZEPKA/ADAGP et © Musée Rodin, Paris:
cat. nos 5, 7, 27, 28, 29, 30, 38, 40, 41, 42, 49, 51, 61, 76, 78, 79, 81.
© Musée Rodin, Paris (Photographie Béatrice HATALA):
cat. n° 48
© Musée Rodin, Paris:
cat. nos 1, 2, 4, 54, 58, 59, 60, 85, 86, 95, 100, 102, 103, 104, 105, 106, 107, 108, 109, 110, 111, 112, 113, 114, 115, 116, 117, 118, 119, 120, 121.
© Photographies Denis BERNARD et © Bibliothèque d'Art et d'Archéologie, Fondation J. Doucet, Paris:
cat. nos 84, 88, 89, 90, 91.
© Bibliothèque Nationale, Paris:
cat. nos 52, 56.
© Maison de Pierre Loti, Rochefort:
cat. nos 46, 57 (avec l'aimable autorisation de M. Pierre Pierre-Loti-Viaud)
© Bibliothèque d'Art et d'Archéologie, Genève:
cat. n° 3.
© Photographie Martin BÜHLER et © Öffentliche Kunstsammlung, Bâle:
cat. nos 31, 68, 96.
© Kunsthaus, Zurich:
cat. nos 22, 24.
© Musée de Winterthur:
cat. n° 43.
© Photographie Michel DARBELLAY, Martigny.
© Fondation Pierre Gianadda, Martigny: cat. nos 18, 75.
© Photographies Michel DARBELLAY et Georges-André CRETTON, Martigny, Courtesy A. Meylan, Genève:
cat. n° 62.
© Photographie Walter DRAYER, Courtesy restaurant Kronenhalle, Zurich:
cat. n° 87.
© Photographie Patrick GŒTELEN, Courtesy Galerie Jan Krugier, Genève:
cat. nos 26, 37, 71.
© Photographie Heinz PREISIG, Sion:
cat. n° 45.
Courtesy Galleria Peter Coray, Lugano (Photographie Galleria Peter Coray)
cat. n° 20.
Courtesy Michel de Rohozinski, Brunoy:
cat. n° 55.

Table des matières

Commissaire de l'exposition

Claudie Judrin

Organisation de l'exposition

Claudie Judrin
Léonard Gianadda

Catalogue

Réalisation:	Claudie Judrin
Editeur:	Fondation Pierre Gianadda, 1920 Martigny, Suisse Tél. 026 22 39 78 Fax 026 22 31 63
Maquette:	Louis Veith, Lausanne
Composition, photolitho et impression:	IRL Imprimeries Réunies Lausanne s.a., 1994

ISBN 2-88443-029-6

Edités par la Fondation Pierre Gianadda, Martigny

Paul Klee, 1980, par André Kuenzi (épuisé)
Picasso, estampes 1904-1972, 1981, par André Kuenzi (épuisé)
Art japonais dans les collections suisses, 1982, par E. Kondo et J.-M. Gard (épuisé)
Goya dans les collections suisses, 1982, par Pierre Gassier (épuisé)
Manguin parmi les Fauves, 1983, par Pierre Gassier
La Fondation Pierre Gianadda, 1983, par C. de Ceballos et F. Wiblé
Rodin, 1984, par Pierre Gassier
Bernard Cathelin, 1985, par Sylvio Acatos (épuisé)
Paul Klee, 1985, par André Kuenzi
Isabelle Tabin-Darbellay, 1985 (épuisé)
Alberto Giacometti, 1986, par André Kuenzi
Alberto Giacometti, 1986, photographies Marcel Imsand, texte Pierre Schneider
Egon Schiele, 1986, par Serge Sabarsky (épuisé)
Gustav Klimt, 1986, par Serge Sabarsky (épuisé)
Serge Poliakoff, 1987, par Dora Vallier
Toulouse-Lautrec, 1987, par Pierre Gassier
Paul Delvaux, 1987
Trésors du Musée de São Paulo, 1988:
Ire partie: *de Raphaël à Corot,* par Ettore Camesasca
IIe partie: *de Manet à Picasso,* par Ettore Camesasca
Le Musée de l'automobile de la Fondation Pierre Gianadda, 1988, par Ernest Schmid
Jules Bissier, 1989, par André Kuenzi
Hans Erni, 1989
Henry Moore, 1989, par David Mitchinson
Louis Soutter, 1990, par André Kuenzi et Annette Ferrari (épuisé)
Fernando Botero, 1990
Modigliani, 1990, par Daniel Marchesseau
Camille Claudel, 1990, par Nicole Barbier
Chagall en Russie, 1991, par Christina Burrus
Sculpture suisse en plein air, 1991, par André Kuenzi, Annette Ferrari et Marcel Joray
Hodler, peintre de l'histoire suisse, 1991, par Jura Brüschweiler
Mizette Putallaz, 1991
Franco Franchi, 1991
De Goya à Matisse, estampes du Fonds Jacques Doucet, 1992, par Pierre Gassier
Georges Braque, 1992, par Jean-Louis Prat
Ben Nicholson, 1992, par Jeremy Lewison
Georges Borgeaud, 1993
Jean Dubuffet, 1993, par Daniel Marchesseau
Edgar Degas, 1993, par Ronald Pickvance
Marie Laurencin, 1993, par Daniel Marchesseau
Rodin, dessins et aquarelles, 1994, par Claudie Judrin

Coédités par la Fondation Pierre Gianadda

Ferdinand Hodler, élève de Ferdinand Sommer, 1983, par Jura Brüschweiler (épuisé)
Gaston Chaissac, 1986
Picasso linograveur, 1988, par Danièle Giraudy
Le peintre et l'affiche, 1989, par Jean-Louis Capitaine
Calima, Colombie précolombienne, 1991, par Marie-Claude Morand (épuisé)

A paraître

De Matisse à Picasso, Collection Jacques et Natasha Gelman, 1994
Albert Chavaz, 1994, par Marie-Claude Morand
Nicolas de Staël, 1995, par Jean-Louis Prat